外国人眼中的中国人

李鸿章传

〔英〕布兰德——著

王纪卿——译

山西出版传媒集团　山西人民出版社

图书在版编目（CIP）数据

李鸿章传 /（英）布兰德著；王纪卿译 . -- 太原：山西人民出版社，
2018.10

ISBN 978-7-203-10462-9

Ⅰ . ①李… Ⅱ . ①布… ②王… Ⅲ . ①李鸿章（1823 ~ 1901）—传
记 Ⅳ . ① K827=52

中国版本图书馆 CIP 数据核字 (2018) 第 130439 号

李鸿章传

著　　者：〔英〕布兰德
译　　者：王纪卿
责任编辑：张志杰
复　　审：吕绘元
终　　审：秦继华
装帧设计：小徐书装

出 版 者：山西出版传媒集团·山西人民出版社
地　　址：太原市建设南路 21 号
邮　　编：030012
发行营销：0351-4922220　4955996　4956039　4922127（传真）
天猫官网：http://sxrmcbs.tmall.com　电话：0351-4922159
E - m a i l：sxskcb@163.com　发行部
　　　　　　sxskcb@126.com　总编室
网　　址：www.sxskcb.com

经 销 者：山西出版传媒集团·山西人民出版社
承 印 厂：山东新华印务有限责任公司

开　　本：710mm×1000mm　1/16
印　　张：14
字　　数：207 千字
印　　数：1—5000 册
版　　次：2018 年 10 月　第 1 版
印　　次：2018 年 10 月　第 1 次印刷
书　　号：ISBN 978-7-203-10462-9
定　　价：45.00 元

如有印装质量问题请与本社联系调换

译者的话

在我着手翻译这本《李鸿章传》之后不久，互联网书店开始热销一本名叫《李鸿章回忆录》的译文书。那是一部已被判定为赝品的伪书，其炮制者是一位名叫曼尼克斯（Mannix）的美国人，他在 1900 年曾随美国第 9 步兵团到过华北。他回到美国后因罪入狱，在监狱服刑时借阅了大量有关晚清中国与李鸿章的资料，阅读之余，自己进入李鸿章的角色，杜撰出了这么一本回忆录。他伪造的回忆录出笼后，曾在欧美风行一时；而到了今年，该书的中译本又在中国热销起来。这种情况表明了两个事实：其一，外国人对我国清末的大人物李鸿章怀有极为浓厚的兴趣，对其传记的产销和阅读投入了极大的热情，甚至不惜造假；其二，中国的读者也很希望了解外国人对于李鸿章其人的看法，哪怕是从一本造假的回忆录中去寻找探索他们对这个中国人的塑造。

有关外国人对李鸿章的关注与评价，还有一件事值得一提。本书下一页刊载的那幅题为"当今天下三大佬"的照片，拍摄的是 19 世纪欧洲雕塑家 F.R. 卡登堡（Kaldenberg）为当时世界上的三大伟人所做的塑像，左中右三人依次为俾斯麦、李鸿章与格莱斯顿，可见李鸿章在这位雕塑家眼中是何等的伟大。

至于读者手中的这部《李鸿章传》（*Li Hung—chang*），则是值得信赖并在国际上享有很高知名度的李鸿章传记。其作者布兰德（John Otway Percy Bland，1863—1945）是李鸿章同时代的英国作家和记者，在晚清活跃于中国的各种舞台，是一个地道的中国通。他在 1883 年就到了中国，那正是李

卡登堡制作的三人塑像。从左至右：德国首相俾斯麦、清国李鸿章、英国首相格莱斯顿。

鸿章一生中的全盛时期。

　　布兰德在抵达中国以后的 12 年多的时间内，都在中国海关工作，供职于汉口、广州和北京。1889 年，26 岁的布兰德在上海娶了一位名叫路易莎的女子为妻。1896 年，他脱离海关，出任上海市议会的助理书记官，第二年继任书记官一职。这个议会是控制上海国际殖民地的机关，布兰德时为上海滩的权要，对这座大都市以及中国的政情十分熟悉。他同时还开始从事独立记者的第二职业，调查并报道中国的各种状况。他于 1906 年离开市议会，在英中公司（BCC）得到了一个新的职位，成为该公司以北京为基地与中国政府谈判铁路贷款的代理人，直到 1910 年被该银行解雇。布兰德于是回到英国，而这时候，晚清名臣李鸿章辞世已有 9 年。

　　布兰德与中国并未缘尽于此。1920 年，他以作家的身份再次来到中国，主要写作中国的题材，有一系列时评书籍出版，主要有《在华的最近事件与当前政策》《中国、日本与高丽》，以及他与埃德蒙·巴克斯爵士（Sir Edmund Backhouse）合作的两部记述中国历史的畅销书《皇太后治下的中国》

与《北京宫廷年鉴与回忆录》。

布兰德一直关注着本书的传主李鸿章。他在居留中国期间，曾于1900年作为《泰晤士报》的记者在上海拜访李鸿章，与他讨论义和团危机及其后果。那是在李鸿章去世的前一年，这位老人已在1894年的中日战争中作为失败者而失去了昔日的风光，并已在周游欧美列国后返回祖国，时任两广总督。布兰德后来回忆了当时所见到的李鸿章："年迈的李总督那时身体正在迅速衰弱。他走路要靠仆人搀扶，显得非常脆弱。但此人不屈不挠的精神绝未熄灭，其头脑没有衰竭的迹象，当他感到愤怒时，眼光熠熠闪亮，一如既往。"

布兰德与李鸿章的那次会面，也许正是他为李鸿章写传的契机。读者手上的这部《李鸿章传》英文原版于1917年问世，当时布兰德已是一名独立作家与评论家。这是布兰德54岁时完成的成熟作品，完整表达了他对李鸿章与晚清中国的独特见解，展现了他以流畅和雄辩而见长的文风。作者以新颖的结构与丰富的记述，根据李鸿章作为中国官员、作为外交家、作为新式军队和国防建设者的不同身份，多方位、多视角地解析了这位中国晚清巨擘的一生。

此书被收入了英国"19世纪打造者丛书"，这个事实本身就意味着本书作者和该丛书的编者已将李鸿章的历史定位摆在最高的层面，把极大的荣誉给予了在国内备遭诟病的这个中国人。这些英国学者究竟有什么样的理由如此抬举李鸿章，是值得中国的读者去开卷一读的。

在这部评传中，布兰德反复声称，李鸿章之所以能够走在同时代中国人的前列，之所以有资格入围19世纪的打造者，是因为他清醒地认识到了清末的中国缺乏实力，无法与列强直接抗争，而只能牺牲一些利益来换取和平的环境，以便从事现代化的建设，以增强经济和国防力量，而他的这种努力，使他在海外享有盛名，并部分地取得了成功。布兰德的这个观点是否站得住脚，是否能够为当代中国人所接纳，尚须接受读者诸君的检验。

另一方面，布兰德又一再强调，李鸿章之所以未能把中国引向富强之路，他那耗资巨大、苦心经营的海陆军之所以在1894年的中日战争中遭到惨败，完全是因为他任人唯亲、贪污腐化。这个看法，跟中国人 100 多年来对李鸿章的评价毫无二致。贪财是李鸿章及其僚属的致命伤，而官场腐败是导致中国贫穷落后、社会动乱的罪恶之源。布兰德认为李鸿章及整个封建官僚体制留下的这份邪恶遗产，后来又被中华民国的官僚集团所吸收，以至于流毒无穷，给人以革命未能彻底的印象，确实是颇有见地的。在 21 世纪的今天，官员腐败对中国社会的严重威胁犹在，乃是全国民众同声檄讨、深恶痛绝的罪恶渊薮，李鸿章给后人留下的历史教训，实在是值得重温，值得从布兰德的这部著作中去批判性地寻找借鉴。

清末湘淮军出身的 3 位军政重臣，即曾国藩、左宗棠和李鸿章，有一脉相承的关系。左宗棠与李鸿章都曾受到曾国藩的提携，而李鸿章更是曾国藩的"肘下之人"。但是，曾国藩和左宗棠是中国历史上的两位大清官，而李鸿章却未能承继曾国藩清廉自守的衣钵，为他自己也为中国的历史留下了巨大的遗憾。

本书中引用的李鸿章的奏稿和书信，均依据清人吴汝纶编辑的《李文忠公全集》、宝鋆等纂修的同治朝《筹办夷务始末》、王先谦所纂的《东华录》和朱寿朋所编的《光绪朝东华录》所载文本的对应部分直接录入。必须说明的是，书中摘自伪书《李鸿章回忆录》的部分，译者尽量仿学清人笔法译为中文，但此中文绝非李鸿章原著，因为李鸿章本来就没有写过这些文字，而是美国人曼尼克斯捏造出来的。

此外，布兰德先生文采不俗，熟悉多种欧洲语言，在原著中使用了不少法文和意大利文的成语，使文章生色不少，但我在译文中没有标出这两个语种的语句，仅将部分此类语句用双引号括之，或以斜体字排版，特此说明。

王纪卿

2011 年伏月

于长沙听雨轩

总编前言

英国下议院的大厅里有许多生动的场景，斯皮克先生每天都会由权杖引导，在其牧师与秘书的陪伴下从大厅里走过，而布拉克·罗德会来进行例行的巡视，把议院的大门迎面拉过来，在将下院议员召去上议院之前，他会在门上敲打三下。但我所见过的令人印象最为深刻的场景，发生在几十年前一个夏日的下午。当我走出下议院时，我忽然迎面遇见了李鸿章，他急匆匆地走进去听一场辩论。他个头极高，一脸和善的表情，作为一个来自另一世界的陌生人，穿着一身蓝色的袍子，显得光彩夺目，步态与风度颇有尊严，嘴角挂着谦和的微笑，表明他对见到的一切都很欣赏。就外表特征而言，很难想象这一代或上一代的任何人能够亲近李鸿章，并不是因为他给了你功勋卓著或大权在握的印象，而是因为他的风采中散发出一种高贵的人品，如同半神半人的自我满足和超然物外，而又老于世故，向劳苦大众屈尊降贵。

在这一方面他似乎非常具有典型性，这对他那更加神秘的国度而言，是异乎寻常的。当我们还是身染靛蓝的野蛮人时，中国人早已在享受直到如今仍然在某些方面超越了我们的文明，随着其政治的所有兴衰变迁，他们已经培育出了一种高标准的文化，一种对于其余世界的优越感，一种不为他们自身或其他国家政治利益所扰乱的人格尊严。这些特点无疑主要是因为他们的封闭。正如1715年陪同彼得大帝的使节去见中国皇帝的约翰·贝尔先生在其报道中所说：

中华帝国在一定程度上隔绝于世界的其他部分，其所处的位置气候宜人，有益健康，东面和南面有大洋环绕，而北面与西面有连绵不断的高崖与贫瘠的群山，那道著名的长城就蜿蜒地建在那些山上，筑起另一道屏障。然而在我看来，帝国对付侵略的更大保障是那片光秃秃的沙漠，向西延伸几百英里[1]……南面与东面的海洋确实是开放的，中国可能在那边遭到攻击。但我相信，没有一位君主会觉得有什么理由去打扰自己与如此强大的中国人民的宁静，后者愿意与所有的邻邦和平共处，而且似乎满足于他们自己的领地。

约翰·贝尔的预言在100多年内持续有效，接着攻击到来了，就像他推测的那样，是来自南面与东面开放的海洋。李鸿章对于19世纪历史的兴趣，建立在这个事实上——他是第一位名副其实的中国政治家，应召去处理祖国古老体制所遇到的这个新危机。由于出身、教育与天性，他严守民族的传统，所以他自然会轻视外来者，但他仍然是中国人中的第一个，承认不可完全无视"洋鬼子"，承认他们已经到来，承认中国的政治将不会对他们置之不理。布兰德先生的著作说得很明白，李鸿章有许多严重的缺陷，这对于一个主要兴趣不在政治方面的民族而言是很自然的，但没有一个人能比他更娴熟地将同胞们领上他们此后无法避免的那个国际政治的舞台。的确，尽管他有那么多的缺陷，但他为中国为他自己在世界上赢得了一席之地，远远超过了其本身的意义。一言以蔽之，李鸿章为一种直到当时为止中国未曾有过的对外政策奠定了基础。

贝西尔·威廉斯
1917 年 3 月于切尔西

---

[1] 1 英里 =1.609344 千米

目 录
CONTENTS

第1章　李鸿章事业起步时的中国形势

李鸿章是许多变易的创始者，自从 1850 年以来，这些变化已经改造了中国人民的结构与行为，在这个意义上，李鸿章无疑可以算作 19 世纪的一个打造者。不过，正如赫伯特·斯宾塞（Herbert Spencer）在其有关"伟人"历史观的评析中指出的那样，我们必须记住，"伟人必须归入那个诞生了他的社会中的其他现象之列，把他当作其先前发生的现象的一个产物。他是整代人的一个组成部分，他和整代人一起，都是已经合作很长时间的巨大力量集合的必然结果。"

为了公正地评价现代中国伟人中第一号人物的事业生涯，我们不妨从这个角度来研究他的起步，并仔细地考察其所处环境中占主导地位的社会与政治影响。

因此，在记述李鸿章的毕生事业及其对现代中国历史的影响之前，我们最好概要地回顾一下在其步入官场时的中国形势，并格外注重欧洲物质文明的强力冲击在此导致的结果。

李鸿章一度是镇压太平军的军事领导人，在他为这段出色的事业打下基础的时候，西方的军队和商人对中国闭关自锁的入侵，已经成为一个持久的因素，显然注定要改变中国人民的态度和习惯。新力量以如此强大的力道突然冲击一个天性反感变化的民族，必然会使适应的过程变得很困难，并且使这个国家的政治制度充满很大的危险。作为一名政治家，李鸿章天赋中最出色的特征包括，他在同时代人中几乎是孤独的，他当即便意识到了这些新力量的能量，意识到了必须通过迅速改革古老的教育与行政体制来迎合这些力量（如同日本取得了成功的做法）。中国政府治国之术的原则与传统，到这时为止具有的特点是：在多个世纪的闭关自守期间，对于维护基于道德力量的独裁体制，以及以其单一延续性而著称的一种文明形态，其有效性得到了实践的证明。李鸿章作为大人物的首要资格，以及其充满五花八门活动的漫长事业生涯中的基调，都建立在一个事实之上：他从一开始就领悟到，西方的蒸汽驱动与军事科学，必然会飞快地将其祖国的许多古老的传统扔弃到容纳无用和过时之物的废物场。他努力引导同胞们认识这个真理，尽量减少变化莫测的环境导致的危险，但他的努力注定要失败，不仅因为中国人民从天性而言无法完成要求他们做出的迅速转化，而且因为李鸿章本人在某些重要的层面仍然是一个不折不扣的官僚。不可否认的是，由于个人野心和贪财，他的工作中存在腐败，而其效用遭到了损害，而就连他最具进步性的追求，有时也被儒士与生俱来的偏见破坏了。由于他身边是深邃的黑暗，他的光辉显得格外明亮——他满怀勇气与爱国的热情；他身心的能量都非同寻常；他的潜力无限，不论是在灾祸还是泰福之中，他都发挥了许多令人钦佩的品质。然而，在他完成了上述功绩的同时，他本质上仍然是其祖先的自然产物，塑造他的社会形态在他身上刻下了其所有的品质与缺陷。

我们且来概略地考察一下在他初登政治舞台时那种社会形态的状况。太平天国运动在 1851 年取得了重要的进展，李鸿章后来正是因为镇压这场运动，首次赢得慈禧皇太后的感激，并得到其同时代人高度的评价。李鸿章当时大约 28 岁，刚刚以优异的成绩通过了经典课程的最终殿试，这使他能够进入翰林院，即进入卓越学者的学院。这场长达 13 年的大规模运动破坏了 9 个省份，使人口减损达到 1 亿多，它是全部中国历史中反复循环发生的那些动乱之一，是由中国社会体制打造的经济状况所不可避免带来的结果。笔者曾在其他著作中指出：

> 回顾一下自从唐朝末年以来（粗略地说，就是自从诺曼人征服英格兰以来）中国的历史记载，我们发现历史一直坚持重复自身，复制其暴力造反，复制其伴随有大屠杀的"天命气数已尽"的王朝

　　李鸿章是许多变易的创始者，自从 1850 年以来，这些变化已经改造了
中国人民的结构与行为，在这个意义上，李鸿章无疑可以算作 19 世纪的一
个打造者。

的垮台，复制其循环交替发生的动乱和休养生息。在一个向人们谆
谆教诲消极抵抗原理并将不顾一切地繁衍后代当作宗教义务的社会
体系里，这一切都有迹可循，几乎形成一个按照节奏发生的系列。
这里的经济压力比欧洲经历过的任何困难都要严重，而经济压力缓
解的间歇，是以导致广大地区人口减少的社会剧变为代价换来的。
在活着的人们的记忆里，整个过程都已被见证——在因太平天国运
动与回民运动而荒废的土地上，这一代人中有其他地方过剩的人口
过来进行再次殖民，而到了下一世代，他们又再次面对饥荒幽灵那
张狰狞的面孔。

只要中国在地理上闭关锁国，在政治上故步自封，这种循环发生的动乱
与流血之灾，这种无节制的繁殖与过剩生命的大批量毁灭，就会得到统治者
的认可，并被判定为不可避免的人类宿命的一个部分。这个民族的恢复能力，
因其生存斗争的激烈及其国家体制坚实的凝聚力而增强了，在灾难的周期性
发作中总是成功地被激发出来。尽管有这么多的灾难，世界上最古老、最可
敬的文明已经建立起来，并且由于遵守着必须以德治国而非以物质力量治国
的信条，它维持了无比长的寿命。但是太平天国运动不同于过去所有的动乱，
它不容许自然程序的进展，它要推翻大清王朝，因为已经连续有 3 位清帝表
明这个王朝已经衰败，无法指导道德力量去达成政府的正当目标。外国人以
武力进行干预，支持衰败无能的清政府。他们成功地保住了这个王朝的地位，
但其权威已经动摇，无望长久地挽回。对于那些能够读懂墙上告示的人们而
言，未来笼罩在暗影中，变化的危险即将到来。李鸿章作为曾国藩手下的一
名军事指挥官，根据战场上的个人经验，根据他与戈登、华尔、白齐文和其
他外国人的交往，很快意识到洋夷所拥有的力量，是中国以其久经考验的兵
法或治国之术也无望与之对抗的。李鸿章以清醒而敏捷的洞察力预见到这种
局面必然导致的结果，他认识到，如果中国坚守古老传统的连贯延续，那么
她将绝对无望于重建旧秩序，甚至无望于维护其主权与独立。此后，他的整
个人生经历都记载了他的这种努力：试图让他的同胞接受这个真理。他加入

19 世纪打造者行列的主要资格，在于他的这些努力取得了一定程度的成功，在于他的进步观念和他对当代中国人的管理所具有的影响力。本书的宗旨就是揭示其影响力究竟何在，以及是怎样获得成功的。

李鸿章于 1867 年给皇帝呈上的一份奏疏清楚地表明，对于西方的冲击，对于改革中国行政与国防体系以适应这种冲击的必要性，他都把握了其关键的意义。这份重要的文件为解读李鸿章此后作为外交官与行政管理者的事业生涯提供了钥匙，我们在适当的时候会对它进行充分的讨论。在这里，我只需指出，它最引人注目之处，在于其作者作为当时的湖广总督，大胆提出改革的主张，其理由是外国在政治与军事上的优越性是不容置疑的。为了弄清楚向朝廷提交这样一份奏疏究竟需要多大的勇气，必须考察当时中国的政治形势，及其同僚们——各省巡抚与中央各部权贵们的智力素养。泛而言之，那个时期的中国宫廷、检察机关、高官和儒士们，都超然地隔绝于外部世界，这正是过去两千年中中央王国统治者们的特性。

有些读者或许不熟悉中国的行政体系，为了给他们提供必要的信息，这里概略地介绍一下最后几位清朝的统治者，或许能使我们较为方便地研究这位大总督的事迹。从理论上讲，从遥远的岁月直到 20 世纪初，中国的政府是绝对的独裁政府，是原始形态的帝国主义，其基础是祖先崇拜，是由于儒家体系的连贯延续性而已成为人们生活一部分的家长制。但在实际上，宝座上的皇帝（除了乾隆那样乾纲独断的君主）比政府华美大厦上的装饰性屋檐强不了多少。他的日常生活日程，每个细节有皇室法律的条律加以规定和限制，实际上让天子成了紫禁城围墙内的囚徒。作为天命的家族体系的中心，他担任的角色是在圣殿中主持庄严仪式的大祭司。的确，就他享有的个人动议权而言，他没有机会发挥官僚组织的无数功能中最小的职能。甚至在皇室开支和私帑这么至关重要的事情上，中国的绝对统治者首先得依赖于人们的好意与忠诚，首先靠着官僚阶层，走投无路时便求助于百姓。中国政府行使的这种专制权力，实际上归属于官僚群体，但即便如此，历史表明，这种权力还总是被百姓自动主张的造反权所制约。还有一个基本事实也限制了这种权力，即中国行政体系下的整个当局是建立在道德之上的，而非建立于自然力量之上。

已故的梅辉立先生（Mr.W.F.Mayers）曾于1877年在其有关中国政府的模范著作中指出：

> 中国的建立依赖于无处不在的官僚群体，这个群体是通过国民教育体系训练出来的，实践着基督教纪元破晓之前便已传播了数个世纪的行政格言，并受到私利动机的驱使，反对引进有异于古老教条的所有原则。

在这段准确的描述之后，他又适时地加了一段，为了提醒那些乐观的理想主义者，因为那些人即便在当时还在预言：中国人的国民性及其所有的政治体制将会发生突飞猛进的变化。他写道：

> 对于事态的这种估计，或许会让我们修改过于乐观的看法，它认为作为政府和百姓的中国人有一个快速入口，走上欧洲进步之路。为了获得任何实质性的成果，必须抛弃国民信仰中最执着的原则，必须把文学崇拜的偶像赶下宝座，必须离开公认的全部美誉之源，以支持现在遭到轻忽的那些追求与主义。这种变化的发生，若非革命的结果，便是迫切需要的压力所催生的，但若期待自动的发展带来这种结果，那就是自欺欺人了。

太平天国运动长久的动乱和破坏动摇了满族人的威望，使之无法永久性地复原，但它未能削减官僚群体的特权与力量，也没能挫伤其扬扬得意的自负。1860年以来，只有一个特征使清政府区别于其从前的状态，那就是创立了一个专门的政府部门来处理外交事务。这就是著名的总理衙门，一个无脊柱的胶质躯体，随着时间推移，它在人事上越来越紧密地与化石一般顽固的内阁融为一体，忠实地反映了后者由狡猾的规避来调剂的迟钝的保守主义。在30个年头里，也就是说，在李鸿章总督生涯的大部分时间里，总理衙门

总理各国事务衙门。"中外禔福"就是中外安福的意思。在一个向来自居为中央帝国的政权核心，匾额上不宣示皇恩浩荡、威恩远扬，而只是祈求平安无事，这也是晚清政权心态的真实写照。

的首要功能是作为中国行政部门与外国驻京代表之间的缓冲器；它进行的这类活动，趋向于缩短而非扩展中国的外交关系。直到 1890 年为止，在政府各部门的官方名单中总是遗漏了对其存在的所有解说，这等于强调这个部门是多余的。在随后的各章中我们将会看到，中国从 1870 年至 1895 年之间对外交关系的处理实际上是由李鸿章操作的，依赖于他作为总督和北洋通商大臣的双重能力。李鸿章本人在甲午战争之后于 1896 年离开直隶总督任上，成为总理衙门的一员。他活到了 1901 年外务部建立的那一天，这个部门具有的权力和声望，说明了旧秩序的无能，说明皇太后终于姗姗来迟地采纳了新的行政方法。如果他活着目击了清王朝的垮台和 1911 年的所谓革命，他会看到官僚群体再次从动乱的浪潮中毫发无损地冒了出来，在成堆的经济危机和政治混乱中维持傲然独立。他会看到官僚群体安然无恙地稳操胜券，超然于新旧中国的斗争之上。

在李鸿章的一生中，独裁的权力表面上属于皇帝，实际上由京城与各省的高官们所掌控，这些人根据朝廷的任命拥有官职。由于18世纪末叶乾隆统治结束后皇族身体与道德开始发生的衰败，满族人日益减损的威望和强力统治国家的无能，逐渐明显地反映在最高官位上汉人对满族人的比例中。在20世纪初，后者在人数和等级上都被无望地远远超过了。只是靠着皇帝自远古以来就拥有的通过圣旨罢免任何官员的权力，以及对于由儒家传统所赋予的那些天命所持有的无可置疑的尊重，皇太后才得以在有生之年以其治国之术将帝国在不稳定的平衡状态下拢合在一起。

皇帝统治帝国的助手，首先有军机处，一个在皇帝面前日常正式处理国事的顾问团；其次是内阁，其功能在满族人统治下主要是荣誉性的；此外还有在京的六部九卿，以及各省督抚的奏疏，和都察院的忠告。御史团体（总共56名）的特殊使命是就影响政府行为与百姓福祉的所有情况向皇帝提供信息与忠告。他们享有特权的职位与功能在两千多年来从一个朝代到另一朝代一直未受影响。甚至在今天（指作者写作的年代），在所谓的民国体制之下，他们仍然是一成不变的中国官僚行政机器的一部分。在最后一批满族人君主的统治下，都察院反映了公共服务的总体道德败坏；"皇帝的眼睛和耳朵"过于频繁地听从最高发令者的支配，他们的活动服务于敌对政治派别的基本目标。他们当中总是不乏正直而勇敢的斗士，坚定不移地追求在黄金时代创立都察院所要达到的正当目标，他们揭发国家的腐败，行使上诉法庭的作用，对付上层的不公正。其中有些人依仗他们的职位所特有的不可亵渎的传统，大胆地行使他们的权利，批评朝廷及皇太后本人的弊端。不过，御史们的大部分功能是用于卑劣的谋划，收买情报，或用于针对高官们（如李鸿章）的阴谋，那些人的财富和名声导致"局外人"联合起来反对他们，希望以此来获得战利品。

最后，在看得见的权威行政机构后面，还有宫内的宦官在起作用，他们"蛰伏深宫"，天天近侍于万尊之躯的身边，自从嘉庆王朝以来，这个群体对国家大事的影响一直逐步增强。在喜好淫乐的咸丰皇帝治下，这些对主子言听计从的宫廷奴才们羽翼丰满了，变得活跃起来，所起的作用，如同他们的前人对明朝可悲结局的影响。咸丰死后，在他的遗孀慈禧皇太后摄政期间，其近侍大太监们的致命影响变得无比重要，不仅发生在宫禁之内，而且蔓延到帝国的所有层次和各种权利，还关系到必须由皇恩给予的拔擢。李鸿章是一个谨小慎微的人，同时又忠于以慈禧为代表的君主，毫不犹豫地以不义之财与她最宠爱的侍从交朋友，尤其是结交大太监李连英。此人的影响一直主宰着从 1870 年到其女主子在 1908 年去世为止的全部宫廷政治。按照清朝的皇室法律，太监不得拥有任何官职，也不许以任何借口离开京城。直到咸丰治下，这些规矩一直得到强化。可是，在慈禧摄政期间，她把权力交到太监手中，结果是，明王朝衰亡时宫廷内十分显著的腐败与阴谋，都被重新导入了宫廷。在她保护下发生的这些弊端，在她统治下愈演愈烈，直到 1898 年的政变之后，她宠爱的李连英，她的私房钱保管者，竟然常常公开夸口说他能够造就也能毁掉帝国的高官，他还胆敢对抗光绪皇帝在位时的权势。[1]李鸿章在官宦生涯中有许多次被捆住了手脚，他的政策被李连英及其爪牙影响广泛的阴谋破坏掉了，其中最著名的事件，一是在中日战争之前为海军提供资金，二是后来与俄国缔结秘密条约。即便在光绪成年后的 1889 年至 1898 年，慈禧表面上退休了，住在颐和园，李连英那只无形的手还在通过她继续操纵高级官员的任免，并通过其结果获得丰厚的油水。

这些宫中"谄媚小人"施加的影响，就和京城各部与都察院冥顽不化的官僚施加的影响一样，从一开始就对抗着自由思想与改革措施的介入，而在李鸿章宽博的洞察力看来，那正是拯救国家所必不可少的东西。

1901 年，在义和团起义造成的剧烈骚乱中，鹭宾·赫德爵士（Sir Robert Hart）（就中国问题而言，此人是个永远的乐观主义者）将中国统治阶级一成不变的态度归因于自豪——"由遗传而得的自豪，有其极乐无知的广阔而

---

[1]　参见《皇太后治下的中国》第 6 章。

富丽堂皇的背景"。[1] 这种超然疏远的态度从那时起因世事无情的逻辑而有所改变，但是，在李鸿章最初试图通过坦率的讲理来加以改变时，它却是岿然不动，依然坚持着"民族的自豪，智慧的自豪，文明的自豪，无上权力的自豪"。我们可以悲叹这种天赋的自豪感顽固地拒绝直面明显的事实，但我们很难不钦佩这个民族不屈不挠的精神，他们坚信道德最终会战胜自然力量，真理最终会战胜强权，并继续把非中国的事物当作外部的黑暗。

在李鸿章事业早期的中国，本质上还是古代的中国——一种凝结的社会结构，通过时好时坏的运气，挺住了造反与入侵的无数次打击，完整地保持着其辉煌的文明，以及生来就有祖先崇拜与家长制一神论的农业人口的固有传统。就像我们可以为欧洲文明的科学艺术、为我们的许多发明和机械成果感到自豪一样，在中国针对务实的、功利主义的观念经过深思熟虑产生的优越感中，在其冥思哲学的观点中，在其物质住所毁灭的过程中仍然扬扬自得的感觉中，必定有某种东西博得本能的尊敬，有时甚至博得妒羡的钦慕。这种家长制，以及为其提供基础的道德学，早在欧洲远未从蛮荒时代进入希腊与罗马文明之前，就已有效地将 1/3 的人类融入了根深蒂固的同类国民性。部分因为其地理位置，部分因为一个民族自我满足于已被证明有效的经验，中国度过了许多世纪，对"无规则的次要生殖"不闻不问，做着自己的美梦，追寻自己的冥想，关心终极目标而不急功近利，甚至在后来的这些岁月里，丝毫不为洋夷取得的惊天动地的进步所打动。中国供奉在其圣殿中的古老信仰，永远强于新信条的主张与科学的发明。在其连贯闭锁的漫长的幽暗时期，会有令其不安的声音来自西方。印度对其遥远边境的入侵，以及印度—塞西亚在中亚的征服——"光荣属于希腊"的微弱回声——都已经传到了中国，并且记录于沿着西方贸易路线上最遥远的边境修建的瞭望塔与佛寺之中。在欧洲的整个中世纪，波斯人、阿拉伯人和印度人，那些行商的冒险家，将香料、乳香、象牙与宝石带到中国的南海岸，与这些货物一起，还带来了有关外夷的生活方式与风俗以及有关中央王国前哨以外舆图未载的大片水域的奇

---

[1] 《这些来自中土》（These From the Land of Sinim），伦敦，1901。

谈。天主教圣芳济会的牧师们，以及来自地中海东部与爱琴海沿岸国家和岛屿的商人们，从印度洋上不辞艰险来到华南，中国的统治者们从他们那里获得了有关 13 与 14 世纪天主教欧洲的信息，但只是片言只语的第二手知识。但是，儒士们仍然无动于衷，因自负而缺乏对外部世界及其事务的好奇心。马可·波罗及其亲戚在忽必烈汗的宫廷里享有的声望与影响，在王朝的记载中很少或没有留下痕迹，在中国很快就被遗忘了，就像他有关 13 世纪遥远中国的记述已被西方世界忘得一干二净，他们的记忆直到两百年后才被葡萄牙的航海家们重新唤醒。现在，北京反过来轻蔑地把他们当成从夷岛跑来求拜的商人，出于容忍心而批准他们在广州做生意，但必须处处都低人一等。

在东印度公司的垄断于 1834 年废止以后，第一批自由贸易的英国商人来到中国，这时官僚阶层中的少数有识之士开始相信危险即将来临，感觉到这些来自海外的商人背后有力量为他们撑腰。在律劳卑（Lord Napier）成为国王（而非公司）派驻广州的代表之前的 300 多年间，中国与欧洲的交往没有产生任何东西足以矫正中国统治者的古老而可敬的信仰，即他们国家是固定的宇宙中心。直到大不列颠对他们发起第一次战争（1839—1842）的时候为止，中国政府和中国百姓一样，充分地信任龙座上的皇帝用于对付外夷的那种谋略智慧，即"统治他们的实在而唯一正确的办法就是专制暴政"。传教士郭施拉(the Rev.Charles Gutzlaff)在 1838 年准确地把当时的中国描述为"绝对隔绝于整个世界，以无可形容的鄙夷看待其他每个国家"。[1]其他所有国家都被当作野蛮人"注定居住在四方形大地的边缘，或者住在中央王国周边四海中的某些小岛上"。这位作者还写道："中国意识到她的高贵，认为全世界无所不包的帝国支配着四海，总是以怜悯来进行统治。她以同样的柔情怀抱所有的国家，但与此同时，如果远方的蛮夷愚昧到不承认世界上唯一文明的国家所具有的优越性，那就让他们自生自灭好了。"这就是中国统治者与大不列颠的使者马嘎尔尼伯爵（Lord Macartney）（1793）及阿默斯特爵士

---

[1]　《开放的中国》，郭施拉著，史密斯·埃尔德公司（Smith，Elder&Co.）出版，伦敦，1838。

（1816）打交道时指导其行为的精神。他们当时通过西藏和尼泊尔得到了报告，得知莫卧儿帝国的瓦解，以及白种人在印度的军事优势，但他们仍然不为所动。乾隆皇帝在热河接见马嘎尔尼伯爵几天之后颁发给乔治三世国王陛下的圣旨，以及嘉庆皇帝于 1816 年颁发给乔治四世的圣旨，都以其坚定的无知展示了这种精神。[1]

与中国的第一次战争以签订《南京条约》（1842）而结束，此后直到李鸿章作为对抗太平军的欧洲雇佣军的组织者登上历史舞台为止，西方的冲击也许已经打开了一些中国人的眼界，使他们看到了没有武力支撑的夜郎自大的政策是有危险的。但这丝毫未能消除清政府及其派驻各省省会的代表们的傲慢态度，就连 1860 年英法联军占领北京、火烧圆明园也未能使之动摇。因为这种自豪的民族精神深深植根于传统的感情，是中国人所有道德观念的基础，胜过了任何明显的事实与政治信念。这种坚定不移的道德优越感的信念，生来就在中国统治阶级的骨子里，岁月无法将之动摇，也不会轻易为外国人在物质上取得的任何成功而颠覆。官僚群体总认为这些成功是偶然事件，希望这只是暂时的现象，因为他们在各个时期都坚持他们的企图，一直到 1900 年，最后一次尝试"将夷人赶进海里"。在与外国列强发生间歇性关系的任何一个时期，中国政府都未曾认真地转向条约强加给它的政治改革，它采取的所有措施，除了创造出使这些条约失效的组织，没有其他任何建树。这种批评特别适用于清廷于 1860 年从热河返回北京，以及联军支持清政府镇压太平天国，进行目光短浅的干涉之后的那个时期。这些早期战争与早期条约带来的教训，其效果很快就消散了。中国的官僚群体意识到外国列强为了他们公然宣称的利益，一定会采取维护中国完整的策略，并且一定会发生那种策略必然会导致的国际制约，于是他们就放宽心了。从 1860 年起，中国的外交变得越来越勇敢，因为官僚群体领悟到一个似是而非的真理：中国政治的强固要靠道义的削弱。他们在将近半个世纪内挑唆一个夷国与另一夷国作对，自己坐收渔利，取得了成功，使他们不但没有消除反而增强了对

---

[1] 参见《北京宫廷年鉴及回忆录》，海涅曼公司（Heinemann）出版，1913。

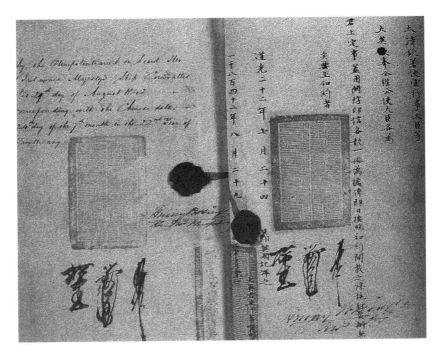

《南京条约》中英文约本接缝处，两国代表（清政府钦差大臣耆英、英国全权代表璞鼎查 [Sir Henry Pottinger]）签字、用印情形：红色火漆上印有大英帝国国徽。

外国人智力的轻视。李鸿章不同于同时代那些最高贵的人，他既是外交官又是行政官，因此，虽然他充分地分享了他们对欧洲人的厌恶和猜忌，但他没有分享他们的轻蔑。我们比较一下他的奏疏、札文与其同僚督抚们所写的文件，可以发现他在这方面的辨别能力多么强大，远远超过了其他高官与皇帝的顾问。最负盛名的两江总督张之洞、刘坤一所写的公文，直到最后都继续代表着正统官僚的观念，没有丝毫改变的迹象，认为中国是宇宙的中心，而儒家学者是这个中心的香花。他们就对外政策层面向皇帝提供的忠告，跟实际存在的世界没有任何关系。与李鸿章清醒而务实的阐述相比较，他们的作品给人一种梦幻缥缈而又幼稚的印象，似乎这些超级学者对于《论语》和《诗经》的研究，随着仿效梦幻怪兽蛇鲨进行的政治远足而发生了改变。在后面的讨论中我们会做一些批评，来比较李鸿章展示的智慧与远见，和他主要的同事及对手缺乏辨别力的无能。在这里只需指出，士人的精神与道德状况及官僚阶级的家长制传统，使他们坚定不移地轻视外国人，两者构成了一种力量，任何个人都无法将之破除，或仅仅使之松动摇晃。他们的根基太深，他们的坚持不懈中牵涉的利益过于强大，任何个人领袖与传道者的认知和榜样都无法使之受到影响。李鸿章尽管一生中硕果累累，大权在握，但他对政治改革的主张却犹如荒野中的哭声，而且他对此心知肚明。他不可能重塑这个社会，因为他本人在许多方面就是这个社会正常而自然的产物。他在皇太后于 1900 年逃出京城后给她所上的奏疏中，正如他 40 年前撰写的那些奏疏一样，清楚地反映出他懂得威胁着中国的危险既来自外国人的侵略意图，也来自同胞的心理惰性。在评判他的成败时，我们应该记住一个事实，记住他终生的事业不仅是要防止欧洲人和日本人对中国主权的侵犯，同时也要致力于教育国人清醒地认识新的力量，后者必定会根除他们自负排外的传统。

在进一步探讨李鸿章的事业生涯之前，我们还必须注意到，他在处理对外事务中表现出来的非常清晰的洞察力与勇气，往往被他自己在国内政治中的贪污受贿与裙带之风所中和了。就这些不正之风而言，他仍然是其先人的一个典型产物。在他整个积极进取的政治家生涯中，到处都清晰地留下了中国那条腐败老蛇的行迹。在 40 年间，他任劳任怨，以不倦的努力在中国与外部世界之间找到一种临时的解决办法，对充耳不闻的听众们大胆告知中国不设防状态的后果。但在所有的这些岁月里，不论在认识上还是在示范作用方面，他都没有试图消除中国衰弱的主要根源——官僚阶级根深蒂固的伪诈。相反，他在教育和行政改革方面采取的进步措施，他为改进国防制订的庞大计划，以及他所从事的工商业活动，都被占用公款和不劳而获的贪婪显著地玷污了。在这些方面，他的国人从未给他以严厉的批评，因为公共服务中的贪贿是得到承认的既成事物秩序的一部分；相反，其一生事功唤起的崇仰以及他所支配的权力，主要归因于他聚敛财富的手段高明。他在公共生活中的两名首要对手，作风顽强的军人左宗棠与两江总督刘坤一，都是人品完美的罕见典型人物，他们身居高位，却生于贫寒，死于清白。但我们可以有把握地说，李鸿章成功"榨取"的一生，使他在大多数同胞们眼里立于更为杰出的地位。有关这些事实，有关李鸿章自己曾坦言鼓胀的钱包在中国政治中的效力，我们都有必要和盘托出。我们承认李鸿章是 19 世纪的一位打造者，并对其事功做出如此的评断，但读者最好从一开始就接受以下的事实：他对其同时代人及其继任者——当代中国的官员们所施加的无疑是巨大的影响，绝不是完全有益的，也不完全是有助于提升道德的。既然他以自己为样板认可了官僚阶级自私的个人主义和伪诈的传统，既然他未能在公共生活中灌输较高的标准，那么他必须受到谴责，他的影响必定是有害的。他从 1860 至 1896 年官宦生涯中的所有记录，使其同胞有理由相信，从中日战争直到他去世时（1901）为止，他与俄国的关系不仅是为了服务于其有远见的经世方略所要达成的政治目的，也是为了满足他不大正当的私人目标。他在长久担任直隶总督职务的期间与皇太后的亲密关系，以及皇太后当他"时运不济，为人所不容"时给予他的坚定支持，主要归因于他引人注目的能力和对皇室坚定不移的忠诚。但毫无疑问，臭名昭著的大太监李连英的腐败影响加强和维护了皇太后与他的关系，李鸿章至死都与之保持着一种经不住仔细推敲的亲近联系。中国在过去 30 年内所遭受的屈辱与掠夺，可以公允地归咎于大规模有组织的腐败，而这位太监就是其中的主要教唆者与受益人。李鸿章与他及其同类喽啰的秘密交往，以及他由实际上的非法纵容而聚敛的财富，是培育他的世态所承载的不良遗传，因此得到这个社会慷慨大度的宽容。和皇太后一样，李鸿章公开声称，非法聚敛私财是国家衰弱的一个原因，但他照干不误。然而，从欧洲观察家的观点来看，一个人，其决心与智力的力量使他在其他方面远远领先于同时代的国人，但在这方面却是失败得如此明显，真是令人扼腕叹息。

反清运动从 1894 年由日本强加给中国的屈辱中剥夺了清政府最后的动力，从这场运动的开始，直到这个无助的王朝于 1911 年垮台为止，欧洲人认为国家的腐败是一个魔鬼，并一再告诫改革派，随着这些满族人统治者的下台，必须迅速地将之驱除。孙逸仙和伍廷芳在其共和宣言中毫不犹豫地向世界宣称：清王朝愚昧的观念及野蛮的嗜好把中国引向了退步。然而，由于证据无处不在，改革派心中非常清楚：官僚贪墨的传统是汉人的，而非满族人的。早在满族人从默默无闻中一鸣惊人之前，这个传统已经盛行了很长时间，如果说满族人皇帝光绪未能实现他那勇敢但不切实际的国家改革计划，那么他的道路上无法逾越的最大障碍就是李鸿章这类官僚的既得阶级利益和他们的企图，而满族人为了保住自身特权采取的保守主义相比之下只是较小的障碍。我们应该记住这个事实，因为它有助于我们理解今日中国的实情，有助于我们了解官僚传统在短命的共和议会与命途多舛的袁世凯政权之下都未遭遏止的活动。满族人离去了，但官僚群体留下了，袁世凯及想把他推上皇帝宝座的人们所实践的治国原理，与李鸿章奉行的治国之术毫无不同。的确，只要我们记住，袁世凯与"共和国"的许多高官们仰视着李鸿章，把他当作自己的守护神、庇护者和榜样，向他学习巧妙改良官僚财政的许多办法，那么就很容易理解，其一般形态便是中国当时需求与所负外债的结果。可以公允地说，在许多方面，北京现存窘迫状况是李鸿章的直接遗产。

国民党与改革派在 1913 年倒台以后，袁世凯集中所有的力量推行中央集权政策，从而成功地重建并加强了因革命的骚乱而解体的财政机器。考察一下这种政策的性质与结果，我们的结论就变得非常明显了。作为政治家，李鸿章有一个重要的资格，也许比他处理外交事务还要重要，即他非常清楚在有效的中央当局领导下改革财政的必要性，将之当作适当的军事整备与海防建设的前提。如果说李鸿章在其事业中的某些阶段未能按照他的见解去行动，有时候甚至支持省级自治的原则（如同在舍纳德·阿思本舰队一案中一样），这仅仅说明，他所属阶级的既得利益，以及官僚保守主义压在他头上的死沉的重量，是不论如何伟大的个人都无望于以正面的攻击来克服的。在这个问题上，如同在其他许多问题上一样，李鸿章的才干在于他采取了"中庸之道"，既为他明知必须做的事情而奋斗，同时又承认那些他必须作为权宜之计而被迫接受的事物。为了达到外交目标，为了逃避外国公使的要求并把他们的脑子弄糊涂，李鸿章无疑赞成并巧妙地运用权力下放与省级责任制的传统，但与此同时，他充分意识到了中国必须重组，通过行政改革从内部巩固自己，而要真正做到这一点，必须在增强了政府在财政事务中的权威并且实行了集权化以后。只要适合自己的目标，他和皇太后慈禧一样，为了哄住外国人，会在庄严的条约中声明将要调整所有弊端，表明发动所有改革的决心与能力。但不止一次，他在坦率并明显是真诚的时刻，向与他交情不浅的外国人承认：只要各省仍然留下了自治的法律，那么无论在行政、财政还是国防方面，都无法取得实质性的进步。就中国的内部行政而言，他在稍后的生活中开始相信，只有中央集权的独裁，以某种宪法程序作为调剂，才能在面对来自外部的分裂影响的威胁时使国家凝聚在一起，他主张的教育和其他方面的改革全部指向这一结论。事实上，为了让中国人民能够适应不断变化的环境，中央集权已经成为必需。晚年的李鸿章于 1895 年签署屈辱的《马关条约》回国之后，以悲痛的心情重新体味了这些实情。1898 年迅速发展的广东革命运动和 1900 年的义和团运动进一步强调了这些真理。他得到了教训，但是太迟了，但他的门生和继承人，身为总督又想当皇帝的袁世凯，却没有错过这个教训，他为财政集权化所做的努力没有间断，而且总体上不乏成功。这两个天赋很高的男人在许多方面比他们这一代人更为聪明，但他们都无望通过劝诫和树立榜样来突然改变这个民族根深蒂固的性格与习惯。在许多方面，他们自己也受到自身事业与行为的考验，要跟比其政治才干更为有力的返祖力量做斗争。他们的智慧察觉到了省级自治的危险，但他们的社会本能，他们继承得来的阶级偏见，都使他们俯首听命。我们从外部有利的角度考察中国人的政治经济，应该尽可能地认可这些根深蒂固的倾向，尽管这些倾向迥异于我们自己的思想行为标准。在评估李鸿章的成败得失之时，我们应该像目前所能做到的那样，将他评判为一种格外僵硬的社会制度的产物。他觉察到了作为基础性国家改革的集权化的必要性，但他对那些本能、那些偏见的坚持，有时候会导致他对抗自己的这种认识。如果我们打算因此而谴责他，那么我们不应该忘记，省级自治在漫长的岁月里已被证明为一种成功的策略，能够满足自足而热爱和平的中国人民的需要与天赋。若非西方的冲击剧烈地改变了他们的经济状况与政治平衡，这种策略还能继续达成他们的目标。这种世界上最古老的文明陷入危险之中的主要原因，就是西方的商业与军事力量突然侵入了中国古老可敬的蛰居之地。从这个角度来看,李鸿章的生活便凸显为一场针对无望的机会而进行的勇敢而徒劳的斗争。他明明知道这种社会与政治体制无力保护自己,注定要衰亡,但他却坚定不移地信仰其道德的优越性,因此,这场斗争的徒劳无益更加令人哀怜。

已故的亚历山大·宓吉先生(Mr.Alexander Michie)或许是最有才能的观察家,也是现代中国历史最精确的记录者。他在以这种观点评论李鸿章的毕生事业时,建议我们探究以下问题:为什么像李鸿章这样一个具有务实精神的人,会穷其一生去追求不可能的成功?为什么在一个蕴藏着巨大智慧的国度里,这个任务竟然会几乎只是落到一个人的头上?他指出[1],中国人"绝对不是傻瓜,如果我们发现,在国家大事中,他们没有展示比小孩建沙堡更大的智慧,那么自然得到的结论是,在他们一方和我们一方,都对他们面临的问题有所误解。但是,如果我们将中国人划归道德力量的世界,那么他们对属于自然力量世界的一切所产生的误解不仅是解释得通的,而且是不可避免的,因为双方都没有共同的立场来哪怕达成妥协,而其中一方肯定会永远误会另一方"。

李鸿章花了很多时间来寻求一个良方,希图达成那种不可能达成的妥协。如果他活到了今天,他那敏锐的智力一定会发现,在当前欧洲物质文明取得的惊人成果中,可以找到为中国人坚持古老信仰和行政家长制做辩护的信念。在他与欧洲人打交道的漫长而麻烦不断的岁月里,我们发现他常常扪心自问,并询问欧洲人:如果一个国家获得了全世界的杀人机器,却丢失了自己的灵魂,那么它得到了什么好处呢?甚至在他于1896年游历欧美感到惊奇和壮观的时候,他那成熟的判断力仍然引导他得出一个真诚的结论:尽管中国的文明存在物质衰落的屈辱,但它构建了更为合理、更为人性化的生活哲学,超过了"外夷"进化的所有成果。他这个判断,在比较观察的基础上形成,与占人类1/4的中国人民的本能而坚定的信念相吻合。李鸿章对西方机械科学表示出了很大的热情,但在这种热情背后,隐藏着他对经过岁月考验的完

---

[1] 《英国人在中国》,第2卷,第384页。

美而又战无不胜的道学体系所持的不可战胜的信仰。这是一种非尚武的文明，比希腊—罗马的文明更为稳定，李鸿章对它的信仰比引导他采用西方科学的任何冲动都要强烈。任何对李鸿章生活的记载，如果没有考虑上述的事实，就会误导读者。他在努力寻求不可能的妥协时购买了轮船和枪炮，但他在最后的日子里，他终极的信仰还是深深扎根于圣贤们的经典，这有其更私密的文件为证。

为了对这位中国最杰出的政治家的毕生奋斗进行批评性的研究，欧洲传记作者的任务是很复杂的，因为中国未曾出品有关其生平事迹的精确记载。从其给皇帝所上的奏疏、从上谕和官报中收集到的少量信息，或多或少由于中国官方记载"制造历史"的倾向而失去了效力，因为这种手法为了赞扬统治者及其后裔，宁愿牺牲对于真实事件的忠实记载。他们让王朝的历史记载迎合官方对理想世界的想象，而与原原本本的世界很少有关系，或完全无关。操作本国媒体的作家们在讨论公共事务时，同样偏好装腔作势，只提供了很少的材料，可以用于检验或补充官方的记载。当皇太后"为求历史准确"而从王朝历史中删除有关义和拳的诏谕时，她的行为符合编辑封建王朝"议事录"时早已确立的先例，恐怕李鸿章的官方传记也会遵从这同一种无微不至作伪的经典传统，因为自从 1904 年以来，一些学者和年谱作家一直在进行这项烦琐而闲散的编辑工作。从日记和学者们私下流通的记述中，可以获得一定数量的令人感兴趣而又公正准确的材料，但其中总是缺乏美国编辑们称之为"人性趣味"的内容。上海的一份报纸于 1901 年出版了一部李鸿章传，既没有致力于分析其治国之术的基本动机，又未发掘其成功生涯的秘诀。关于其家庭生活与社会生活言之甚少，或者一无所载。因此，要对李鸿章的生涯进行总体性的批评考察，大多数信息都只能到欧洲观察家的著作中去获得。这些著作中的一些作品，由于对该国语言及习俗的肤浅认识，由于过于重视官方文献，在记载事实和由之得出结论的时候被引入了歧途。有些欧洲人非常了解李鸿章，他们可以写出秘史，其中包含他们根据贴近目标的私人观察所知晓的李鸿章生涯中的许多要事，可惜他们已经去世，没有留下只字片语，至于日记，李鸿章的美国秘书毕德格先生（Mr.Pethick）保存了许多年，却据报道称，已被人从其临终时所卧的床榻上偷走，从未复制过；卷帙浩繁的信札与笔记由鹭宾·赫德爵士保存于北京，由李鸿章最信任的顾问德璀琳先生（Herr Gustav Detring，天津海关税务司）保存于天津，完全毁于义和团骚乱期间。于是，李鸿章从 1870 年至 1900 之间在对外事务中所采取的秘密外交政策，就成了值得推敲的事情，因为留下的证据具有矛盾的性质。已故的亚历山大·宓吉先生的著作，仍然是所有当代记载中最有价值的一部，但它只涉及一个比较短暂的时期。此外，它还有一个缺点，即其作者与李鸿章的个人关系十分亲密，他对这位大总督心怀热烈的崇敬，这使他的著作在某种程度上缺乏平衡，而在《英国人在中国》（*The Englishman in China*）一书中为李鸿章描绘的另一可敬的形象则缺乏透视性。

另有一个资料来源，可能揭示中国这位 19 世纪打造者的性格和奋斗经历，那就是他自己卷帙浩繁的作品。李鸿章在其整个一生中无疑是一位勤奋不倦的编纂者，编写了大量有关时事的奏稿与评论，但根据我们现在对这些作品的了解，其成果并不能为我们的准确信息库提供多少补充，不论是有关其作者，还是有关他作为中国外交政策的主要策划者和代表人物所担任的角色。1913 年出版的一部作品，题名为《总督李鸿章回忆录》，由科士达（Hon. John.W.Foster，华盛顿的前任国务卿）撰写前言，声称是根据李鸿章大量手稿的译文选集编辑而成，而那些手稿是从他曾担任官职的各个衙门里取得的。该书故意匿名的编辑声称，这个纪念文集是由这位已故政治家的家人与朋友提供于世的，得到了帝国政府的批准。即便在人们确信此书是一个文本赝品之前，人们也能得出一个结论：已故李总督的国事文件一定已被用作服务于黄色新闻的可悲目的，或者被那些掌管文件的人们用于达到他们的政治目的，因为该书明显对国际要事只字未提，而坚持强调许多琐事。只有一个假设可以避开这个结论，即李鸿章谨慎地编辑过半政治性的日记，因为他信不过自己的后裔，而且对他们毫无诚意。这本书由这位美国外交官和政治家推荐给公众，由于此人在中国政府中担任显赫的职务，该书引起了不小的注意。不过，该书的权威性从一开始就遭到那些能干批评家的质疑。该书包括一些消遣性的闲谈，以及一大套古怪的哲学反思，但实际上没有揭示这位大总督 30 年内在其中扮演了重大角色的任何重要国事。何况，正如在其出版时不止一个评论家所指出的那样，毫无疑问，该书中包含推断性的回忆和有选择的编辑，但非常奇怪的是，没有明确指出文件的出处，因此该书在英国和美国初版时，人们对此大胆地表示了合理的怀疑。事实上，这件赝品在得到明确的检验之前，早就遭到了怀疑。但是持怀疑意见的人自然无法确定，最先在纽约《太阳报》和伦敦《观察家》上出版这部回忆录的富有想象力的美国记者曼尼克斯先生（Mr.Mannix）在做这件工作的时候，究竟是否告知了李总督的亲友们，究竟是否征得了他们的同意。赝品内部的证据无所不在，但另一方面，有一个事实十分明显：中国政府没有公开发表声明来否定这本书，而本书正好声称是中国政府批准其出版的。李鸿章本人的家族也无人出来加以否定。现在，李总督的一位家庭成员已正式宣布李总督从未写过日记，不论在他周游世界时，还是在他待在天津的时候。与此同时，我们弄清了一个事实：曼尼克斯先生实际上于1900年到过华北，到过北京，他是美国第9步兵团的一名列兵。因此，他有些许可能在当时发挥了记者的能力，接触到了李鸿章家的某个成员，或接触过其他中国人，后者愿意并能够为他提供构成此"回忆录"的材料，以达到自己的政治目的。该书包含许多关于"中国改革派"思想方式的暗示，它们若非要求人们与这位做了巧妙虚构的作者进行实际的合作，就是给予人们一些启示。不用说，公众满怀好意地接受了它，欢迎它，把它当作了解远东人事的有价值的补充材料。

我们且不追究聪明的中国改革派究竟是否参与了编辑这部自传，可以公允地说，该书毕竟展示了不止一例非常可信的捐赠品，李鸿章的著作继承人或受让人也许认为这些著作适合于为已故的总督盖棺论定。该书还具有一定独特的价值，其中流露出中国官僚的民族意识，如果没有第一手的地方知识和专家协助，作者是很难进入这种角色的。例如，回忆录以许多古怪的方式反映了中国官员对于中国以外所有事物的轻视，以及其无知的勇敢无畏。因此，我们偶尔从这部奇怪的著作中引用一些文字，只是为了能够将如此间接而巧妙展示出来的反映当地官员观点的著作，与欧洲观察家有关李总督一生要事的看法做一个比较。但读者应该记住这个事实：那些强加到李鸿章头上

　　清钦差商务大臣太子少保工部左侍郎盛宣怀。盛宣怀（1844 年 11 月 4 日—1916 年 4 月 27 日），字杏荪，又字幼勖、荇生、杏生、号次沂、又号补楼、别署愚斋、晚年自号止叟。汉族，祖籍江苏江阴，出生于江苏常州，死后归葬江阴。清末官员，秀才出身，官办商人、买办，洋务派代表人物，著名的政治家、企业家和慈善家，被誉为"中国实业之父""中国商父""中国高等教育之父"。

　　盛宣怀创造了 11 项"中国第一"：第一个民用股份制企业轮船招商局；第一个电报局中国电报总局；第一个内河小火轮公司；第一家银行中国通商银行；第一条铁路干线京汉铁路；第一个钢铁联合企业汉冶萍公司；第一所高等师范学堂南洋公学（今交通大学）；第一个勘矿公司；第一座公共图书馆；第一所近代大学北洋大学堂（今天津大学）；创办了中国红十字会。

的观点，实际上很少是由他本人记载下来的，甚至完全不是出自他自己的手笔，因为他确实从未写过日记。

李鸿章最谦卑顺从的仆从，兼职官吏盛宣怀，在李鸿章去世后不久于上海出版了他的一个官札集。这些文件较之清朝的上谕和官史记载，对于历史研究而言，并不具有更大的实际作用。总体而言，它们显著地展现了典型官僚咬文嚼字的才干，以及作者维护官员体面和挽回面子的突出能力，但无关于精确性，或者说，无关于事情的实际进程。可以确信，李鸿章的这些文札反映了最近的中国历史，以及他从太平天国运动直到义和团起义这段时间在其中担任的角色。从这种观点来看，我们获得了值得注意的证据，有关中国官吏生存、活动与做人于其中的无所不在的"虚构"氛围，同时也获得了其作者对其政治与道德环境的本能的服从。的确，可以公允地说，它们的首要价值在于不自觉的招供，指证了这位儒家学者平静地游离于现实世界之外，指证了他的这种态度主要是因为他至诚地相信中国治国观念中的卓越智慧。

因此，我们现在研究李鸿章的生平事迹，必须更多地依赖于独立而能干的欧洲观察家们见诸记载的观点，而较少以中国官方记载或李鸿章遗著中的证据为基础。类似的证据可以用作辅助材料，而不是用作结论。不过，不论我们的资料来源如何，不论我们根据这些材料做出怎样的评判，在评估对李鸿章及其作为 19 世纪打造者之一的地位做出的最终历史裁决时，为了对此人及其事业的公正起见，我们应该记住他出生于其中的社会与政治状况。当我们公平地权衡其功绩与错误和失败的比例时，让我们不要忘记他应召去对付的困境是特殊的，他面对的困难是有增无已的，而他几乎是独自一人，他是这个中央王国"神圣的遗产"，在国内他是大清力量衰微的结果，就国外而言他是欧洲的报警者与游历者。

第2章 早期生活与家族

我们在上一章考察过了李鸿章出生于其间的社会状况所具有的一般特征，及其主要的和持久性的根源，现在我们来考察一下产生这位东方超人的教育状况与家庭环境，以及李鸿章早年生活中的故事与境遇，这有助于揭示其思想行为的特定指向。首先，毋庸置疑，他很大程度上继承了其母非凡的身心活力，还从母亲那里获得了和蔼的脾气与宽容的达观，这在其私生活中表现突出，使他交游颇广，其中一些朋友是在外交与其他事业中接触到的。此外，可以肯定，他在总督生涯起步时和其后对外政策的整个进程中表现出来的对于外国人的睿智的认知，是因受到了太平天国运动期间他与戈登将军亲密关系的很大影响所致。这些遗传和影响，无疑是在最重要的塑造时期决定其性格的因素，两者都对他进行了改造，但仍然无法消除环境不可避免的影响，以及老套教育与官僚群体硬性阶级利益的强大作用。

关于李鸿章的父亲，我们所知甚少，只知道他一生中的大部分时光都是个"怀才不遇"的人，归属于"有望"当官的失意而不满的人们之列。李鸿章本人是一名坚定的儒学者，总是宣扬孝顺为道德之首，很少在私人谈话中提及自己的父亲。就我们所知，在其为了训练文学才干而常写作的赞美诗中，并未写下对父亲的怀念。我们知道，李父属于士绅阶级，也就是说，他曾成功地通过省级的学士学位考试，但他和苦苦奋斗的学者大军中的许多人一样，既缺乏能力又缺乏手段来获取进步。他很年轻就结婚了，有5个儿子（李鸿章是其中的老二），能为他们提供寻常正统教育的入门课业：5个儿子都在乡村学者的指导下获得了像鹦鹉学舌一般背诵经典的本领，那些经典在中国就是启蒙。上一章提及的那部有嫌疑的"回忆录"中对于李鸿章在 1846 年与其父的关系有所介绍。其文章之一声称由李鸿章在 25 岁那年写于家乡合肥，当时其父母都是 42 岁。这就意味着其父在 15 岁那么小的年龄就娶妻了。另一篇文章标记的日期是 1846 年 1 月的某日，记载了这位志向不俗的年轻学者不愿顺从其"高贵而严厉的父母"表达的要他娶妻的愿望。李鸿章的第一次婚姻应该就在此时或不久之后缔结，因为我们知道他那年轻的妻子和孩子们在他于 1853 年弃文从武之后不久都失踪了，无疑是死于袭击的太平军之手。据记载，李鸿章通过其伯父的影响，在府衙里谋得了一个职位（伯父本人在当地厘金税征集处任职），而知县大人闻知这个有头脑的年轻人文才了得，叫他倒背《春秋》，其结果是大大满足了李鸿章的自尊。充分的证据表明，在这些岁月里，他通过勤奋的努力工作，将能量集中于获得文学名声与写作技巧，这可以将他领向通往官宦生涯的大道。1847 年，他在为进士们设立的殿试中，从 4000 名竞争者中脱颖而出，考取第 3 名，得以进入翰林院。1851 年，他成为翰林院编修，已经有了不小的名望。他那优美而儒雅的书法已经闻名于京城的文士之间，其名声已闻达于各省。但是，到此时为止，他只是展示了坚韧不拔的毅力以及对自身能力的敏锐认识，却未曾表现出不同于正统儒生的精神特质。吸引着他的僵硬老套的学习体系，在所有细节上完全无异于已经摧残了其前辈并正在破坏其同时代人精神活动与想象力的那套东西。他能背诵整卷整卷的经典，倒背或顺背，撰写无数文章，有散文也有诗歌，涉及各种各样的主题。与此同时，他的聪颖敏感向他指出，要踏上其野心所渴求的成功之路，必须有鼓胀的钱包，还要得到大人物的青睐。但是，在他进入翰林院那一年在华南爆发的太平天国运动，有助于拓展他的经验，扩大他的眼界，在不同的战线上完成他那由经典入门的教育。

　　那一年李鸿章 28 岁，住在安徽省合肥的老家。关于他在这一时期的职业，我们所知甚少。科士达在其为那本臆造的回忆录所写的吹捧过度的前言中，记述了李鸿章从京城返回老家时太平军已经取得了惊人的进展。他写道："当他抵达老家时，他看到太平军路过，正在向北京胜利进军。当他看到那个赐

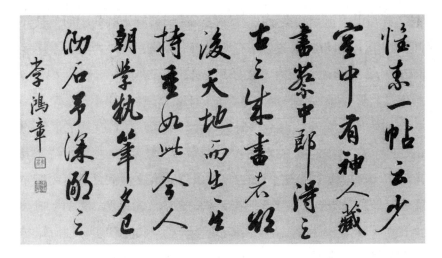

　　1847年，李鸿章在为进士们设立的殿试中，从4000名竞争者中脱颖而出，考取第3名，得以进入翰林院。1851年，他成为翰林院编修，已经有了不小的名望。他那优美而儒雅的书法已经闻名于京城的文士之间，其名声已闻达于各省。

予他如此荣耀的王朝和古老的政府面临灭顶之灾时，他的爱国热情在心中沸腾。他立刻着手工作，组建了一支志愿军去袭击和阻击敌军的后卫。"道格思教授（Professor Douglas）对于李鸿章军事生涯的起源也有大致相同的记述，但是他说的时间是1853年初。然而，我们知道李鸿章在金钱事务中极为谨慎，这使我们很难接受这个故事，更不用说，即便他愿意，他也不可能在孤立无援的情况下组建一支值得一提的军事力量。要解释他为什么放弃文学生涯，而加入他所轻蔑的武行，有一个合理得多的证据，因为在太平天国强大起来之后，曾国藩（官军总司令）要求北京给他配备一批秘书，而李鸿章得到一位安徽籍翰林的推荐，担任了其中一个有前途的职务。如果正如报告所载，他和其父（1856年去世）有功于为官军征收地方税，那么可以肯定地说，他们父子都是在曾国藩的领导下从事这项工作，而那些税金是由省级当局提供给官军的。这个看法已部分为当代的证据所证实，因为李鸿章曾于1855

年供职于合肥的藩库，顺带赚了一些钱。他在这个方面聪明的活动引起了知县的注意，他向上级报告：李鸿章是一位前途无量的官员。按照同一报道，李父似乎和曾国藩有几次会晤，其结果是，这位伟大的学者军人喜爱李鸿章的文风和书法，于是年轻的翰林投笔从戎。无论他接受这份任命的理由何在，这件事肯定为其事业奠定了第一个坚实的基础。

英国的读者会注意到，在中国，文官们虽然除了经典教育之外并无其他资格，但他们却可以行使高级军事职权，并以同样无知的勇气主持对外条约的谈判，管理银行，或者治理江河。事实上，整个官僚阶级都在指导高技术层面的事务，基于一个无所不能、多才多艺的假设，不同于英国政治家与公众舆论对于内阁部长们的看法。因此，李鸿章从军事参谋的位置上迅速升为江苏官军的总司令这件事并不引人注目。有充分而可靠的证据表明，他仅靠勤勉与才干，就得到了曾国藩的好评，而他的升迁就有赖于此。在他晋升为高级军事指挥官的同时，他的文官职位也在提升，因为作为一名翰林，他的战争行为被认为是临时的跑题。1857 年，他被委任为浙江代理按察使，1859 年他被任命为福建的道台（原因不明，因为他从未上任）。最后，在1862 年，他成为江苏巡抚，在这个位置上，他初次见识了外交艺术与技巧，并目睹了外国政治的广阔天地。1860 年，他开始体验欧洲的战争方法，其因缘在于他跟美国冒险家、"常胜军"司令华尔的关系。这时，由于英法联军很轻易地突破了大清帝国所有的北方防御，包围了北京，他那敏锐的智慧也使他深信了外国人的军事优越性。

关于李鸿章在这个阶段的事业，中国总是流传着两个有趣但未经证实的故事。亚历山大·宓吉是一位能干而且往往可靠的资料提供者，他在李总督于 1901 年去世后不久，在一篇已经出版的论文中公布了第一个故事，并为之作证。[1] 他宣称李鸿章在对付太平军时获得的大多数成功，是因为他在太平军中当过一段时间的俘虏，在那段时间里，为了保住性命，他手中的笔任凭目不识丁的太平军首领们使唤，他由此而对太平军的组织和方法有了贴近

---

[1]　参见 1901 年 12 月的《黑森林》（Blackwood）。

的认识。这也许是真的，也许又只是许多"合理却不真实"的虚构故事中的一个，这种故事在东方国家因反复的传播而令人信以为真，就李鸿章而言，则主要是为了隐藏其生平记载。所有的官方记载对此事只字未提，并不能证明此事不存在。但他被俘一事若是发生过，也一定是在极短的时间之内。

至于另一个故事，从表面看，更像有事实的基础。故事说，官军的程将军[1]原本是太平军的一位首领（此人在李鸿章领导下，与戈登一起勇敢地打击太平军，在1863年收复苏州的战斗中表现格外突出），李鸿章巧妙地劝说他改换门庭，效忠于清廷。在一份奏疏中，他描述这位勇士1864年4月在攻占嘉兴府时如何捐躯，他证实了程学启当过太平军的首领。他写道：

> （程学启）当于初十日子刻出缺。……臣适行抵常州，接信之余，不胜悲悼。各营将士恸哭失声，江浙远近官绅士民无不同声呼怆。伏查程学启籍隶安徽桐城，遭乱被掳，英逆四眼狗欲重用之，程学启以该逆荼毒百姓，尝自逃去……程学启密赴曾贞幹营中纳款，曾国荃兄弟见其志趣忠勇，迥异寻常降将，遂留营带队攻剿，旋克复安庆省城，程学启之功居多，经督臣曾国藩等奏报在案。其时臣在安庆，熟闻程学启智勇可任。

这份奏疏接下来描述已故程将军的军事才干和功绩，顺便将戈登将军取得的胜利全部算到他的头上。但是，如果这段广泛流传的故事是真实的，那么李鸿章对于程学启的了解就远远多于上述官方的调查。人们一般都断言并相信，这位首领用一笔相当数量的银子向李鸿章买来了他在官军中的职位与升迁，而李鸿章则用这笔钱购买了自己的仕途进取。这个故事中没有任何内

---

[1] 道格思教授称之为"General Cheng"。黑克在其《中国人戈登的故事》（*Story of Chinese Gordon*）采用方言的罗马字注音，拼为"Ching"。里特尔太太的《李鸿章》称之为"General Chang"。那一时期的《北华捷报》（*The North China Herald*）通常称之为"General Ching"。其姓名的准确罗马注音应为"Chen Hsiao—chi"（此人即是程学启。——译注）。

容是根本不可相信的，因为这样的交易在中国总是被当作较高级兵法的一部分。人们说程学启与李鸿章妹妹的婚姻是这个协定的一部分，可以互相保证各自的诚意。

就本书的宗旨而言，我们无须详述李鸿章在镇压太平天国运动的过程中所发挥的重要作用。这场战争（1853—1864）的大事件已由道格思教授做了简明的记载。[1] 寻求更多信息的读者可从弗雷德里克·卜鲁斯（Frederick Bruce）、斯特夫利将军（General Staveley）与"中国人"戈登（"Chinese" Gordon）收录于那一时期《蓝皮书》[2] 中的公文中找到，而且可以作为打造历史的实例解说将之做一个有利的比较，其比较对象是曾国藩同时代的奏稿和上谕，这是一个官方文件的集子，由英国驻华领事机构的翻译人员詹美生（R.A.Jamieson）选编并翻译。[3] 李鸿章为了他在苏州出尔反尔屠杀运动首领一事而与戈登发生了一场著名的争执，那个故事证实了一个事实：尽管李鸿章有高超的智慧，尽管他有了三年非常接近欧洲人的经验，但他无法从戈登的视角来看待事物的道德层面，正如戈登无法倒背中国的经书。戈登指望李鸿章吸收并实践他自己人性化的、颇具骑士风度的战争观，这就表明他缺乏判断力和洞察力，就跟李鸿章拒绝相信这位英国人会真正重视其誓言时所表现出来的一样。由于戈登富有个性地爆发了正义的愤怒，并要找李巡抚寻仇，整个插曲后来发生了值得纪念的戏剧性变化，但这仅仅是这两个男人具有的绝对冲突的观念之间许多次类似的交战之一。如果说戈登难以容忍李鸿章的贪赃和虚伪，那么李鸿章这位官僚，全身散发着对自己难以形容的优越感怀有的优雅的自信，同样觉得难以忍受戈登的坦白直率，以及对于诚信的无法妥协的执着。从政治上而言，李鸿章明显的目标，从他与华尔、白齐文和戈登开始接触时起，就是要利用外国人高超的军事技巧，同时又要不惜一切代价地防止他们行使任何执行权，以免他们侵占官僚统治的特权。较之任何国

---

[1] 《李鸿章》（*Li Hung—chang*），作者为罗伯特·K·道格思，伦敦，1895。

[2] 见《戈登将军在华日记》（*General Gordon's Diary in China*），马诗门（S.Mossman）编辑，1885。

[3] 出版为小册子，上海，1864—1865。

内的运动，他更害怕欧洲的侵犯，因为他比北京的任何高官都更能判断出西方军事远征的真实政治意义，其远征的结果是，1857 年一支小型的英国武装占领了广东，1860 年 10 月在北京签署了额尔金爵士（Lord Elgin）的和约。1862 年，李鸿章婉拒了俄国派军队镇压太平军的提议，他已下定决心通过聪明而高超的经世之术，加上柔道式的政治艺术，来对抗西方的蛮力。一支由俄国军官指挥的俄国军队绝对不合他的策略，因为这支军队不会听从他的指挥。不过，利用刚刚占领过北京的英法军队的支持来镇压中国的动乱力量，他却丝毫不觉得丢脸。斯特夫利将军和卜罗德将军（Admiral Protet）愿意与他自己的部队合作，为帝国事业效力，同时又承认他是中国未遭削弱的主权的代表，这使他感到了不加掩饰的满足。他太高兴戈登及其雇佣兵能够进行艰苦的战斗，只要给皇帝提供的战事奏报与奖赏的分发完全掌握在他自己手中。在其奏报太平军彻底溃败的奏疏中，就同其记载程学启将军去世消息的奏片中一样，戈登在维护皇室天命的战争中所发挥的作用被削减到了微乎其微的比例。戈登因其服务被赏了一件黄马褂，一顶花翎，还有赏金（他拒绝了这个奖赏）。但是李鸿章"为了提供信史"，用他的生花妙笔，处心积虑地吞没了"常胜军"及其司令的战功，使其淹没在他自己的功劳发出的光辉之中，彰显出他的远见卓识与胆略雄心。

他对戈登的态度是变化的，有时亲切感恩，有时豪爽无礼，取决于他在多大程度上依赖于这位勇敢而冲动的军官提供的效力。他们的关系不止一次地变得非常紧张，因为李鸿章积习难改，总是在给部队常规发饷的问题上不讲信用。在戈登之前担任"常胜军"司令的美国冒险家白齐文，由于同样的金钱问题，曾与李鸿章吵架，最终投靠了太平军。事实在于，李鸿章看待这场战争，和他看待中国后来的所有战争一样，都是站在为自己钱包着想的立场上。他在这一时期的基本军事财政观念就是最终支付多少钱，常常包含一个附加条件，即官方欠了部队多少薪饷，部队可以靠着抢掠攻占的城市——中国的城市——来获得补偿。"回忆录"中有一些记载，表明他很坦率地承认这方面的事实。

其中第一篇标注的日期为 1863 年 2 月 25 日（戈登在 3 月份出任司令）：

戈登上校来函声明：其来必当统领，否则不来。夷人为我所用者，无不如此行事，主动求职者亦须让我方等候数日或数旬方予作答。此英人或不致如此，因其不求官职，亦不求财。后者非其亲口所言，然其上司言之，也就罢了。然若渠系能人，为此军配发刻下所需制贼于死命之兵器，则此处自有安排，予以高官厚禄。

一个月后，他写道：

戈登举止才干均优，强于平日接触之外夷，并未流露往往惹人生厌之得意。此人虽老于军务，言多率直，一丝不苟。来营不足两个时辰，即视师发令，将士听命，大慰吾怀。

日期标注为 4 月 7 日的日记无疑精确地描述了他的军事财政措施：

戈登率三千常胜军及一万五六千兵勇，猛攻福山之贼。前日发饷若干，并谕知官兵，攻复福山后另加优赏。又言苏州若复，戈登麾下官兵皆发完饷，并予奖赏。

5 月份，李鸿章对戈登作为军人的优秀品质表现得非常热情，以至于对他"以兄弟相称"，并向皇帝奏请给戈登赏加"中国总兵之职衔"（少将旅长），得到了批准。赐予这个官衔的上谕很好地表现了中国人装腔作势的风格：

着戈登实力约束常胜军，勿令复溃，以免重蹈覆辙。

李鸿章给戈登送去上谕的抄件，让"该员凛遵"。
但是，到了 7 月份，龃龉发生了：

> 戈登近来所思唯银子而已，伸手要钱，将我当成财神。声称官
> 兵若无饷可领，则不再出战。我说苏州一经克复，便有钱补发欠饷，
> 另有重赏。

白齐文遇到为了部队向行政当局索饷的相同困难时，便用武力自助，从上海官商发款员的钱柜里抢走了银子，于是因此而被李鸿章开除了。在后来关于这场争执的外交讨论中，他得到了英美驻北京公使的同情与支持，但是李鸿章坚决不肯再跟一个这样的人打交道，因为他不但要抢夺法律，还要把钱抢到自己手中。在戈登上任 5 个月后，白齐文愤怒地投向了敌方，从清政府一方带走了另外的 100 名心怀不满的欧洲逃兵。戈登已心灰意冷，无望于在这种条件下组建一支训练有素的部队，他放弃了指挥权，可是由于生性仗义，他在得知白齐文叛变以后，又回到了指挥岗位。这是 1863 年 8 月。李鸿章的神经被白齐文事件弄得十分紧张，他发布了一份告示，悬赏 3000 两银子抓捕白齐文，死活都行。不过，他后来与英美领事当局的争论展现了他全部的品质：敏感聪慧，井蛙的得意，无边的胆识。这些品质就是他后来外交生涯的特色。

戈登在白齐文背信弃义的行为发生后重返其意气不相投的职位上，是一种慷慨大度的行为，但这并未在李鸿章心中唤起感激之情。他坚持以吝啬的办法对付"常胜军"。戈登这方面继续坚持索要正常的薪饷和供给，强烈反对继续其前任常常采纳的以抢掠来支付薪饷的体制。在攻克昆山之后，他给李鸿章写了一封口气强硬的信，宣称他打算辞去司令之职，"因为我每月都要面对为部队索饷的困境"。他还宣称，在这种情况下保留官位对他这样一名英国军官而言是有损名誉的。然而，只要事关金钱，李鸿章就坚如磐石，但若与金钱无关，他就会屈服，不是服理，而仅仅是屈服于恐惧。

他在戈登占领苏州城（1863 年 12 月）之后下令屠杀投降的太平军首领，这种背信弃义的行为完全符合他自己的政治观和道德观。这个事件来源于他性格中的一个很少暴露给欧洲人的特点，那就是，在遇到令其政治目的或个人野心濒于危险的事件时，他会表现出对人命的铁石心肠和极度轻视。对于

那些在他看来会妨碍他履行国家职责或实现个人利益的人，他会师法他那显赫的主子慈禧太后，把东方式的恐怖发挥得淋漓尽致。

在"常胜军"对苏州发起致命的最后一击之前，李鸿章就很清楚：太平军首领已经胆寒了，这场大运动很快就要寿终正寝了。1863 年秋天有一阵子，在白齐文逃向太平军之后，李鸿章对戈登部队的小气似乎有可能导致相当多的官兵步白齐文的后尘。但是，白齐文带去增援太平军的那些被激怒了的雇佣兵人数太少，去得太迟，无法阻挡他们当中不满与觉醒的潮流。白齐文把部下带到敌人的阵营，是为了报复李鸿章对他的傲慢，他打算率领一支战无不胜的太平大军直攻北京，他甚至打算劝说戈登加入他这次辉煌的冒险。但他很快就清醒了，在苏州城的围墙之内他无法为自己无可争辩的指挥才能找到用武之地，那里只有不同意见的争吵，以及即将发生的溃散。太平军八"王"中只有一个慕王目标坚定，决心将斗争进行到底。其余几位在大约 3 万名部众支持下，已经开始与官军将领程学启暗通款曲，打算用投降来换取大赦。白齐文和那些跟他一起改换门庭的人不久就意识到太平大业已无指望，于是他们为了自己向戈登提议：只要他愿意接收，他们就再次返回官军，条件是不得针对他们一度逃离采取任何惩罚措施。刚刚做好这个安排，慕王在太平军首领的一次会议上被刺杀了，他们打算结果最后一名立场坚定的首领，为他们自己的投降争取优惠的条件。在这场卑劣的恶剧上演之前，戈登在程学启将军的陪同下，曾与投降的诸王有过一次会晤，向他们承诺赦免他们的生命；作为回报，诸王承诺秘密撤下一个城门的守兵，将苏州城交给官军。程学启将军是这个协议的参与者，双方达成谅解，不在城内抢掠。戈登与太平军首领们达成了这样的协议，把受降的细节交给程学启将军按计划执行。他自己离开军营，去向李鸿章报告情况，并力争从李巡抚那里得到额外的奖励，以弥补他们得不到城内战利品的损失。为了消除对部队抢掠贪欲的诱惑，他着手把部队从苏州后撤行军一天的里程。但是李鸿章如今认为结局已经可见，忘记了他所有慷慨大度的许诺，拒绝了戈登给"常胜军"发饷两月的要求。这可太糟糕了，因为这件事降低了戈登在官兵当中的威信，差一点激起一场兵变。但更糟的还在后头，戈登曾当着程学启的面庄严承诺，只要太平军首领按条件投降，就免他们一死。即便没有得到李鸿章的具体指令，他也有权给予这种承诺，并期待投降者会得到人道待遇。几个月前，在攻占太仓围城之后，戈登向官军将领移交了7名太平军首领，他们遭到了残酷的折磨，并被官军将领屠杀；他们被钉在十字架上，被处以磔刑。这种野蛮的刑罚在欧洲人当中激起了强烈的反感，以至于上海英军的司令官布朗将军明白地通知李鸿章：如果这种事情再次发生，所有英国军官都将从官军撤出。李鸿章不得不认真对待，表示将来会采取人道的方式。但这一切是发生在太平军显示出无可置疑的败兆之前。如今，他预见到结局近在手边，他完全可以镇定地期待戈登及其英国同事们离开。的确，很快就可以看出，他巴不得加速他们的离去。因此，形势已使他不必兑现在压力下做出的承诺，他毫不犹豫地下令，趁着戈登不在场时将投降的太平军首脑违约处死，以免这场冷血的屠杀被戈登阻止。

关于这场屠杀有各种各样的说法，并为它编织了各种各样的理由。首先，戈登在白热化的愤怒中明确地指出，李鸿章不仅下达了处死诸王的命令，还将苏州城交给部队抢掠。这两个事实都被李鸿章的直接代表程学启将军证实了。至于抢掠的实施，无疑是李鸿章故意将威吓性的恐怖行动与这种给部队发饷的简单的替代性办法结合起来，他并没有隐瞒这个事实。关于将诸王处死，他肯定没有误解戈登对这种背信弃义的行为将会产生的反应，因为事情办完后，他就开溜了，躲藏了几天，避开这个英国人对他的报复。事实上，他一直隐藏到戈登怒不可遏地带领部队撤至昆山。但他宁愿冒此风险，不论是戈登的怒气，还是英国部队立即从官军撤走，他都不怕，因为他很清楚北京不但不会怪罪他，还会大大奖赏他，因为他采取了最可靠的措施来保卫帝国免遭这些太平军首领的再次谋叛。他知道，违约杀掉这几人，丝毫也不会减少他的功绩。他的估计完全正确，皇帝为了报答戈登取得的那些胜利而给予他的赏赐，绰绰有余地补偿了他因激怒那位勇武的军官所冒的风险。的确，这些胜利为他以后的事业打下了基础。

根据英国权威人士在现场收集的可靠证据，对这些太平军首领的屠杀发生于李鸿章在其大营十分友善地接见他们之后。他亲自祝贺他们背弃正在进行的事业，并许诺推荐他们出任清军的高官。接着，他说了一大堆好话，告辞而去，将他们交给程学启将军招待。他们正在跟程将军平静地交谈，李鸿章的刽子手们突然扑向他们，将他们砍成碎片。毫无疑问，这就是实际发生过的事情。然而，两个月后，经鹭宾·赫德先生（后来的爵士）调停，戈登的怒气消了一些，他同意重上战场，李鸿章便提出了他那经过文饰的说法。他为此特别发了一份文告，其中把他的官僚手段说成是十分正当的，不仅是为了利害，也是出于人道。这份文告的发表是应戈登的要求，为了公布一个事实：他跟遵照李鸿章之命犯下的背信弃义的罪行毫无关系。这份文告确实把这个意思表达得非常清楚，但与此同时，它为李鸿章做了彻底的辩解，使这件事变成了（用他自己的话来说）"本部堂之意表面有异，实则与总兵戈登之意相同"。接着，为了将这次屠杀正当化，他声称当太平军首领抵达其大营时并未剃发，态度桀骜不驯，是众所周知的。他宣称那些人拒绝解散其部众，"纳王言语暧昧，举止唐突"，等等：

> 本部堂为自占地步，对既定条件之修改，必有设防。本部堂初始赞同总兵戈登纳降，降人在最后关头力图改变条件，却是始料未及。其后发生之事，险象环生，若在商之总兵戈登之前无所作为，则会迟误事机，致前功尽弃。本部堂若严守所议，容此数逆贼活命，重返逆路，将致数万生灵涂炭，结局大异于纳降之初衷。幸得当机立断，将此数贼处死，其部众风散，全城得救，此为所望之大端。

李鸿章是混淆黑白这门艺术的高手，或至少擅长混淆黑与灰，而戈登在文字游戏方面不是他的对手。他作为一名英国军官所持的偏见，他对官僚手段与传统的无知，使他无法在屠杀发生时宽宥这种行为，但他最终还是在赫德与其他斡旋者的引导下，意识到关于苏州投降的谈判，许诺的特赦，修好的酒宴，以及预先安排的屠杀，全都是遵照中国政治的经典传统，这种经世之术从远古就开始实行了。在这幅图景中，具有骑士精神的诚信军人戈登的形象显得不合时宜。从李鸿章的观点来看（请注意，也就是从每个中国官僚的观点来看），戈登对那些太平军的性命耿耿于怀，为自己的誓言遭到践踏而愤怒万分，既不诚实，又很荒唐。在这里我们遇见了分隔东西方的那条鸿沟，无论戈登或李鸿章都无法跨越。

在攻占苏州两个月后，戈登仍然沉浸在愤怒的思绪中，他撤下来的"常胜军"越来越不满，越来越难以驾驭。李鸿章察觉到形势颇为敏感，他的生命不止一次遭到威胁，于是他被迫在支付军饷时表现得慷慨一些。戈登最焦心的事情莫过于急于看到遭罪的中国人民从内战的恐惧中解脱出来，他经人劝说，最终容许自己与李巡抚达成了谅解。1864 年 2 月，"常胜军"恢复了胜利的征战，不是因为戈登喜欢或信任李鸿章，而是因为平静的反思令他相信，他能为中国、为英国提供的最佳服务，就是终结这场旷日持久的毁灭性动乱，哪怕采用他不喜欢的方式。在 5 月份，太平军的毁灭已经可见端倪，因此李鸿章的直接目标就是确保戈登部队的遣散。李鸿章怀着经典学者的本能的（而且并非不合理的）恐惧，担心散兵游勇的背叛、诡诈与破坏，当"常胜军"的任务刚刚完成，他便慷慨地打开了钱包，迅速地打发欧洲部队从中国返回他们的祖国。他告别戈登时的心情恼火多于伤感，因为那位率直的军人像通常一样毫不掩饰他对金钱与虚伪的轻蔑，拒绝了皇帝赐予的礼物和小玩意儿。他还坦白地表明他对李鸿章缺乏敬意，如今后者已成为清朝声名卓著的保卫者，走上了财富与权力的大道。

但尽管如此，可以肯定，李鸿章与戈登的交往在他脑子里留下了深刻而隽永的印象，使他在此后处理外交事务时获益良多，他一生中受到的任何影响都没能给予他这么宽阔的视界，将他提高到同时代人的水平之上。李鸿章与戈登有相似之处，他们在辩论的高潮中容易对反对者激昂发怒，而凡事都追求速效。他性情急躁，不近情理，有时甚至暴跳如雷。但他并不小肚鸡肠，这位勇敢的英国绅士身上的高尚品质从未逃过他的眼睛。后来，在时间的医治下，戈登在其自尊上划破的伤口愈合了，他忘记了那些不愉快的场景，记忆里只留下了美好的时光。在他出任直隶总督之后，官吏与受让者的那个角逐场中污秽的氛围一定大大有助于解脱这位无所畏惧的军人心中的英雄气概。而在戈登那方面，他具有伟大的灵魂，不可能长恨不释，也不会携仇不忘。这两人之间隔着亚洲大陆，他们都能做到让过去的成为过去。他们做到了。于是，在戈登离开中国 3 年以后，我们看到李鸿章以戈登为例向皇帝证明洋人的率真与值得信任。本书将在合适的时候引用这份著名的奏疏。

接着，在 16 年以后，当中国处于和俄国开战的边缘时，李鸿章毫不犹豫地同意了鹭宾·赫德爵士的提议，寻求戈登将军的帮助。戈登在此时给予中国政府的忠告，有助于防止双方进入交战状态，但他以令人不快的坦率指出了中国的虚弱。这并没有令李鸿章信服，也无法阻止他去干个人有利可图的蠢事，即把钱胡乱砸在军舰与武器上。但戈登的忠告恰好与李鸿章向皇帝提出的和解策略相吻合，这种策略与左宗棠和醇亲王的主战派相对立。此外，这个忠告还有助于李鸿章达到用自己的观点说服皇太后的目的，确保给崇厚免除已经宣判的死刑，后者在圣彼得堡的谈判中将固尔扎的一部分让给了俄国。戈登这一次留给李鸿章的备忘录直白地强调了中国军事困境的财政原因，其观点明显是由回忆他自己的那些不愉快的经历而产生的，因此，换了一个比李鸿章肚量狭小的人，或许会疑心其作者是不是要跟他算旧账。但是李鸿章不是这般小心眼的人，他太了解戈登，知道他的意见是大公无私的忠言。

戈登优秀人格对李鸿章的影响，不仅使他相信了欧洲人的军事力量，无疑还引导他对道德比较的课题进行不安但有益的思考。在这个意义上，撇开"中国人戈登"所打的胜仗为李鸿章打下了事业成功的基础不谈，他对李鸿章的影响在后者形成许多看法时是一个决定性的因素，这些看法为李鸿章后来制定中国的对外政策提供了灵感。不错，这种影响和他对欧洲人道德的高度评价在后来的岁月里减弱了，这是他与各类外交官与金融家交往的结果，以至于到了他的晚年（特别是 1900 年八国联军犯下暴行之后），他谈到欧洲人与基督教时往往冷嘲热讽。但是戈登已经向他展示了西方文明中的精神力量，令这位儒家学者无可置疑，这种启示在他的余生中都留下了印记。

随着太平天国运动结束（1864），李鸿章作为江苏巡抚，可以说已经进入了作为外交家、政治家与行政官的事业生涯。在这个时间和他于 1870 年出任直隶总督之间，他仍然负责指挥针对捻军与回民军的不连贯的军事作战。

但他现在已经成为一名大官僚，从此他手中的笔比他一直握在手中的剑变得更加有力，更加有利。1867年他当上了湖广总督，第二年出任南洋通商大臣，在这个职位上，他与欧洲官员和商人交往的范围迅速扩大，其重要性迅速增强。在作战与履任新职之间的短暂间隔里，他一次又一次地回安徽老家看望母亲，找到一些闲暇来修习他天生倾心的家庭美德。于是，在去武昌接任总督之职以前，他在合肥的庄园里过了3个月。在发妻死于太平军之手以后，他续弦了。此时，上天——或者说其父母的智慧为他挑选了一位人格力量不凡的女士，她聪明、大度而和蔼。李鸿章的所有生活记载都表明，他那友善温和的达观，他在逆境中的坚韧不拔，以及他的自由主义观点，在很大程度上归因于他的母亲和第二个妻子。他完全忠实于这两个女人。他的孝顺在人们看来确实大放异彩，特别是在其母的丧礼上，以至于他在都察院里的敌人不止一次以此作为证据来抨击他的虚荣铺张与敛财无道。

李鸿章于1870年率部去陕西镇压动乱之后（他从这个职位上直接去天津接任总督），就再也未见到生前的母亲。她在1882年春天去世，死于李鸿章之兄湖广总督李瀚章的官邸。李鸿章按照经典的方式表达了他那动人的悲恸，以及不惜一切代价完成儒家丧礼的愿望，这要求他在守丧期间离开公共生活27个月。他给皇帝上了许多奏章请求卸任，仍然被士绅们看作同类中的范本。其中几道奏章已刊印在英文版本中，其中有一道值得抄录于此，不仅因为它是李总督文字风格的一个很好的例子，还因为它记载了几个事实，关系到对其生平的研究。该文刊载于1882年5月16日的《京报》（*Peking Gazette*）：

奏为近接家信，臣母久病不愈，吁恩赏假驰往省视，恭折沥陈，仰祈圣鉴事。窃臣母李氏（其未嫁之姓也为李）迎养在臣兄瀚章湖广督署，先后已阅十年，现已八十有三岁，平日气体尚健，自去冬感患便血之证（症），延医诊治，血止而夜热未清，春初稍愈。臣前遣长子经方赴鄂代臣侍奉汤药，顷接来信，痰咳时发，饮食难以多进，老年气血欠亏，思子愈切，病情增剧。臣闻之心急如焚，寝食俱废。念自同治九年春间督师赴陕，叩别臣母，不见颜色十三年于兹矣。报国日长，而报母日短，今母病久未痊愈，中夜辗转，刻难自安，相应吁恳逾格天恩，赏假一月，俾臣即乘轮船航海溯江而上，克期驰往武昌省视母病，稍尽乌乌私忱，感激隆施，曷有既极！倘蒙皇太后、皇上福庇，臣母得见游子归侍，可以调理复原，臣当迅速回任，以供职守。至北洋海防及中外交涉事件并直隶地方政务，均关重要，应请简派重臣来津署理，俾无旷误。所有请假省亲缘由，谨缮折由驿具陈，伏乞皇太后、皇上圣鉴训示，臣不胜迫切屏营之至。谨奏。

李鸿章没有夸大他在天津所负职责的重要性，朝鲜问题以及日本在朝鲜方面的诉求，开始令中国政府严重不安，与法国发生新纠纷的阴云又升起在东京的地平线上。李鸿章还没来得及出发去尽他侍奉母亲的孝道，这位老妇人在武昌去世了，于是皇帝有充分的理由拒绝批准李鸿章守孝超过百日。他奉命为了国家利益而抑制私人的悲哀，"即以慰伊母教忠之志"。1882年秋天，皇帝给他批准了两个月的假期，让他得以回家葬母。

盛大的祭奠和壮观的葬礼，都是令人难忘的仪式，给中国百姓留下了深刻的印象，不仅表明李鸿章信守正统与孝道，更展现了他的家族在过去20年间得到的财富与权势。在他母亲的墓葬前聚集了一大批祖先崇拜者：其兄总督李瀚章，两个弟弟，率领20个孙子和8个重孙。接着，已故老妇的灵牌被以非常虔诚的仪式供奉在李家祠堂里，一大群官僚过来祭奠，气氛庄严肃穆，以表达对这位身为两位总督之母的可敬妇人[1]的尊敬。

撰写《回忆录》的那位具有发明天才的作者断言李鸿章在他访德的第七天写过下面的日记：

---

[1] 值得注意的是，她本是李氏家族的一员，这本来应该有碍于她嫁给李鸿章的父亲，但因其父是过继的儿子，本姓徐，所以此事无碍。

今日闭门谢客，缅思慈母在天之灵，十四年前之今日是其忌日，一直念我前往九泉平阳。平生历事，有难有哀，有乐有荣，事事皆令我念及慈母在天之灵，其人无所不在。

我父先于我母逝去多年，其墓崇伟。我母千祈百祷，求我父之灵将其领去，聚首于永生之欢谷。我母决无自尽之意。芸芸众生，无分智愚，皆以此为壮为荣，然我父之爱侣不以为然，先人之灵亦不以为喜……

一生至哀，莫过于慈母之逝，本欲守孝一年，然圣上与俄国商议朝鲜情势，我必得时时函商总理衙门。

适才宋将毛奇之信送至，明日读之。今夜长读圣贤之书，纪念我母。

这一虚构回忆的尝试十分有趣，因为它给了我们一个正确的概念：正统的儒家学者如何表达孝道的基本教义。在这个例子里，很难说其信守正统在多大程度上是发自诚挚的感情，在多大程度上是为了启迪后代而做出的姿态。熟悉他的人绝不怀疑他对母亲（以及对其他家人）怀有挚爱之情，但他所具有的特殊气质，使他很难控制自己不把对亲友的感情变成政治资本和文学资本。李鸿章把他在波茨坦难得一晚的休息投入5个小时来阅读孟子，以纪念其母，是严格符合经典传统的，但是这一切未必完全可信。

在一天操劳之余的"隐居时刻"，李鸿章本质上是一个爱家的男人。他的家庭生活，哪怕在他获得了财富与权势以后，仍然不无烦恼，因为其继室夫人婚后数年未得子。有段时间她的健康状况不好，1879年身体垮了，李鸿章接受劝告，请来了一位英国女大夫，由天津伦敦传教会的马根济博士（Dr.MacKenzie）协助。治疗生效了，李鸿章因此而对欧洲医疗技术建立了坚定的信任。他大胆地确证自己的信心，指定马根济博士与欧文博士（Dr. Irwin）对他自己及家里的男性成员进行常规护理，欧文博士甚至在1896年陪伴他去海外旅行。

李太太康复之后不久便做了母亲，这令李总督大为满意。他先前为延续

　　李鸿章和儿孙们的合影。由左至右,中排:儿李经迈、儿李经述、李鸿章;后排:孙子李国杰的夫人(张氏)、李经述的女儿、李鸿章小女儿李经璹(菊耦)、李经迈的夫人(卞氏)、李经述的夫人(朱氏);前排:李鸿章的孙子们(国字辈)经述四子李国熊、经述三子李国煦(从小患眼疾,故戴墨镜,长大后就成了张爱玲笔下曹七巧的丈夫姜二爷)、经述二子李国燕、经述大儿李国杰。

香火做准备，过继了一位侄儿，即已故兄长（应为四弟。——译注）李昭庆的儿子。这个嗣子名叫李经方，后来是人人皆知的李袭侯，担任过中国驻伦敦、东京的公使和其他职位，为其祖国效力。在清朝，他在政治上以同情日本、反对俄国的外交纲领而出名。清朝垮台后，在1911—1912年革命的那些危险的日子里，他在大连寻求庇护退隐。他一生中都未表现出超人的能量和政治开创力。他处理事务的特点是具有其养父的精明，但缺乏其勇气和主动性。如果普遍的报道所言不差，那么他具备了李鸿章所有利欲熏心的性情，每走一步都小心翼翼，唯恐不利于李鸿章全家，尤其是不利于李经方本人。他肯定预见到了孙逸仙空想的代表纲领和中国的共和政府将会垮台，精确地计算出了其军事专制和广泛动乱的必然结果。

在研究李鸿章生平事迹及其对中国历史产生的影响时，其下一代的脾性和行为明显地值得注意，而且和其前辈的脾性与行为同样重要——不，更加重要，因为它们在许多方面直接影响了现在这一代人。不过，也有人明确反对在本书这样的著作中对李经方、李经迈和李经述这些官员的官方记载与私生活进行批评性的分析。我们能够并且必须说的是，尽管这位大总督的儿孙们在文学名声方面或政治成就方面无人比得上他，但这个家族在智慧方面的声誉在中国几乎是有口皆碑，就像其捞钱和聚财的能力得到了证明一样。今天，古老帝国的命运在平衡木上颤抖，每件事似乎都肯定地指出，由于没有做好准备去适应不断变化的环境，就必须在采邑接受惩罚。李鸿章后人及全体中国高官的政治观点，就像暴风雨即将到来之前鸟儿们的啁鸣一样。当这个国家遭到新的、可悲的屈辱的威胁，一个睿智的爱国主义团体完全可以保护她免受此难，然而其领导人（新中国的"智识分子们"和旧政治族系的官僚们一样引人注目）却在继续为地盘、阿堵物和权力进行陈旧而下作的斗争。在这一方面，李氏家族没有继承其最杰出一员的敏锐的目光与远见。他肯定预见到了祖国已经面临的危险，并且致力于预防，这种危险来自其职业政治家们自私自利的阴谋，以及企图复辟君主政治的愚蠢的失败。也许，如同当前的欧洲战争所造成的那种局势一样，中国的虚弱暴露了，其边境得不到力量均衡的防御，这是李鸿章外交资源及其消极抵抗的力量所力不能及的事情。

事实仍然是，不论是那些支持袁世凯登位诉求的人，还是那些图谋推翻他的人，都没有显示建设性的政治才干，也没有做出任何努力来制止党争，以采取共同行动来保卫祖国，对付外来的侵略。相反，侵略势力受到新旧中国政治家们的鼓舞，利用这一时期的纷争与骚乱，来摧毁这个国家民族独立的最后希望。隐藏在政治家们行为之下的动机非常明显，都是由自私自利的野心与唯利是图的贪欲所驱动的。

除了一两个例外，李鸿章家族自从革命以来，关心其自身继续留于高位的前景，胜过为保护国家出谋划策。其主要成员似乎分成了两派，一派对新中国的共和纲领持正统保守派的仇视态度，另一派则出于对民族的忠心，反对袁世凯登位的企图。例如李鸿章的次子李经迈，在清朝是个著名人物，无论在何处都是集资本家与武器商人于一身，尤其是在维也纳。1911 年他对抗反清运动，不过，他和其弟李经述都反对袁世凯。就跟李经方一样，他们可以被视为正统主义者，因为他们反对未经战无不胜的武力获得"天命"而建立任何本民族的王朝。但正如鹭宾·赫德爵士在 1900 年指出的那样，这种成功在现存条件下是不大可能发生的。明显的可能性是内部的纷争，继之以异族的统治。

李鸿章的长子李经述在其父去世后跟随而去，时值 1902 年 1 月，正是皇太后从逃难的寄居地返回的时候。他的死通常被官方评论者描述为孝道的一个动人榜样，实际上是放荡不羁的结果。其长子李国杰是爵位承袭人，最近出任驻比利时公使。他反对 1912 年的革命，但他也不看好由其朋友和袁世凯支持者策划的君主政治复辟。其弟李国筼直到最近还在北京。他在清帝退位后担任广东的民政长，但他无法与海盗般的暴发户都督龙济光共事，便从他那有利可图但很危险的职位上退了下来。

李鸿章后裔中最著名最受尊敬的一位，是其侄儿前云贵总督李经羲。他是坚定的保皇派，1911 年的革命后在青岛避难，许多满族人和汉人高官在那里处于德国人保护之下，感到安全。但在袁世凯彻底解散国民党后，他经人劝说返回北京。他在那里出任短命的政务会总理一职，显然他认为满族人会很快回到皇位上。但是，当政务会被几乎全由袁世凯的个人追随者组成的国会压过一头之后，当拥袁登基的运动有了明确指向的时候，他又离开首都，退隐到私生活中。李经羲是旧政权忠实的复辟者，从他的角度而言又是一名爱国者，他在勇气、创造力和独立见解方面很像他那著名的伯父。他撰写的许多公文表明了这些品质，最著名的是一份奏疏，其中他奉劝皇帝就片马边境问题向英国宣战；在1909年的另一份奏疏中，他催促摄政王召开国会，赶在慈禧于1907年承诺的日期之前。他在1902年曾被老佛爷罢官，理由是"急切烦渎"，但后来又恢复了官职。

尽管李鸿章天生是个"好孩子"，在家庭生活中和蔼可亲，但他对儿子们却是严父，在学习方面约束尤严。在教育科目方面，他的看法且不说是非正统的，至少是自由主义的，但他希望儿子、孙子和侄儿们对于孝道要持虔诚的态度，就像他总是不遗余力表现的那样，同时对经典要有深刻的尊重。他的家居生活，和大多数富有的中国"大人"一样，建立在家长制的秩序之上，随着其后裔和侍从的增多，逐渐变得杂乱无章，就像一个大旅店。他按照家长制的方式统治这个家庭，他的幸福观可以表达为有益的纪律结合欢快的和睦。他期待诸儿学习他树立的榜样，孜孜不倦，勤勉敬业，同时他也意识到，而且总是承认，他们缺乏曾经对他自己年轻时的野心和奋斗加以鞭策的那种贫困的刺激。在其他方面，他们也受到其父物质荣华的障碍。骆驼通过针眼也比富人"为善"要容易，这在中国比在任何地方都要真实。李鸿章对自己总是坦白无忌，算得上一名思辨的哲人。他在生前就很清楚，他的家庭和亲友在贪污公款与为官腐败方面的声誉已经臭名昭著，足以成为全中国人指责的对象。他在国内外为儿子们提供了很好的教育，但是由于他自己和他那贪得无厌的老兄李瀚章为儿子们树立了榜样，他无法指望这些后辈仿效最佳的经典模范，养成或表现出廉洁无私的品德。他比任何人都更加懂得，贪财是中国的万恶之源，和慈禧一样，他习惯于打着官腔隔一段时候就公开将此恶源讨伐一通，但实际上他无法在控制这个恶源方面取得任何有如中庸之道的成绩。天津的总督衙门在19世纪90年代成为贪婪的求官者与污秽计划的汇聚地，其堕落的影响逐渐渗透并污染了他家庭生活的氛围，这时他的儿子们长大了，通过他的影响得到了官位。李夫人有益的影响本来无疑可以抵消污染，但随着她在 1892 年去世而消失了。年迈总督最后 8 年的生活是非常孤独的，充满了失败与屈辱的痛苦。这种生活对他精神的打击有两个明显的标志：一是日益增加的犬儒主义，二是愉快的达观正在消亡，后者是至今为止对他有利或不利的报道都承认他所具有的特点。可以肯定，他的夫人对他影响很大，并有益于他的健康，夫人活着的时候，他随时能从夫人那里得到同情和明智的劝告，这给了他力量与欢欣，使他能够承载职责的重担。而李鸿章则从来都是一位挚爱而体贴的丈夫。

　　李鸿章性情和蔼，喜欢锦衣玉食，爱饮宴取乐。和皇太后一样，他对饮食有明确的观点；也像皇太后一样，他遵循节制与适可而止，只是偶尔斗酒。总体而言，他的身体是很健康的。的确，他一生成功的秘诀之一就是精力格外旺盛，具有吃苦耐劳的能力。1889 年他患了面部麻痹，但很快就痊愈了。他那非凡的活力在 1895 年再次发挥出来，当时他在下关与日本的全权大使谈判，他被日本人小山六之助射中脸部。他当时 72 岁。他忍受痛苦的平静的刚毅，以及从伤痛中的复原，激起了所有敌友的真诚的钦佩。对李鸿章而言，这只是日常工作的一部分，而从他的外交观点来看，这是一个很幸运的偶然事件。

　　李鸿章明知自己是世界舞台上的一个大人物，他充分享受了自己的成功。他很自豪，心中充满官僚阶级的傲慢，为他的权力而狂喜，但其自豪掺和了某种个人的天真和对自己成就的孩子气的满足。他特别为自己巨大的财富毫不掩饰地感到高兴，总是努力通过贪婪的算计来增加财富，这多少有损于他的总督威严。如果他早生 50 年，或者举例来说，如果他的事业是在乾隆皇帝治下进行的，李鸿章可能会通过其文学成就获得通常的名声，并死于大学士的职位上，享有政治家神圣的声望，光荣地拥有几百万两银子。但是西方的冲击和他在太平天国运动时期获得的有关外国人及其事物的特殊知识，使他的伟大超越了到当时为止任何官僚的成就，与此同时让他接触到了与通常的衙门"压榨"机器无关的敛财手段和途径。于是，在比较短的时间跨度内，他的名字在中国不善言辞的芸芸众生的暗淡背景上凸显出来，在外国人的脑子里和几乎是超人的品质联系在一起，这些品质包括外交上的聪敏和远见的智慧。事实上，李鸿章身上并无超人的成分，他之所以能够声名赫赫，在于一些前所未有的条件，即便在他失败的时候，也不断地为他创造了发挥专业知识和旺盛精力的机会。

在以下各章里，我们将记述李鸿章一生中的主要事件，根据其作为官员、外交家、政治家和海陆军事防御组织者进行工作的不同立场来考察他的事业生涯。

第3章　中国官员李鸿章

李鸿章官宦生涯的简历，在《英国公使馆京城及各省高官名录》（1902）中概述如下：

> 1853年与太平军交战。福建道台，1859年。江苏巡抚，1862年。南洋通商大臣，1868年2月。湖广总督，1867。直隶总督，1870。协办大学士，1875。守孝，1882（代理直隶总督）。重任总督，大学士，1884年9月。海军衙门会办，1885。三眼花翎，1894年2月。摘去三眼花翎，脱去黄马褂，1894年9月。革职留任，1894年10月。赴日和使，1895年2月。回京，1895年8月。沙皇尼古拉斯二世加冕贺使，1896年。上任总理衙门，1896年10月。从衙门退休，1898年9月。黄河，1898年11月。通商钦差大臣，1899年11月。代理两广总督，1899年12月。实授总督，1900年5月。直隶总督，1900年6月。全权和谈代表，8月。政府改组会议，1901年4月。去世，1901年11月。身后封侯，谥号"文忠"（博学和忠诚）。

我们注意到，他的这份简历没有记载1885年至1894年之间的任何大事或其职务的改变。这是一段丰腴而幸运的岁月，其间他度过了充满吉兆的60岁生日，他安然地收获了丰硕的财富、尊严与权力。1894年2月，朝廷赐给他三眼花翎，这几乎是皇家尊荣的象征，标志着他的幸运已经达于巅峰。

赞颂者评论道，这种空前的荣耀，使这位大总督胜过了中国历史上最著名的显赫人物。他的财富一般由本国媒体的作者描述为堪比著名的暴吏和珅，后者是乾隆皇帝治下的大学士，将榨取的微妙艺术发展到了无与伦比的高度。[1]

1885年，他已在直隶总督位上待了15年。他这时已深得"老佛爷"之宠爱，通过与大太监和紫禁城内其他的奴才建立的互惠互利的谅解，未被敌人的阴谋所伤，使自己成为对于皇帝而言是不可缺少的人物。他在处理外交事务方面的能力得到了普遍的承认，他在采用西洋方法组建北洋水师时展现了强大的开创性能力，也是众所周知。直到这时为止，他所做的令人印象深刻的备战工作所具有的实际价值，还没有受到真正的考验，其有效性在崇拜他的同胞们和大多数外国人看来是不错的。在外交领域，就欧洲政府的代表们而言，李鸿章实际上是中国政府的化身：事情在北京讨论，却是在天津解决。1885年创建了海军衙门，皇帝的父亲（醇亲王）担任其有名无实的总理，李鸿章担任执行首脑，这是朝廷对其过去10年中在总督任上的劳作给予的肯定。此后的10年中，直到"大日本"扑向这条徒有虚表的纸龙，剥掉其光亮勇武的装饰，李鸿章一直在海上大有收获。

恰好在这些安宁、富足的好日子结束之前，皇太后正打算用三眼花翎来满足他的虚荣，李鸿章深信中国若不冒险与日本开战，就不可能维护自己在朝鲜的宗主国地位，于是他向皇帝递呈了一份"告别"奏疏，其借口是年迈多病。他当时71岁，到这时为止，他所遭受的失败与不幸，与其成就的大成功相比，根本算不了什么。他完全有理由希望退休，戴着尊荣的桂冠，让别人去面对他已经预见到的那场暴风雨，他那大肆吹嘘的防御将在其中经受考验。但是慈禧既不想让自己退隐到私生活之中，也不想让她最信任的顾问撂挑子。1894年暴风雨来了，6个月后三眼花翎不再属于他，一起失去的还有黄马褂（太平天国运动结束时皇帝赐给他的）、紫缰和其他皇家恩宠的象征。他命运中的下一浪潮逆转了，衰败迅速来临；他生命中的最后7年充满了费力不讨好的辛劳与悲哀。

---

[1] 参见《北京宫廷年鉴及回忆录》，海勒曼公司出版，1913。

如果慈禧批准他在 1893 年退休，如果他在目睹了自己 70 岁寿诞庆典（1892）的辉煌巅峰之后便溘然逝去，李鸿章或许会作为最伟大的中国政治家留名青史。后人自然会将中国在其后所遭受的屈辱归因于失去了他的指导，他那 40 年几乎无间断的成功会使人们相信他有独臂擎天的能力。但实际情况是，李鸿章在其晚年面对着敌人宿怨的险境，成为愤怒的国人指斥之的，成为外国人轻侮批评的对象。若非皇太后的忠实友情与保护，他肯定会在 1895 年被处以死刑。我们今天研究他一生的事业，已经懂得，他既不应该完全享受高度的荣誉，也不应该完全遭受深度的不幸，因为不论好坏，他实质上都是环境的产物，任何个人都无望于控制或改变那种环境。作为一名中国官员，他基本上是名副其实的。那种一度令观察家们忘记了这个事实的环境，是转瞬即逝而又非同一般的。将他引向世界舞台并使他格外引人注目的环境力量，不仅是他无法控制的，而且在许多方面超出了他的理解能力。

当我们倾向于把李鸿章当作一位运用权谋的狡猾的政客、一个具有深沉智慧的经世家时，我们应该记住，在儒家知识的范畴以外，他对人对事的了解和其他普通官僚一样肤浅，一样容易出错。我们还应该记住，他作为一名中国官僚一生成功的基础，在于他以一名艺术家的技巧舞弄手中的那支毛笔，而中国书法的艺术才能是天生的，而不是习得的。在中国，对于书面语言的尊重是一种风尚，对于博取大名声而言，笔比刀剑更有力量。每个上学的中国少儿都在笔盒里装着一枚官扣。一代又一代人以宗教般的热情搜集和收藏超级优秀学者字迹的一卷卷样品。李鸿章的书法在其早年当上翰林的那些日子里就出名了，他为此相当自豪。那本假冒的《回忆录》中有一段文字，日期标为 1846 年 1 月，似乎是有事实为基础的。这段文字有关一位同窗向李鸿章出示几卷原创稿，作者安排李鸿章写道：

> 其故事颇为引人，其语言过于平实，如同市井之语，但我不忍明言，以免伤其太深。仅言其草字俗而欠雅。我以最佳行书写就之文示之，天头及左角皆有精美图饰与雅色，渠颇为叹服。

这无疑是一种典型的天真的自足感,李鸿章直到生命终结都有这种情怀,习惯于陶醉于自己的成就。但他有资格对自己感到满足,因为他总是努力工作,以他舞文弄墨的自然技巧为基础,攀登正统学者的巅峰。他以很大的热情学习中国诗词的艺术套路,而经久不衰的记忆力使他能够无止无尽地引经据典。他第一次进入曾国藩[1]幕府无疑是其勤勉睿智的结果与恰当的报偿。到这时为止,他已经以其纯粹的能力与渴望成功的意志力取得了成绩,与此同时,他对经典教育的无比热诚,使他在各方面都成为一名纯粹的正统官僚,对中国学者的老套课程以外的所有事物一无所知。他略通数学,对天文学有基本概念,但其学识的主体是从儒家文学的不毛之地上得来的,包括史前有关行政艺术的陈词滥调,以及古人应用于社会经济与礼仪先例的聪明的警句和格言。作为一名作家,他从来未像他那位著名的同事与对手张之洞那样成为尖锐的散文家。他的奏疏与文札主要以明白易懂及中国公文中难得见到的一定程度的直率而著称。尽管他步入官场时具有非凡的智慧和能量,但他和他那一代的其他任何官员一样,对于当时发生的一些事情和力量还是一无所知,那些力量正在稳步聚焦于中国,促使其抛弃故步自封的古老传统。他注定要比同僚们早一些懂得,无论是艺术性的书法,还是对经典的深刻理解,从此都无法保护中国的统治者对抗西方的技术发明。不过,值得注意的是,即便当他认识到这个事实的时候,他也没有想到过走向海外去学习,像年轻的伊藤走出日本一样,去亲自找到夷人力量的秘诀何在。

有关他作为官员初次登台时的情况,若干主要的事实已经记录在前一章内。在缺乏官方文件的权威证据(其中多数毁于1900年)的情况下,关于他进入公共生活的确切时间和地点有所不明。不过,我们有理由驳斥英国作者普遍接受的说法,即他还是一介平民的时候,就发挥了对于清朝的爱国热情,组建了一支民兵来镇压太平军。这是一段传奇,很可能源自一个事实,即他把由合肥藩库(李鸿章于1854年至1855年在其中任职)筹集的大部分

---

[1] 曾国藩是当时最伟大的中国政治家,此时担任其在湖南组建的勇丁部队的头目,这支武装是华中官军的核心。

查理·乔治·戈登（Charles George Gordon）
（1833—1885），维多利亚时代的英国工兵上将。
由于在殖民时代异常活跃，被称为中国的戈登和
喀土穆的戈登。他是一位管理能手，在领导常胜
军时表现出一定战术技巧。但对宗教有异常的癖
好，自信具有神奇的力量，可以影响异民族。

银子都提交给曾国藩用于军事目的了。李鸿章作为曾国藩幕客的生涯可能不
是开始于记载中所说的 1853 年，而是始于 1855 年。尽管他此后得到很快的
提升，但直到 4 年以后，曾国藩用心组织的机动部队在镇压太平军的战争中
开始取得明确的战果，李鸿章作为军事指挥官的名声才盖过了他那地方官员
的身份。按照惯例，他的军事功绩得到的报酬是文职上的升迁：他在 1856
年当上了道台，在第二年当上了代理按察使。只是在 1860 年，他作为江苏

巡抚和华尔、白齐文、戈登及上海的外国社区发生接触之后，他才从官僚群体中脱颖而出，开始发挥那些最终给他带来卓越地位和世界名声的行政素质与手段。

关于戈登对于李鸿章施加的影响，我们已经做过阐述。戈登让他看到了欧洲文明的道德层面，并向他那敏锐的智慧提示了完全不同于其本国伦理观的另一种道德法典所具有的可能存在的真理性和伦理价值。诚然，由于李鸿章此后与较少英雄气概的欧洲人交往，这颗良种在后来的岁月里被他因此而奉行的犬儒主义的荆棘闷死了，但在 60 年代，它曾对李鸿章产生强有力的影响。在他第一次出任总督时（湖广总督，1867），这种影响究竟有多么强烈，可以从他那一年撰写的一份呈给皇帝的奏疏的精神与文字中得到验证。这份文件不容我们怀疑他在那一时期所持信念的真实性，也将是其政治家素质的永久纪念碑。

当时，皇帝颁发密诏，要求所有的省级高官提供真知灼见，如何对付洋人在《天津条约》即将修订时所有的野心计划。由于入侵的欧洲人所采取的军武和商业政策，北京已经意识到存在威胁到朝廷的新危险，但是总理衙门和皇帝在各省的首席代表们都没有意识到，他们轻慢自负的僵硬态度再也无法与中国最明显的虚弱互相融合。有些人也许隐约看出了这个真相，但尽管如此，他们缺乏勇气承认这一点。李鸿章作为最年轻的总督（当时他 44 岁），不仅认知了那种形势下的基本事实，而且勇敢地面对事实。我们略去这份奏疏中有关当时外交、商业和传教问题的那些段落，以下的摘录值得注意（李鸿章奉旨酬对的这份奏疏，未收入吴汝纶编辑的《李鸿章全集》；据沈云龙主编的《近代中国史料丛刊》收录的宝鋆等人编辑的《筹办夷务始末》中所录的该疏，载明于同治六年十二月初六日（1867 年 12 月 31 日）送至清廷，其中并无本书所摘录的内容，下面摘录的文字不知所出。因此，以下摘录的翻译无法还原为李鸿章奏疏的原文，或者该原文本不存在。——译注）：

> 臣愚以为，与洋人交涉之最要，为免引其轻侮。一旦轻侮心生，
> 彼将一步一阻，虽实在可行之事，彼亦百计阻挠，使之难行。若彼

崇我中华，诸事皆可互商办理，即难题亦可妥协处置。

常言洋人狡狯恶毒，计诈出我意料之外，实则华人何尝不是如此；或谓华人蛮横，狡诈恶毒更胜于洋人。实因目前洋盛华衰。洋人之强所自何来？非与生俱来也，全凭"仓廪实而武备修，而民信于我"（《论语》）。中国之弱所自何来？亦非与生俱来也，实因未备行此理之故。夷国现状颇肖中国和议之前，甚或更为强大。

洋人来华，多处开埠通商，将其货物运至各地。其开埠达五口之多，唯一图谋乃将我中国之财富据为彼有。不问可知，洋人冒险来我中华，必有所恃，方能无畏；彼之所恃，无不可为我中华所恃之源。

然则，若彼恃其所强，凌我之弱，裂我国土，分我腴疆，则危在旦夕，我必持定见。所幸此种情势之发生，似不必过忧，只因除俄国而外，诸夷皆距中国过远，得其国土无异于自增烦恼。

诸夷之繁盛，实与中国人民之福祉密切相关。较之榨干中国百姓，彼何不加以利用，方可取之不竭？

此次与英国修约，乃一至要契机。一旦英约妥善处置，其余列强当无难对付。可虑之处，为彼借明年之修订，动以高压，索取让步。然此亦可预知，一旦成真，自必需拣选精兵能将面对，若无此虞，即可着手谈议。

简言之，若怀复仇之心，设计击败外国列强，则须等到兵多粮足，各行省已无反贼，亦无回民暴乱，资费不难筹措，则出手时无所犹疑。那时所向无敌，否则切忌轻出浪战。纵已筹备完全，仍须万分谨慎，持续小心，等到士气高昂，而阵容强大。那时将无战端，诸事平息。即便开战，亦不无胜算。

臣与洋人办事有年，对其性情最熟，见其无论置身何事，皆能尽忠职守，无欺无伪。其办自身之事，自有一套规则，可为我知，然其处事之细节及动机，却无法完全知悉。其办军务之态度，是其率直之明证。英人戈登曾为苏州总统，募集三千常胜军与粤贼作战。

嗣后克复苏州，臣亲见该将身先士卒，奋勇镇定，诚为可嘉。后蒙圣上奖赏。

臣亦曾与署两江总督曾国藩联合洋人创立西式训练的步军马队，并着手制造汽船。曾国藩深信其奉行正直与友善之原则，对中国并无怨恨之心。有事实在此，其余可想而知。

有鉴于此，臣建议采取与洋人往来之策。所议事项之处置，似无须操之过急，驻京外国公使显亦不会强求速决。

若皇上成年之时，亲纳臣所建议之策，则万事平顺无虞。

李鸿章巧妙地提出他自己终生不渝奉行到底的这个政策之后，又过了3年，他继曾国藩之后当上了直隶总督。在这个帝国最重要的总督位置和首都的外交前哨上，他无间断地连续为皇帝服务了1/4个世纪。他在一个职位上持续待了这么久，违反了所有的法规例则。但是皇太后本身就是法律，她习惯于在这种事情上把自己当成先例。她看人的眼光很不错，她选人的能力在李鸿章身上得到了证明。尽管她经常受到妒忌李鸿章的毁谤者和主战派的指责，说她不该容忍李总督的安抚策略，但她很快就通过经验得知，他们当中无人能像李鸿章所做的那样，在跟欧洲人的竞争中挽回中国的"面子"，他们当中也无人能像他一样能在家门口与敌人谈判。

下面我们还会充分考察李鸿章与外国人交往时所宣称的原则和他采用的方法。然而，单独地考察这些原则和方法与李鸿章作为中国官员这种地位的关系，就会看出一个重要的事实，即在这方面的活动中，不论参与何种事件，他都会公开而勤勉地执行他不但在上面引用过的那份奏疏中而且在很多其他场合都宣布过的原则。他很清楚，在这样做的时候，他会让自己受到和屈服于洋人的指控。他经常为此被指斥为怯懦与叛国，也常常因此而被御史们谴责和非难，而张之洞和其他不着边际的梦想家则嘲笑他的安抚手段。他的倾向本质上是平和的，这一点毫无疑问，但诋毁他的人忽略了一个事实：其平和的倾向是基于他对中国无力抵抗攻击的完全正确的估计。他没有战斗，不是因为太骄傲，而是因为太聪明。与此同时，他独自进行着系统的努力，企图让他的祖国像日本一样摆脱衰弱的耻辱。他的目标是重组华北的防御（各省自治会妨碍他走得更远），同时在任何危险的争论中迅速地与对手达成一致，这至少是一种策略。如果李鸿章得到了反唇相讥的机会，他可以指出，他的批评者无人提出过更好的策略，实际上无人提出合乎逻辑的政策。他也有理由自豪地指出，由于在他的司法管辖区内严厉地阻止对洋人的攻击，他比任何一个同时代的总督都更好地限制了欧洲列强发动侵略的借口与机会。（1900 年各阶层的公众普遍认为，如果李鸿章留在天津，义和团暴动绝不会蔓延到山东的边界之外。）

　　李鸿章身后，朝廷下令为他建了很多祠堂，还赐给他许多荣誉，而袁世凯和正统的儒家官僚群体在他去世后对其名字给予了崇敬。尽管如此，我们注意到，他因行政与外交才干而享有的声誉，在国外比在其同胞当中更为响亮。墙内开花墙外香。李鸿章为武装和改造中国所做的策划与准备，在由那些一直寻求通向其衙门路径的外国记者与环球旅行者报道出来的时候，很少忽略其规模和睿智。李总督很快就从他与洋人的交往中懂得了好媒体的价值，通过热情记者的帮助，他让全世界的人们相信，中国的军事行动是他一个不小的成就，他还为中国在海外赢得了对其正在增长的巨大力量的尊重。所有接触欧洲外交的中国官员，特别是中国驻外使团，为了很明显的理由，一致宣称中国的"觉醒"是真实的。于是从 1885 年到 1894 年，欧洲与美国提升了对于"黄祸"的假想，最终达到了严重的程度。那一时期海外出版的有关中国的大量书籍，很少没有包含"武装的中国""巨人的觉醒"一类的章节。人们随意引用德国皇帝与鹭宾·赫德爵士（绝非完全公正）的观点，来支持这些想法。所有的预言家一起加入合唱，把李鸿章颂扬为新天命的建造大师。在恰当的时候，我们还会考察他有什么资格担负那个繁重的任务，以及他花费 20 年组建海军的结果是什么。眼下我们只需指出，李鸿章能够通过外国的媒体引起海外有产者的惊奇，为中国的军事效率与资源制造一种夸大的印象；而他自己受过教育的同胞们从来未曾像英国、美国或俄国人那样，对他的活动给予很高的评价。其总督级的同僚们虽然充分赞同他挽回面子的策略，但心里一定更加清楚，这种新的威望赖以存在的基础，如同中国的其他任何行政事业一样，在根本上是不牢靠的。他们知道，在壮观的舰队与装备了现代武器的炮台后面，官僚榨取系统仍然非常活跃，并且由于新机会注入的活力而在扩展其运作。在李鸿章亲族与其门生繁杂而赢利的活动中，他们找到了大量的事实证据，表明他的海军计划仍然摆脱不了任人唯亲和盗取公款的传统。换言之，李鸿章是他们当中的一分子，是一名纯粹的中国官僚，所以其从事管理的结果不大可能迥异于他的同事们在帝国其他地区取得的效果。任何熟悉实际状况的人都不会相信海军军官们会提供效率很高的无私服务，因为他们会将自己的任命归功于家庭的影响和乡党的利益。中国人对此不抱任何幻想。可以肯定地说，在中日战争打响之前的那段日子里，文明世界已将李鸿章当作爱国与远见睿智的化身，而他的同胞们则主要是崇拜他有能力为家人和朋友们发现并开辟"榨取"利益的新领域。

李鸿章早已享有京城大门口第一雄辩家的声望，他拥有丰厚的财富，其总督标兵标志着其家族的强大势力，更有甚者，他得到了皇太后久经考验的支持——这一切因素结合起来，使他赢得了官场同僚们的欣羡或尊崇。他们羡慕李鸿章的机敏，他的能量，他在困境中的无穷资源。许多人无疑钦佩他那种填充钱包的爱好，他们以怀疑一切的眼光，小瞧左宗棠和张之洞那种清贫而廉洁的官员所具有的不切实际的个人操守。与此同时，李鸿章在其同胞当中不受欢迎，尽管他有外交手腕，但他在高层有许多强敌。他和中国所有成功的官员一样，必然会不止一次地体尝那种因背负莫须有的屈辱而感受的痛苦。在对日战争的屈辱把一件可以用来对他加以合理谴责的锋利武器交到他的敌人手中之前，他就有过这种经历。

在许多时候，尤其是在对法战争（1884）的进程中，李鸿章遭到了谴责和非难，其发动者是朝廷主战派中的煽动者及其雇用的御史，因为他签订了条约，指望以此来阻止外国人的胜利进军。另有几次，在北京的无知与各省官员的冷漠导致的危机中，挽救危局的整个重担都强加于李鸿章的身上，例如东京撤退会议。在所有这样的场合，李鸿章从不平等的协议中尽可能多地保留了自己这一方的利益之后，总是遭到京城中主张不惜一切代价作战的狂热分子的大肆攻击，斥责他将帝国神圣的领土拱手交给了夷人。若非老佛爷为他提供保护，他肯定在遭受几次针对他的猛攻之前就趴下了。但事实上，他得到全能太后的恩宠，他稳稳地站立着，将他们的谴责比作"狗吠"，羞于采用通常的报复手段，即雇用御史来抨击指控他的人。然而，在中日战争过后，就连皇太后也不敢恢复李鸿章在直隶总督职位上的同等权势了。她本人也为李鸿章海军与岸防的崩溃而感到了痛苦的失望，并为《马关条约》强加给其政府的屈辱感到无比郁闷。继之而起的是维新派的冲击，皇帝的改革运动，以满汉分裂为明确阵线的宫廷阴谋的演变，全在 1900 年的义和团运动中达于顶点——她很自然地将这一切归咎于清朝威望的丧失，而这是中国可耻地败于日本之手的结果。她是一个情绪化的女人，李鸿章与伊藤伯爵在和约上签字一事在全国激起的强烈感情，不可能对她没有影响。所有的省级高官，不论满汉，一致上疏反对批准和约，主张继续战争。刘坤一，从其老迈的身躯中迸发出怒火，宣称他即使战斗至死，也不同意割让中国的领土，尽管事实上他已没有打仗的本钱。张之洞，李鸿章多年的对手，将他的声音汇入"狗吠"之中，谴责他自己 3 年前曾以谄媚的颂词称之为"忠君爱国美德化身"的这位同事。几份密疏主张将李鸿章及其主要助手处死，"以儆叛逆"。但是慈禧尽管郁闷，还是真诚地对待这个为她忠心耿耿服务了将近 40 年之久的政治家。她没有把直隶总督的官位还给李鸿章，但她采取了措施保住了李鸿章的性命，并在其他地方为他安排了工作。

李鸿章出任参与沙皇加冕典礼（1896）的使臣，无疑是皇太后的安排。她接受了俄国公使的提议，将此作为把他置于敌人鞭长莫及之处的最佳手段，同时给他提供一个喘息的空间，一个收回"丢脸"的机会。

中日战争之后的 5 年内，李鸿章从海外旅行回来之后，实际上游离于官场之外，因为他被委派去上任的官职，不是闲职就是代理。身不在此，人必求疵。在他从欧洲向美国顺利行进的那个夏季，他的敌人们在京城里忙碌着，他们在列强政府给予李鸿章的盛大接待中找到了机会，向慈禧及其廷臣们指出：李总督忘记了慈禧一直强调的臣子对君主的谦卑的忠诚。此外，京城里还有宫廷权谋和各派势力的重组，李鸿章不在场，其利益遭受了损失。大太监李连英是他多年的亲密而忠实的合作伙伴，在暗结俄国对付日本一事上仍

　　1900 年的李鸿章。李鸿章于 1900 年初被任命为两广总督，朝廷委派李鸿章去广州表明，李鸿章本人已经预见到了这场正在酝酿的风暴，希望尽可能远地离开其中心。

然跟他联手，因为这个圆滑的家伙很快就意识到这个计划可能实现，同时在让步时所做的交换是有利可图的。然而，满族人与保守派官僚为一方，维新派与进步官僚为另一方，两者之间的敌意与日俱增，于是大太监从职业上而言同情反动派，而李鸿章宽博的智慧会将他投向进步派，或者至少让他采取中庸之道。因此，尽管外界感到惊奇，但对那些明白宫廷秘史的人而言一点也不奇怪，当李鸿章从海外归国时，一道上谕剥夺了他的所有官阶与名号。将他褫职罢官的明面上的理由是他在召对后僭入了颐和园的地盘。这道上谕明显企图让他意识到其敌人的人数与活动，让他意识到，在这种时候，通常可以用慷慨赠予的手段重新获得宫廷中朋友的积极同情，从而给他带来方便。慷慨的赠予无疑很快就出场了，因为李鸿章本人在这一时期常常不无痛苦地提到，在他进京的时候，总要被敲掉大笔的钱财。这产生了期待中的效果，因为此后不久他的荣誉和头衔又恢复了，他被委派到总理衙门——这是一次爱尔兰式的提拔，按照普遍的说法，花了他 39000 两银子。

此后李鸿章于 1900 年初被任命为两广总督，从后来发生的事情来看，这个任命是极为有趣的事情。这次任命和接受任命时的形势，有助于我们判断他在这一年，也就是他生命中最后一年中行动的主要动机。英国公使团在当时声称，将李鸿章从直隶省调走，是英国外交的一个胜利和俄国的挫折，然而不论是他们的外交部还是驻北京的公使团都未能机敏地预见到 1898 年至 1900 年之间所发生的事情。朝廷委派李鸿章去广州首先表明，尽管皇太后当时已对端亲王及其义和拳的首领们深为倚任，但她仍然是李鸿章的守护神和保护人。这表明李鸿章本人已经预见到了这场正在酝酿的风暴，希望尽可能远地离开其中心。最后，这也表明京城的保守派认为李鸿章是其强大的对手。当义和拳的疯狂到达巅峰时，将洋人赶进海里的想法对于刚毅与徐桐这样头脑发热的人而言似乎仍然是可以办到的，后者总是宣称，如果不除掉荣禄与李鸿章，就不可能取得彻底的胜利。[1] 毫无疑问，慈禧太后在明确表态赞同这种政策与端亲王的行动之前，李鸿章曾多次警告她：这些人是不可

---

[1] 参见《北京宫廷年鉴及回忆录》第 450 页。

能成功的。但是她在希望与恐惧之间摇摆不定，很难完全采信某一个人的忠告，也很难避免被满汉之间种族仇恨的气氛所影响，这种气氛正是义和团运动最后阶段的特征。李鸿章斗胆进言，企图令她相信她的愚蠢必然导致的结果。最后，他南下广东，坚信很快就会有人要求他出面调停，他会再一次应召站在中国及其统治者的短视无知、傲慢自大所造成的后果之间。

义和团自称具有超自然力量因而能够战无不胜的神话，被外国联军从天津开始胜利进军打破了，慈禧企图摆脱可恨的洋人的希望破灭了。她对端亲王、刚毅及其狂热追随者的恐惧也随之终结。从此她又成了老佛爷，审慎地咨询许多人的意见。为了收拾烂摊子，召李鸿章来协助她。在公使团得救的两周之前，她发了一道上谕，任命李鸿章回到直隶总督的老职位上，令他火速北上，因为"急需熟谙夷务之官员"。李鸿章老了，身心疲惫，罹患重疾，这种疾病在下一年夺去了他的生命。但他一秒钟也没有想过要拒绝慈禧交给他的这个危险而不愉快的任务。对他而言，忠君（一般由皇太后所代表）不是口头功夫，也不是投机。他终其一生坚持不懈、勇气不衰地主张并实践这个原则，将之奉为学者与公仆的首要职责。这一次，他虚弱而易怒，无法抑制很自然的冲动，对慈禧说"我告诉过你会这样"，与此同时将其返回老岗位作为一个机会，多少挽回一些他在 1896 年失去的"面子"。他奏复慈禧催促的谕旨里，表示感激对他的信任。但他不禁想起那种愚昧，他在直隶总督任上的 20 多年里初步建立起来的经过改革的行政构架，如今已被它摧毁。[1]

李鸿章对于君主毫不动摇的忠诚，构成这个男人最突出的特征之一，它在许多方面影响了他的一生。这是基于儒家原理的忠诚，而且有时高于并独立于他对皇太后的个人忠心之外。例如，他严守正统，在 1898 年末的政变以后，当慈禧计划废黜光绪皇帝、把端亲王的儿子送上皇座时，他反对慈禧个人违宪的政策。在这次危机中，李鸿章大胆牵头，得到两江总督的支持，基于国策来抵制上述计划的行动进程。只要事关君主，他总是坚定的保守派，坚持遵守先例和已经确立的传统。只有一次，在一次突发的危机中，他违反

---

[1] 参见《皇太后治下的中国》第 387 页。

了传统和他自己的良心——他与皇太后最亲密的关系就从那时起步，当时他遵照慈禧的命令把自己的淮军开到了京城，协助慈禧在儿子同治皇帝死后（1875）打破继承大统的正常顺序。那一次，他协助慈禧把婴儿光绪送上皇座，赢得了慈禧终生的感激，但他这一行为违反了合法继承的规则，因此受到正统的谴责。[1] 但是，不管如何违规，他的行为没有达到造反的程度，算不上对抗已登极天子的罪恶。从此以后，他以私自的个人能力，成为慈禧忠实的亲信，在大多数场合都会听从她的命令。但作为一名官员，当慈禧打算犯下不利于不幸的皇帝——她的侄儿的罪行时，李鸿章站到了她的对立面。

李鸿章同胞中同时代人的看法，还是离不开东方人怀疑一切的形态，总是将李总督在这两个关键时刻的行为归于他对自己私利的远见。这种怀疑在有关其 1875 年的行为进程中可以得到证实，因为当时他的一切所得都靠着慈禧摄政的延续和一个婴儿皇帝的登基。但我们有理由相信，他跟他的皇家女老板一样，为那一次破坏儒教所有行政原则的罪孽而内疚于心。在 1898 年，其个人既得利益仍然依赖于皇太后的恩宠及其大太监的好意，而皇帝及其广东的改革者们旨在让维新派掌权。就私利相关而言，李鸿章自然会反对这种政策。他与两江总督联手防止罢黜并除掉皇帝的行为，应该归因于某种比个人小算盘更崇高更明智的动机。

据说李鸿章在其一生中的不止一个阶段里，特别是在太平天国运动时期，怀抱着登上皇位的秘密野心。戈登于 1863 年写于中国的信函中提到过这种传言，但似乎没有进一步证实这个传言。1900 年，在俄国尚未表明其意图之前，列强的代表们仍在大肆讨论允许满族人回归权位的利弊，他们经常提到李鸿章的名字，把他当作汉人王朝的可能的建立者。然而，诚如鹭宾·赫德爵士在当时注意到的，也正如中国最近的历史所清楚表明的，赶走满族人绝对没有什么好处，原因很简单：中国没有一个个人或一个家族拥有足够的影响和权威，在其统治国家时得到人民的赞同与尊敬。李鸿章的智慧使他懂得，为了中国的利益，最好让皇帝留在皇座上，无所动摇，作为帝国社会制

---

[1] 参见《皇太后治下的中国》第 9 章。

度构成整体所必需的部分，作为国民祖先崇拜的基石。他自己的家族不适合去建立一个王朝，他对此一点儿也不糊涂。他支持满族人回来，既不是因为他爱满族人，也不是因为他们是合格的统治者，只是因为他们已经在位。他的政策方针是经过深思熟虑的，结合了正统、利弊和他个人对慈禧的忠诚。在这个问题上，我们有一个很有意思的发现：李鸿章在1901年为他支持清朝而提出的理由，和著名儒学家梁启超在1912年用于反对袁世凯企图通过亲自登极来建立一个汉人皇朝的理由非常相似。

李鸿章对于皇太后的强大影响在1875年的突袭以后牢固地扎下了根基。从那以后，这种影响若非直接施加，就是通过太监李连英来起作用，一直是左右宫廷和政府各部的支配力量。1884年，慈禧把恭亲王弄出了总理衙门，由庆郡王（著名的官商）来取代他，由皇帝的父亲醇亲王出任有名无实的政府首脑，李鸿章位极人臣，权倾一朝，特别在对外事务上一言九鼎。在这一时期，他开始认识到集中管理国家海军和其他军事力量的必要性，并在醇亲王的帮助下，致力于将海军部及其海滨防御从省级转向中央一级。多年以前，在太平天国运动期间，他曾审慎地破坏了舍拉德·阿斯本舰队计划，不愿让这支由外国人指挥和控制的新武力被北京独立使用，而脱离省级当局的控制。如今，作为直隶总督，环境的力量引导他认识到中央集权的长处，他通过睿智的游说，在京城建立了海军衙门，他本人在天津担任执行首脑。在所有这些事务中，李鸿章都是在确保得到慈禧太后的赞同与支持之后才有所动作。他敏锐地猜想，中央集权的想法会对慈禧的胃口，只要这个计划看起来切实可行。在大沽海口拥有一支威武的舰队，会增添慈禧的帝国威严感。但慈禧和李鸿章都未意识到一个事实（即便他们意识到了，也忽略了这个事实）：武装力量的中央集权，若无经过改革的财政中央集权作为前提，是绝对无法成功的。10年来海军计划似乎很有前途，直到在中日战争中气泡破灭。在这些年里，与官僚财政理念密不可分的行政腐败尚未暴露，在某种程度上甚至未被疑及。但是，李鸿章本人一定充分了解中央集权与国土保安都是无望成功的。他知道，户部本来应该用于舰队和炮台的银子，长期以来一直奉太后之令，被挪用于重建和装修颐和园。他也知道，那些确实拨到了天津用于海军建设的款子，相当大的一部分粘上了他那贪婪的女婿张佩纶的柔软的手指，更不用说还有一些进入他自己的私人钱包了。然而，直到暴风雨爆发，他那偷工减料建造的虚假的国防大厦轰然倒塌为止，他或海军衙门的其他负责人都未曾正式指出必然会令国家蒙受惨重损失的事态。仅仅在崩塌发生过后，在 1896 年的一次召对中，李鸿章才斗胆提醒太后：一支被剥夺了维持经费的海军，既不可能发挥效率，也不可能装备精良。如果他自己的良心在财政方面是清白的，他会为自己辩护，把其他一些重大事件和数字说成纸龙可耻垮塌的原因。不过，他是他那一代人中的聪明人，他宁愿保持圆滑的沉默，依赖于慈禧好心的保护和大太监的帮助，他在其中发挥的智慧是正确的。

在《马关条约》签订时或签订前后，有人给朝廷上疏，指出李鸿章应该对中国所受的屈辱负责。这些奏疏中有一份格外激怒了李总督，因为它坦率地谈到了国家财政方面的形势。这是御史安维峻的奏疏，其表达的观点，无疑是李鸿章的大多数批评者和同事想说的话。同样的话也可以用来公正地指责中国的几乎每一位高官，只有两江总督除外。但在清朝的行政体制下，这种事情是不能公开针对一个大人物提出来的，除非事实彰明昭著，或者被指控者被认为是无可救药的。在那种体制下，那个十恶不赦的人是可以合法捕猎的对象，但要避免洗涤有财政污染的脏布，除非那个倒霉的罪犯拥有足够的现世财富，对他的弹劾足以引诱起高层的贪婪。这些都是在紫禁城内及其周边永久进行的无声战争中的不成文法律。李鸿章像这场大游戏中的每一个其他参与者一样睁着眼睛等待机会，他从来没有忘掉一只鼓胀的钱包所具有的保护性价值。安维峻的奏疏谈到了李鸿章的钱包是如何装满的，其言辞直率，不讲规则，李鸿章深恨它想要当众清洗官僚的战袍，因为这意味着他一生的终结。不过，作为中国官场手段的大曝光，尤其是对李鸿章手段的揭示，这份文件不无隽永的趣味：

> 李鸿章平日挟外洋以自重，今当倭贼犯顺，自恐寄顿倭国之私
> 财付之东流。其不欲战，固系隐情。及诏旨严切，一意主战，大拂
> 李鸿章之心。于是倒行逆施，接济倭贼煤米军火，日夜望倭贼之来，

以实其言，而于我军前敌粮饷火器，则有意勒扣之。有言战者，动遭呵斥，闻败则喜，闻胜则怒。淮军将领望风希旨，未见贼先退避，偶遇贼即惊溃。李鸿章之丧心病狂，九卿科道亦屡言之，臣不复赘陈。惟（唯）叶志超、卫汝贵均以革职拿问之人藏匿天津，以节署为逋逃薮，人言啧啧，恐非无因。而于拿问之丁汝昌，竟敢代为乞恩，并谓美国人有雾气者，必须丁汝昌驾驭。此等怪诞不经之说，竟敢直陈于君父之前，是以朝廷为儿戏也。而枢臣中竟无人敢为争论者。良由枢臣暮气已深，过劳则神昏，如在云雾之中。雾气之说，入而俱化，故不觉其非耳。张荫桓、邵友濂为全权大臣，尚未明奉谕旨，在枢臣亦明知和议之举不可对人言。既不能以生死争，复不能以利害争，只得为掩耳盗铃之事，而不知通国之人早已皆知也。倭贼与邵友濂有隙，竟敢索派李鸿章之子李经方为全权大臣，尚复成何国体！李经方乃倭逆之婿，以张邦昌自命，臣前已劾之。若令此等悖逆之人前往，适中倭之计。倭贼之议和，诱我也。彼既外强中干，我不能激励将士，决计一战，而乃俯首听命于倭贼。然则此举非议和也，直纳款耳。不但误国，而且卖国。中外臣民，无不切齿痛恨，欲食李鸿章之肉。而又谓和议出自皇太后，太监李连英实左右之。此等市井之谈，臣未敢深信。何者？皇太后既归政皇上，若仍遇事牵制，将何以上对祖宗，下对天下臣民？至李连英是何人，斯敢干政事乎？如果属实，律以祖宗法制，李连英岂复可容！惟（唯）是朝廷受李鸿章恫喝，不及详审。而枢臣中或系死党，甘心左袒，或恐李鸿章反叛，姑事调停，而不知李鸿章久有不臣之心，非不敢反，直不能反。彼之淮军将领，类皆贪利小人，绝无伎俩。其士卒横被克扣，皆已离心离德。曹克忠天津新募之卒，制李鸿章有余。此其不能反之实在情形也。若能反，则早反矣。既不能反，而犹事事挟制朝廷，抗违谕旨，彼其心目中不复知有我皇上，并不复知有我皇太后，故敢以雾气之说戏侮之也。臣实耻之，臣实痛之。惟（唯）冀皇上赫然震怒，明正李鸿章跋扈之罪，布告天下。如是而将士有

不奋兴，倭贼有不破灭者，即请斩臣以正其妄言之罪。祖宗鉴临，
臣实不惧。用是披肝胆，冒斧锧，痛哭直陈，不胜迫切待命之至。

慈禧的总管太监要对中国的战败负责这个提法，往往是进步派和南方广
东党祭出的武器，但这一次直接的攻击伤害了慈禧敏感的自尊，促使她下决
心保护李鸿章。中国的整个官僚阶级联合起来谴责她的保护对象，诋毁李鸿
章关于国际关系的思想，但她照样我行我素。赐予安维峻的答复只有一纸诏
书，其中有令，将他革职，流放至张家口军台。（在皇帝签署的一道上谕中）
慈禧说道：

近因时事多艰，凡遇言官论奏，无不虚衷容纳，即或措词（辞）
失当，亦不加以谴责。其有军国紧要事件，必仰承皇太后懿训遵行。
此皆朕恪恭求治之诚心，天下臣民早应共谅。乃本日御史安维峻呈
进封奏，托诸传闻，竟有"皇太后遇事牵制，何以对祖宗天下"之
语，肆口妄言，毫无忌惮，若不严行惩办，恐开离间之端。安维峻
著（着）即革职发往军台效力赎罪，以示儆（警）戒，原折掷还。

事实证明，李鸿章在 1900 年活着回报了这些恩典，他反过来从因为皇
太后的愚蠢所造成的后果中拯救了这个女人。他的政治手腕让俄国与列强在
北京和议时互相争斗，为慈禧恢复丝毫未减的权威铺平了道路，并救了大太
监李连英的性命。这位年迈的顾问当时已经 77 岁，他以自己的能量和才干
从事这些谈判，为他自己赢得了中外人等的尊重。他为其君主和国家提供的
最后服务是其一生中最伟大的一次。完全可以说，中国没有一名官员能够取
得李鸿章在 1901 年的《北京条约》中获得的结果。

按照李鸿章的主要总督级同事的看法，从曾国藩时代到袁世凯时代，他
毕生成功的最大原因是皇太后的恩宠。他们认为，他之所以得到这份恩宠，
无疑要归因于他敏锐的职业本能和巧妙的行贿交易，同样也要归因于他作为
行政官员和外交官的非凡才干。他在同时代人当中绝不受欢迎：在高官圈子

里总是明显存在对他不利的一致意见，这部分是因为洋人对他持有好评。中国的官僚群体从来不是一个互相钦佩的团体，相反，这是一个为地盘和权力进行尖锐斗争的圈子，其中东方人妒忌、仇恨与阴谋的秉性总能找到机会。每一位公职高官在任何时候都容易遭到攻击，只要他的敌人和对手觉得安全，并有机会合谋将他毁掉。尽管我们承认这是事实，但我们不可能把左宗棠与张之洞这类人对李鸿章表现出来的怀疑与敌意，以及他们对李鸿章与洋人握手言欢所怀的愤恨，单单归因于妒忌或恶意。他们的感情通常是他们所理解的爱国主义的真实流露。一次又一次，当中国在由李鸿章从事的谈判过程中割让领土、遭受屈辱时，全中国都能听到掠夺者对他的赞颂。于是，在中法战争（1884—1885）中，据说法国政府不许对旅顺发起福州船政局遭到的那种毁灭性攻击，是顾虑到"我们的朋友李鸿章"；基于同样的立场，该政府接着放弃了其关于赔偿的要求。10年后，日本政府确实坚持要求委派李鸿章到马关议和，而他的这项任务刚刚完成，俄国政府又对北京施加影响，要求派他去做参加沙皇加冕典礼的特使。在中国人看来，外国人的赞美总是值得怀疑的，因此李鸿章也很可疑。他的头号对手张之洞，一位不懂实际、笔头犀利的哲人，不相信李鸿章承认中国无法以武力对抗西方国家的智慧；相反，他总是将李鸿章的政策归咎于懦怯或腐败的动机。同样，左宗棠，一位率真的军人，对其祖国的伟大怀有高傲而完全错误的观念，毫不掩饰他对李鸿章和解策略的轻蔑。当李鸿章于1871年在天津出任北洋通商大臣时，左宗棠在南洋通商大臣的任上，他们之间尖锐的对立一度成为全国每个衙门的谈资。在那些日子里，天津屠杀法国传教士的事件刚刚尘埃落定，李鸿章公开决定，绝不容许再发生针对洋人的骚乱，这使他更加不受绝大多数国人的欢迎，正如他1900年拒绝被诱骗到帝国义和团运动的行列中时发生的情况一样。左宗棠在去世前得到了李鸿章在年轻时就领悟到的教训，即一个没有武装的国家应该压抑争执的冲动，而他的心胸宽大得足以改变想法，但同时代的大多数省级高官，至死还对这个真理傲慢无知。于是，在中日战争期间，在旅顺陷落之后，皇帝号召所有的省级高官就敌对的延续上疏建议，超过2/3的奏复主张血战到底，而不同意割让任何领土。没有一名复奏者懂得打仗，

左宗棠与张之洞。左宗棠年少时因屡试不第,所以转而留意农事,遍读群书,钻研舆地、兵法,此种无法出人头地时的德业进修,为其成为清后期的著名大臣奠定了坚实的基础。官至陕甘总督、东阁大学士、军机大臣,封二等恪靖侯。张之洞少年科甲,闻名中外。1863 年中进士,历任山西巡抚、两广总督、湖广总督、军机大臣、体仁阁大学士等。大力从事洋务活动,成为晚清后期洋务派的主要代表。但也提出了历史上著名的"旧学为体,新学为用"的政治、学术主张。维护封建纲常,宣传洋务主张,反对变法维新。

也没人打算在战争中担负任何角色。他们的观点,总体来看,构成了一种无意识但很雄辩的证明,表彰了李总督优越的智慧,尽管他们看不起他,把他当作媚夷者。

张之洞与李鸿章的关系既是对手又是批评者,但他的特点总是彻底理想化的经验主义,而李鸿章的政策是基于对实际情况的明智认识。1880 年,当中国与俄国发生固尔扎危机时,张之洞首先显露出自己是一名尖刻的政治事务批评家,但他在那一角色中取得的成功,是由于他学究式的文风,由于他对民众的无知,而不是由于他那一方面有任何程度的坚实论据。当时他和在后来的岁月中一样,他十分钦佩李鸿章的能力,但他给朝廷的奏疏(1880年 6 月 1 日)建议不要批准《里瓦几亚条约》,此疏包含了大量证据,不仅证明他对讨论的问题无知得可怕，还证明他对同事怀有吹毛求疵的恶意。他在提议拒绝承认这份条约并处决崇厚（签署这份条约的使节）之后，进而说明中国赢得对俄战争的可能性。在阐述理由时，他间接地攻击了李鸿章，敦请皇帝逼迫李鸿章对得起朝廷对他的信任，把花费于海军与军备的巨大开支利用起来。下面是对这份奏疏的节录，具有很有益的典型意义：

> 李鸿章高勋重寄，岁糜数百万金钱以制机器而养淮军，正为今日。若并不能一战，安用重臣！伏请严饬李鸿章，谕以计无中变，责无旁贷，及早选将练兵，仿照法国新式增建炮台。战而胜，酬以公侯之赏；不胜，则加以不测之罪。设使以赎伊犁之二百八十万金雇募西洋劲卒，亦必能为我用。俄人蚕食新疆，并吞浩罕，意在拊印度之背，不特我之患，亦英之忧也。李鸿章若能开悟英使，辅车唇齿，理当同仇。

张之洞是个"学究型的笨人"，愚笨而执着的幻想家，不懈地做着工业化的白日梦，却又总是妒忌李鸿章较为实际、较为有利可图的智慧。他也妒忌李鸿章身居高位，得到慈禧的恩宠。但是，作为一名儒家学者，一名坚定的保守派，他不得不承认并钦佩他的这个大对头对帝国的忠诚。此外，和左宗棠一样，他最终因 1900 年发生的事情被迫承认，李鸿章与外夷打交道时奉行的求和之道，比谴责他的那些无知的玩吞火把戏的人们所奉行的办法高明一些。在李鸿章 70 寿辰（1892）之际，整个官僚阶级和宫廷一致向这位大总督致敬，张之洞本人以其最佳的超经典的风格送给他一段辞藻华美的祝词。这段颂词引起的关注，在文学圈内多于政界。在这种场合，张之洞总是毫无诚意，但他心属文艺，像品尝美酒一样欣赏自己的文采。从理智上而言，其结果总是令人失望，但士绅们仍然对之热捧，因为他们一直受到"细闻其声，其意自明"这一原理的训导。将这件事放到以后去看，就会显得颇为有趣。它的发生，距李鸿章虚张声势的海防与海军舰队垮台仅有两年。张之洞这位铁笔斗士和帝国栋梁，在其垮台的两年之前，竟然用了一些阿谀之词来赞美李鸿章：

> 克虏伯之号犄角取势，山斗入海，台上通天，设伏兵于羊马之
> 墙，藏军资于蛰虫之户。八面受敌，则如斗运中央；左右旋抽，则
> 如月缺半晕，旁贵四下，故受攻击而不伤；直角相交，故合首尾而
> 相应。顺八风而列八阵，循环无端；藏九地而攻九天，高下皆准。
> 易京十丈，受降三城，方斯篾矣。

中国官场的巅峰有这样的智力装备，而整个官僚结构是建立在"虚构"之上，那就难怪张之洞和那些与他持同样想法的人在战败时把矛头指向了李鸿章。尽管李鸿章后来得到了俄国、法国、德国的帮助，迫使日本把辽东半岛还给了中国，但长江流域的总督们继续提出官僚阶级的要求，寻找一个替罪羊，大肆攻击李鸿章，主张不批准他签署的条约。整个御史群体得到榜样的鼓舞与指引，开始一起叫喊，要求处死并毁灭李鸿章及其追随者，把他们的行为定性为对国家的叛逆。对于李鸿章，对于中国，幸运的是，在此关键时刻，李鸿章最强大的对手之一翁同龢（皇帝的老师）开始意识到继续战争的愚蠢。他是一个诚实的人，劝说皇帝批准条约，他的建议被采纳了。依靠慈禧有效的保护，御史们的呐喊被封杀了，通过一个临时的安排，李鸿章被调离了天津，避开了个人的危险，他的脑袋暂时得以留在他自己的肩膀上。此后，他的同事中有些较为开明的人意识到这位老人似乎并非无关紧要的力量，他们再一次开始赞美他的机智，因为这种素质还能从侵略者与压迫者互相矛盾的利益中为中国挽回一些好处。

尽管如此，在大多数国人眼中，他作为国家主要栋梁的最高声誉已经遭到非常严重的破坏。一度使他在其他同事之中犹如鹤立鸡群的陆军和海军建设，已经得到了检验，其价值比京防营所使用的弓箭强不了多少。他 25 年来作为西洋兵法引进者所享有的威望已荡然无存，使他迅速地降到了寻常省级主管官员的水平。的确，他的大多数批评者在此事过后变聪明了，他们宣称，李鸿章的军舰和造船厂从来不过是李氏家族致富的巧妙工具。1895 年，

他从位高权重的地位上一直跌落到成为笑柄的深渊。尽管如此，他能在余生的 6 年当中，以其充满韧性的能量，以其外交上的勇气和资源，在某种程度上恢复了从前的威望。李鸿章不肯服输的性格，也是他作为一个大人物的资格之一。

我们研究他作为官员的一生，如果不涉及他在金融与工业方面的五花八门具有进步意义的活动，就不可能是完整的考察。他在长期担任北洋通商大臣的任上，必须不断接触外商、领事馆官员和有志于当特许权拥有者的人们。在监管和办理对外交易的过程中，他酝酿并执行了许多能够为他的追随者和他自己赢利的计划。他的商业能力无疑是属于高层次的。如果这种能力指向国家进步，而非指向个人利益，如果他对于发展中国经济资源必要性的认识更加爱国而无私，他会取得长远的成就，为祖国做出长期的贡献。不幸的是，他所促进和保护的各项事业都是为了给相关官员带来最大的直接赢利，而从未持续考虑健全的商法和可靠的金融。盗用公款和任人唯亲的痕迹到处可见，导致了管理不善与服务懈怠的必然弊端。铁路，矿山，棉纺厂，缲丝厂，电报，航运——在所有这些事业中，李鸿章对于开发可赢利生意的机会具有非凡的洞察力，他以"为中国人谋利的中国"作为政策基础是完全合法的。但是，他起用的人员，采用的方法，很少是能使这种政策取得成功的。

在外国商人到来之前，在他们还没有强要居住权和从事工业活动权利的那些岁月里，中国官员习惯于把钱投放于本国的钱庄、当铺、米店、房地产和有价值的古玩。这些地方为资本投资和亲友关系的利用提供了有利可图的机会，但是容易被贪婪的统治者没收，或者毁于民事纠纷。李鸿章从事的赚钱和投资的五花八门的活动中，有许多活动的成果尚未充分揭露出来，因为中国人既不知道索美塞特大厦，也不知道所得税局的局长，而他过于小心谨慎，不会把他的鸡蛋放进"华商"航运公司或北京辛迪加这样引人注目的篮子里。中国的普遍报道说他拥有大笔的财富，还说他将其中的大部分投资到了不动产和当铺。那本"回忆录"谈到了其私人财政的这个特殊性质，这是值得注意的，因为他的许多亲戚（他们至今容许这些伪造的记载流通而不提出抗议）可能在某种程度上是李鸿章商业活动的受益者，并且熟悉他的方法：

　　为慈禧开道的李连英（前右）。清王朝慈禧时期的总管太监，陪伴慈禧太后近五十三年，是清末最有权势的宦官，亦是第一个叫慈禧太后为"老佛爷"的人。宣统元年 61 岁时，为慈禧守孝百日后隐退。宣统三年亡，时年 63 岁。

　　西方世界之小放贷者，或曰小额放贷者，似为大众所不齿，缘于其向借款者吸血。当铺老板在本地不受欢迎，原因在此。

　　然可断言者，外间多传闻我为中国多数当铺之老板，显系夸大之词。我之兴趣，主要在于若干省份之钱庄。我并不以此赢利为耻。另者，我乐于常能以小额借款帮助穷人，助其生财，助其劳作，予以希望。我并非以德行自诩，但无论何人，但凡遭受攻击，自保名誉人格，乃其权利与义务。我虽从当铺赢利可观，却非由过高利率所得。若我苛待所有向我的管事借款而又无力归还之人，则我如今已成富甲天下之一人。再者，我从未用上天恩赐给我之财富为非作歹。我不买官爵，若我接受购买之官爵，我必以刀戳脸。

我确曾向各省放贷大笔银钱，甚至放贷于朝廷，然当官府是我最大借主之时，确曾夺去我之荣衔若干。

毫无疑问，李鸿章曾把大笔款子"贷给"朝廷，但"朝廷"二字在这里肯定不是指政府，而是指慈禧及其大太监李连英。同样，皇太后在 1894 年从她的私人金库中"贷给"李鸿章大笔款子（估计为 800 万两银子），赞助他为对抗日本准备的专项资金——这是姗姗来迟的良心钱，部分退还颐和园从海军拨款中"榨取"的款子。事实是，李鸿章及其威严的女主人都无法做到在管理公共事务时不在第一瞬间考虑其对于他们私人财富的效益。因此，李鸿章的敌人往往指控说，他在谈判牵涉到分割中国领土的条约时采取和解政策，其动机是希望避免战争一定会给他本人带来的大笔开支，在某种程度上是有道理的。不论和平与战争，为了国家目的而进入他手中的所有款子，都会永久而不可避免地出现在他的私人资金中。对于欧洲人而言，这看起来似乎是不可能存在的事态，但对中国人而言，这是典型的官僚财政，由确立已久的传统所承认所认可。李鸿章实践这种传统，只能证明官僚群体无法改革塑造了他的这种体制。他肯定把战争的发动当成了首先会影响自己钱包的事情，就像他总是把海军和国防建设当成自己的生财之道一样。

当我们考察李鸿章作为海陆军管理者的能力时，在这个问题上我们还有更多的话要说。无可否认，他的私利妨碍了他认识由他造成的哪怕是对国家最高利益的损害。翰林院成员于 1894 年 12 月呈给皇帝的一份奏疏中，指出他在日本的煤矿投资了数百万两银子，而他的嗣子李经方（后来的驻日本公使）在那个国家也有大笔的投资。这些说法可能大大夸大了事实，甚至有可能是无稽之谈，但是它们代表了公众对李鸿章将公事与私人投机事业结合在一起这种做法的一致怀疑和非难。

李鸿章是开发某种有组织的官方贸易的先驱，这种贸易多少是以欧洲合股公司为模型，但很突出的是，他创立的这些事业总是为官员并由官员来经营的。无须多大的智慧也能想象到，在一位强势总督保护下的贸易垄断，不仅排斥洋人也排斥华人的竞争，自然是极为有利可图的。李鸿章最著名的官企是华商汽轮航运公司，创办于 1880 年，其资金部分由李鸿章本人提供，部分来自公共捐款。这个企业由李鸿章追随者中的中国官员管理，在某些方面得到外国专家的协助，由英国人和美国人任高级船员，成为一头特别多产的"奶牛"，尽管大规模盗用公物，仍然在很多年中显示出大量的盈利。作为北洋通商大臣，李鸿章表面上为了公共利益，为这家公司取得了漕运和其他政府供给品的运输垄断权。以同样的手法，他得到了北京的支持，防止台湾巡抚和其他中国航运业老板在长江贸易中跟他的轮船竞争。在这一方面，我们观察到，从 19 世纪 80 年代初以后，李氏家族在其祖籍安徽省的财富权势迅速增长，最终控制了那个重要供给中心的大米交易。然后，到了 1884 年，随着开平煤矿工作效率提高，随着连接该矿与天津的铁路建成，李鸿章不仅为其轮船提供廉价的燃料，还增加了其官方贸易赢利的复杂性。他以同样的方式支持在上海开设棉纺厂和丝织厂，所有这些企业都是处于他管辖之下的官方贸易组织的分支和延伸，这个组织由他那位能干而臭名昭著、寡廉鲜耻的亲信盛宫保具体操作。这些工厂的生意仍然是官方垄断的，维持到 1895 年，原因很简单：李鸿章作为北洋通商大臣，能够阻碍与之竞争的欧洲公司进口机器。然而，盛宫保直接或间接管理下的所有生意腐败透顶，这些企业的赢利通常是暗箱操作的。盛宣怀身兼多职，是个生意人，多年担任皇家中国电报局与华商轮船航运公司的经理。他的亲密合作伙伴都称之为"老狐狸"，他的职能是李鸿章在上海的生意代理人和中间人，在这个职位上，其贪婪和贪污全国闻名，甚至名传国际。在他那柔韧而吸附力极强的双手操纵下，若干铁路、矿山开始租借给欧洲资本家，使他有利可图，却使中国不得不长期面对大堆的麻烦。在李鸿章于 1894 年声誉扫地之后，盛宣怀巧妙地见风使舵。他的策略属于国际化的类型，更加关心金钱而不计手段，而金钱帮了他的大忙。他继续执行李鸿章的原则和兴趣，以背水一战的精神与外国租借人做生意，不偏不倚地轮流与比利时人、法国人、俄国人和英国人合谋。盛宣怀是李鸿章的奴才，正如李连英之于慈禧，或如同（较近的）梁士诒之于袁世凯。在这种合作关系中，保护人不能不对被保护人犯下的罪行负责，盛宣怀行为中产生的许多污名附着于李鸿章身上。

从1897年以后，铁路建设的问题与欧洲列强在中国的政治诉求关系过于密切，使之很难作为对独立的中国企业具有吸引力的领域。何况，全国省级当局与士绅提出的地方自治的要求，使这个问题迅速地变得更加复杂。因此，毫不奇怪，我们会看到，李鸿章在这方面的活动局限于天津—山海关一线的建设（可能一度是全世界这类企业中最有利可图的），他对这项事业的财务表现出了最敏锐的兴趣。对于其他铁路线，他声称自己坚决把铁路当作开发国家经济资源的最佳工具，而且早在1889年，他已经说服皇太后相信了开创若干国家铁路干线的合理性。但是，他对铁路事业的兴趣超出了他自己的总督管辖范围，不足以导致他热烈地振臂反对当时皇帝顾问们的反动政策。

最后，我们还要考察一个敏感的问题，即李鸿章作为鸦片种植者与贩卖者的官员记录。在这个问题上，他跟大多数同事相比，不好也不坏，其非常明确的政策是，从1860年起，利用欧洲和美国慈善理想主义者的反鸦片活动，结束印度鸦片的贸易，从而为官僚群体赢得了对于本国产品赢利度很高的垄断。作为中国正义行为的热情拥护者，以及英国失道的雄辩解说者，李鸿章很高兴能引人注目。但他那怀疑一切的盲目，对中国政府在这个问题上一贯的虚伪态度视而不见，但不会比英国和美国传教士与政客们的装聋作哑更糟糕，后者一贯宁愿忽略，不仅忽略中国官员在这个问题上制定政策的明显意图，而且忽略一个令人不愉快的事实，即英国与日本的企业已经广泛地用吗啡替代鸦片，带来了不幸的结果。为了扑灭中国鸦片贸易所采取的措施总是空中楼阁，并往往令人怀疑，因为那些支持这些措施的人总是被迫将当局的连续性与意图的真实性归于中国官僚。于是由英国和中国的少部分热心人所领导的真正的改革运动成了一些中国官员手中的重武器，他们从印度贸易的废除中看到了可赢利机会的巨大前景。于是在1881年，我们发现李鸿章给禁止鸦片贸易协会的可敬的秘书写了一封信（传遍了整个文明世界），他在信中表示，希望该协会支持"中国勉力摆脱鸦片之奴役"。他很不情愿地被迫承认，尽管法律和频频颁发的诏谕禁止种植鸦片，但罂粟仍然在中国某些地区悄悄生长。《泰晤士报》记者莫里循博士（Dr.G.E.Morrison）于 1894 年在华中旅行，他更详细地描述了那种"悄悄"的生长：从他离开湖北直到他抵达缅甸的边境，他一直都能看到罂粟。他还补充说，中国最大的罂粟种植者就是李鸿章的家族！李鸿章公开表现自己的德行，同时却在暗中追逐利益，他仅仅是严格遵循他那个阶级由来已久的传统办事。后来，其嗣子李经方"爵士"作为驻外公使，同样口若悬河地宣称中国即将摆脱鸦片之灾，但罂粟继续在安徽其祖先的庄园里（为了医疗目的）而繁荣。

　　作为一名敏锐的商人，李鸿章对待鸦片就跟对待大米或其他任何主要商品一样。作为一名中国官员，他无疑急于看到印度贸易被废除，部分是为了自尊自爱，但主要是为了巩固中国政府的垄断，因为这种垄断比盐税的赢利前景更有希望，并且更加容易操作。他知道，只要英国商人能够自由地输入鸦片（不管经过调整的关税有多高），只要香港与澳门继续为广东的走私贸易提供仓储，这种垄断就无法成立。与此同时他意识到，唯一能够给英国和印度政府带来压力的手段，就是某个媒体和热心为社会除恶的演讲运动，以基督教原则的名义，诉求于宗教情感与人道主义的理想。因此，作为一项国策，他致力于动用一切手段来制造那种压力，而且可以断言，大多数汉人（区别于满族人）官员，都在基于同样的自尊自爱和利害算计而采取行动。小部分真诚的反鸦片运动支持者如同传教士中的鼓吹者一样误导了整个世界，使大家看不清这种国策终极的功利主义企图。不过，在这件事情上，李鸿章既非始作俑者，也非独立的思想家。他只是一名中国官员，他的行为同样要为阶级偏见与个人利益所左右。

第4章　外交家李鸿章（一）：与法、日两国的关系

我们现在来考察李鸿章在外交方面的生平事迹，考察他在 30 年的岁月中为国家处理对外关系时从事的五花八门的活动，这个时期从 1870 年他在天津出任总督开始，直到他于 1901 年去世时为止。他获得的世界性的声望（我说过，在国外远远高于他在国内获得的声望）无疑是因为他在外交领域的卓越成绩超过了他作为行政管理者或军事组织者所取得的成就。30 年里他卓立无双，这个不可缺少的男人，出类拔萃的世界斗士，通向京城外交通道的卫兵，中国苦难的主要代言人，中国在战败时遭受的周期性痛苦与赔款的减缓者。

在前面那一章里，我们曾提及李鸿章关于中国外交方针的那份著名奏疏，我们发现，他在此后的全部生涯中始终如一地忠实于他在那时宣称过的那些基本原则。李鸿章对慈禧皇太后之所以具有显著的优势，后者之所以从不间断地给予他保护性的恩惠，原因在于，他的睿智能够认识到必须采用一种小心翼翼的和解政策，才能应对中国哲学到那时为止从未梦想到的物质力量，在于他勇敢面对这种必要性的勇气。他明显的优点，以及他对中国专横的统治者具有至高影响力的秘诀，在于他意识到，西方蒸汽动力和科学战争的发明，已经结束了东方王国故步自封的优越感和躲避政策。就国内政策而言，他跟慈禧一样，仍然忠实于多个世纪行之有效的治国之术的原则与传统，因为这种治国之术有效地维护了独裁君主政府和该民族类似文明的权威性。在外交政策的领域里，他努力寻求一条中庸之道，既能维持这些原则和传统，又能使中国同时适应迅速变化的环境。这就是其外交的主旨和持续不衰的灵

感。虽然其初衷受到了其野心和贪得无厌的污染，他在这方面的努力仍然无疑是遵循了他自己的见解，是勇敢而爱国的。

李鸿章既不热爱也不崇拜欧洲文明或西方式的文明。相反，所有有关其生活与写作的记载表明，当他为谨慎从事起见而建议与外夷和解时，他仍然自始至终信仰中国社会和政治传统的道德优越性。1900 年，义和拳向慈禧提供了将洋人赶进海里的希望，尽管这个希望毫不靠谱，慈禧还是孤注一掷，押宝于其上。李鸿章也是如此，如果他没有意识到在其一生较早的阶段已经认识到了排外政策的徒劳无益，他无疑也会支持那同一个政策。他知道这样做是行不通的，他便将所有的能量投入到减缓西方冲击力并在东西方之间建立某种临时解决办法的政策上，其具体措施是采取机会主义的拖延策略，以及由来已久的"以夷制夷"的权宜之计。如果这种政策最终能够成功，那么根本问题是要同时按照西方的科学原理重组中国的陆防与海防。李鸿章以不屈不挠的能量面对这个毫无希望的任务（之所以没有希望，是因他实际上是独自面对）。在很多年里，他寻求结束由中国以道德优越感故步自封和其实际上没有设防所造成的反常局面。宓吉先生（Mr.Michie）非常公正地指出，他为了结束这种反常局面所采取的措施是：

> 一方面，压低中国政府世袭的荒谬的自负，另一方面，提高它的物质力量，使中国能够和平而自信地自立于世界民族之林。为达此目的，他把自己构建为一个合适的轴承，中国与外国的关系可以围绕它平稳而安全地旋转。这个关于国际交往真实基础的想法，我们在李鸿章的同胞当中看不到一个他的同情者，他孤独的奋斗自然完全不适合让这种观念生效。[1]

在太平天国运动最终垮台之后，当李鸿章声名卓著，在武昌登上了总督高位时，外国人对他的看法（主要基于他与戈登及舍拉德·奥斯本上校之间

[1]　载于《黑木》1901 年 12 月号的论文。

关系的大量记载），把他当成一个极为能干而又非常"狡猾"的官僚。对于其性格的评价，可见于舍拉德·奥斯本上校（中国政府为了协助镇压太平军而在英国购买的一支炮船舰队的司令[1]）在 1867 年所做的记载。

它无疑代表了当时依条约而对外开放的港口城市中的欧洲人对李鸿章的一般看法。尽管这种看法在某些方面由于此后政治事件的进程而有所改变，但他仍然坚定地代表了英国外交官一直坚持到底的意见（例如巴夏礼爵士在 1883 年所持的意见，以及窦纳乐爵士在 1900 年所持的意见）。于是，奥斯本上校的观点（出版于《国会文件，中国，1864 年第 2 号》）具有永久性的价值，值得注意。他写道：

> 李抚台是个能干的中国人，和所有中国官员一样不讲道德。他的计划是剥夺我的权力，然后利用我，或者将我撂到一边，就像他对他部队中的所有欧洲指挥官所做的那样。从他所受的教育来看，他不是一名军人，但他管辖着陆军和海军事务，尽管他对两者一无所知……他得到了优秀军官戈登少校提供的服务，戈登似乎进入了他的部队，而不是进入中国皇帝的军队……李抚台开始剥夺他的权力，用两种手段来妨碍他的行动：其一是剥夺其采取任何决定性措施的工具，其二是在相同的位置安排许多另外的欧洲人，让他们彼此作对。戈登少校打算攻打苏州府，要求给他 100 名欧洲人。抚台同意了，但他说那 100 人只能给他用 1 个月。戈登拒绝跟他达成这一类的任何协议，觉得这既不公平又很愚蠢。抚台对他加以羞辱，质疑他与太平军交战的愿望，提出突击部队应该由他雇用的所有欧洲军官组成，而中国人则踏着他们的尸体前进，以获取胜利。
>
> 布朗将军是我国在华军事力量的总司令，也是抚台的上级，他告诉我，抚台既不听他的忠告，也不听他的建议，还有意避免与他会商。当布朗将军要求见他时，他无礼地回答说他太忙，没有时间

---

[1] 关于这次流产远征的历史，参见宓吉的《英国人在中国》（*Englishman in China*）。

见这位将军。既然如此，我怎能指望任何中国官员会倾听我作为一名下级提出的忠告呢？

宓吉先生是李大总督坚定而满怀同情的辩护者，他在李鸿章去世后所写的文章，针对其政策讲述了一种非常不同的印象。尽管宓吉先生与李鸿章有个人交情，也有职业关系，但他对李总督的企图和方法所持的看法，在整体上似乎比奥斯本上校怀着怒气写下的看法少一点偏见，可信度更高。宓吉先生写道：

> 李鸿章被当成歪邪、狡诈、阴谋等等的代表，但从事实来看，如果我们大而化之地考察他的人生，那么他的中心目标似乎非常简单。他是一名领航员，其工作是避免轮船撞上礁石。为了达到这个目的，他必须照顾船长，安抚船员，避免与其他船只碰撞。他要扮演的确实是一个谦卑的角色，屈辱频频光顾他。机会主义，对潮汐、风向、水流、其他不守交通规则的船只的动向的研究，都是安全的必需条件。为了获得安全，时时要做出牺牲，货物必须扔弃，航向必须调整以避免碰撞。有时候，局面因虚张声势而挽回，在大多数场合，安全是通过得体或不得体的让步买来的。于是日本在1874年通过支付一笔赔款被打发走了。又一次，在1885年，为了避免一场可能完全不会发生的战争，中国容许日本与其合伙控制朝鲜，这对较弱的合作方而言，永远是一个致命的安排。大约在同一时期，通过割让东京买来了与法国的和平，而在1894年，他或许交出了中国在朝鲜的利益……不过，这些让步尽管买来了和平，却都是中国下行的台阶，从逻辑上导致了按照俄国的要求割让满洲里。

从这个角度看，李鸿章作为外交官制定政策的基本动机似乎是为了尽可能保持和平，如果外国人确定不移的企图或其同胞的愚蠢把战争强加到他头上，他的基本动机就是尽可能迅速地与敌人和谈。宓吉先生对李鸿章在处理中国对外事务中所扮演角色的评价就其本身而言是公平的，但必须注意到，宓吉先生忽略了一个重要的事实，即李鸿章在履行作为领航员的职责时常常被一种焦虑所左右，即为船上所载货物中他的私利而担忧。此外，一些现场观察家强烈地表达了一种意见，反驳了宓吉先生的观点和李鸿章不惜一切代价保持和平的理论。他们的意见是，在1894年促使日本对中国开战的朝鲜事件中，李鸿章如果不是决策者，至少他是赞同的。这个重要的问题将在合适的地方加以讨论，在我们考察李鸿章与日本关系的有关记载的时候。不过，在此可以说，英国学者各执一端的武断评说可能都拿不出有力的证据，因为所有记载此事的文献证据都在1900年的义和团暴动中毁掉了。

李鸿章国际外交生涯的起点，可以说是在他于1870年6月出任直隶总督与北洋通商大臣的时候。他在那一年从湖广总督任上转调直隶的直接原因，在于中国政府担心法国因在天津发生的严重暴乱而宣战。在这场反基督教的暴动中，法国领事馆和主教座堂被毁，法国领事和16名法国修女被杀。李鸿章得到赫德先生（帝国海关总税务司）的有力忠告，从崇厚与曾国藩手中接办了与法国当局的地方谈判，在3个月内成功地处理了法国政府的要求。由于他懂得法国当时并无可能以武力向中国索取赔款，他的工作得到了很大的便利。他用值得称赞的机智和技巧，运用他对法国的了解，最终摆脱了极度的困境，保住了中国政府将要丢失的面子，也保住了对那场暴动负有直接责任的中国官员的性命。在官员的人格尊严遇到严重危机的关头，李鸿章立场坚定，这一次如此，其他场合也是如此。他的这种态度，加上那次屠杀格外具有野蛮性，在香港、上海和其他根据条约对外开放的港口城市的欧洲人社区里，公众对他十分不满。然而，他对事件的成功处置，受到了北京各方的欢迎，他与法国公使罗淑亚（M.de Rochechouart）进行谈判的方式，给外交使团留下了深刻的印象。的确，对所有相关人员都很明显，如果法国代表没有明智地将谈判从首都转移到李鸿章在天津的衙门，就不可能使问题达成圆满的解决，因为那时的总理衙门绝对是无知、无能而又自高自大的。

从这个危机中，从李鸿章处理这个危机所表现出来的引人注目的才干中，形成了一种奇妙的格局，欧洲的外交官们在许多年内都无法从中摆脱。根据

　　李鸿章在直隶总督衙门坐轿出行。李鸿章自同治元年即跻身疆吏之列，及此接替曾国藩任直隶总督，成为地位进一步提升的一大契机，其间一个重要因素就是获兼任"北洋大臣"之职。此前，设有"三口通商大臣"的专职，管理"北洋"地域三个通商口岸的相关事务。此时该专职裁撤，改为直隶总督的例定兼职，这样其职事就包括直隶一省政务、北洋三口"通商"，同时直接涉及国家外交事务。因此，有人说李鸿章"坐镇北洋，遥执朝政，凡内政外交，枢府常倚为主"。更有学者说，此时直隶总督"几有成为清政府第二朝廷的趋势"。

条约常规程序，谈判会在北京的外交部进行，但是最终要取决于天津这位总督所做的决定，而且往往被迫去寻求他不负官方责任的干预，以便结束在京城的丢脸的停顿。如此形成的反常局面适合总理衙门，因为它那些贪图安逸的官员们可以在任何时候把令人讨厌的公使们交给李鸿章，然后，只要他们觉得合适，又可以否认他的非官方谈判。这也适合于李鸿章，因为这给他的总督官职增添了威严和新的意义，于是就给了他爱得要命的两样东西，那就是权力，以及获得赞助的机会。

马嘎尔尼与额尔金使节团已经下过结论，在困境中借助于迂回累赘的陈述来避免明确表态的策略，对于中国的统治者而言不是什么新事物。但是在被迫签订《天津条约》之后，他们在与欧洲外交官打交道时，需要某种更微妙的东西，胜过东印度公司时代已经够用的那些逃避手段。他们在李鸿章的新外交中找到了这种方法。作为北洋通商大臣，他被授予了在洋人将任何问题提交给总理衙门之前进行初审和行使地方权威的权力，因此该衙门在针对这类事情做出最后决断之前一定会征求他的意见。与此同时，由于他直到中日战争之后才成为该衙门的实际成员，所以他哪怕是以真诚的信念提出自己的忠告，也不一定会被那群高贵的官员所采纳。北京将他的地位用来为无止无休的延宕和逃避做借口。能力很强的公使们（例如巴夏礼）觉得李鸿章的这种地位不可忍受。许多外交官因遇到这种东方式的逃避而把拳头"砸在羽毛床上"，结果精疲力竭，还破坏了自己的声誉。另一些外交官寻找抵抗最小的防线，发现还是非正式地、间接地与设在天津的总督衙门打交道比较方便。因此，随着岁月流逝，对于外交事务的处理越来越多地交到了李鸿章手中，他会将谈判进行到一个环节，总理衙门在这个环节能与相关的公使团达成有利的协议。

人们永远不会忘记李大总督所办的一件好事，尽管他要保住中国政府的面子，保护官员同事的性命（如在天津教案中的做法），但他从到天津上任的第一天起，就以不可动摇的决心在其管辖区内维护法律和秩序，尤其是镇压任何排外的骚乱。他在抵达北方时，签发了一份告百姓书，提醒他们：他手头上有一支高效率的武装力量，经历过镇压逆贼的洗礼，任何违法行为都会遭到严厉的镇压。他不止一次地证明了自己言出必行，在他整个漫长的任期内，外国人在直隶的生命财产一直安然无恙。

我们发现，李鸿章在这方面显示的态度完全符合他在 1867 年那份奏疏中表明的主张。这种态度是：承认洋人的军事优越性，承认中国古老的排外政策已经行不通，由此而采取顺应时势的和解政策。当总理衙门和他的大多数总督级的同事们把《天津条约》视为外国袭击的偶然而临时的结局时，他那宽阔的视角却将之视为仅仅是滔滔洪水的第一波。因此，他不顾国人的责难，持续奉行让这份条约生效的政策，既要维护中国与生俱来的实质权利，又要不给洋人以发动侵略的新口实。在这方面他无疑比其同时代人都要明智，其观点中的勇气是值得钦佩的。他的同胞们不如他那么清醒，常常指责他是"洋人的朋友"，没有领悟到其手段的微妙性，也没有领悟到一个事实：尽管李鸿章比他们更能理解欧洲人，但他在自己的观念中仍然是一个全心全意的中国人，因为他是一名合格的优秀儒家学者。随着他对世界知识的增加，他原本对欧洲道德伦理的高度评价有了相当大的改变，戈登对他影响的结果让位于饥渴的特许权所有者和地盘寻求者在他脑子里导致的怀疑。同样，他对于传教事业的看法后来也染上了疑虑的色彩，这是他在 70 年代未曾表现过的迹象。但尽管如此，他至死都保持着对欧洲（尤其是盎格鲁—撒克逊）道德法典的意识和印象，不管这种道德有什么缺点，但它打造出来了一类官员，他们所说的话是不容置疑的。在公私生活中，他频繁地表示他理解这种非东方式的美德，他的理解无疑是真诚的，即便是在他利用这种美德去达到自己目的的时候。

当屠杀法国天主教徒的天津教案尘埃落定以后，李鸿章担负的下一个重要的外交谈判是由英国领事馆军官马嘉理的被杀而引起的。这位军官奉驻北京公使团之命，去为印度政府于 1875 年初派出的一支探险队提供服务，他们的任务是探索从缅甸进入中国西南部的贸易路线。中国政府为他提供了一份正式护照，然而，他的被杀经证明是一场阴谋的结果，缅甸国王和中国的云南巡抚岑毓英都牵涉在内。英国政府按照威妥玛爵士（当时的驻北京公使）的提议采取行动，决定追究清政府的直接责任。这个进程在政治上是有道理的，因为岑毓英在其巡抚管辖范围之内从未容忍中央政府的干涉或忠告，还因为在中国的行政体制下，省级高官们要对发生在其辖区内的任何骚乱直接负责。因此，威妥玛爵士（Sir Thomas Wade）以不列颠女王陛下的名义要求岑毓英奉命前往北京为其玩忽职守而受审。如果英国政府和公使团对中国官僚的基本原则具有更加实际的了解，绝不会提出这么一个要求，除非是作为宣战前的借口，因为就像25年后义和团善后处理所表明的那样，中国官僚体系准备好了抛弃钱财与领土，抛弃一切的一切，但就是不能牺牲其高贵人格中的阶级尊严。在天津教案中，法国政府仅仅要求惩罚较小的官员——一名知府和一名知州，但即便针对这个要求，总理衙门也在给皇帝的密奏中描述为"极为无礼，万无应允之理"。但在马嘉理一案中，英国公使为了一名领事馆官员被杀，竟然要求公开羞辱一名巡抚的人格，他所代表的是整个官僚群体。即便是京城的市井之徒都知道并无战争的危险。因此，在李鸿章登上舞台之前，英国公使日益陷入困境和耻辱之中。李鸿章出场之后，引入了一种外交风格，不会像总理衙门的粗鲁方法一样容易把人激怒。在此之前，英国公使被迫容许其对赔偿的要求作为永久不用讨论的主题。他的辛劳得到的唯一结果就是任命一个联合委员会去现场调查马嘉理先生的被杀。中国政府以其特有的处事方式，将李鸿章之兄李瀚章（湖广总督）和岑毓英本人指派为该委员会的代表。这么一个委员会来调查凶案，只会导致喋喋不休地讨论无关的问题。中国人若非深信英国公使周期性的战争恐吓并不会真正兑现，他们是绝对不敢指派这么一个委员会的。最后，威妥玛已不指望得到任何的解决，他想恐吓一下总理衙门，于是下定决心离开北京，他前往上海，就像他所说的那样，以便与伦敦直接进行电报联系。中国政府面临着某种决定性行为的危险，开始给予重视，于是任命李鸿章为解决这个问题的钦差大臣。李鸿章按照鹭宾·赫德先生的忠告，到那时为止一直保持沉默，但仍然在北京谈判的拖延不休的闹剧中扮演了效果不减的角色。在一个阶段，他已（在天津）与英国公使就调查委员会进行了谈判，当即安排了对其兄李瀚章的任命，同时保证政府会认真地考虑威妥玛爵士的要求。但是他承诺的这种和解措施很快遭到了总理衙门的拒绝，事情就回到了原状。

李鸿章与李瀚章。李瀚章是李鸿章之兄，于 1889 年 8 月 8 日至 1895
年 4 月 13 日期间，奉旨接替张之洞担任两广总督。两广总督全名为"总
督两广等处地方提督军务、粮饷兼巡抚事"，该官职是兼辖广西地区的广
东、广西两省之最高统治者，亦为清朝封疆大吏之一。

　　最终处置马嘉理一案的《芝罘条约》是李鸿章作为钦差大臣外交活动的
显著胜利，如此而已。这使人们不再怀疑其以夷制夷和精确判断对手侵略能
力的杰出才干。在他亲自上场之前，他早就如此指导京城的谈判进程，致使
云南事件逐渐不可分离地与《天津条约》修订的问题搅在了一起，中国政府
对修约问题的兴趣比对英国官员被杀案的兴趣大得多，而其他签约列强也同
样关心这个问题。李鸿章取得了这个结果，使问题复杂化了，他就很容易劝
说法、德、俄、美和其他列强的代表对于在芝罘会议上讨论的"商业问题"
产生直接的兴趣（英国公使已经被骗入了这个会议），并从各国代表那里取
得有价值的信息和忠告，以具有竞争力的外交官总会欣赏的那种承诺来作为
回报。通过这些渠道，借助于由海关总税务司定期从伦敦给他提供的有益的

情报，他得知英国公使发出的威胁绝不会导致哪怕一名士兵的开火或登陆；他也知道，事实上英国政府已经真正厌倦了这件事，会高兴地欢迎以任何貌似公平的挽回脸面的条件来使之结束。至于李鸿章这方面，一旦在马嘉理一案中取得了彻底豁免云南巡抚的承诺，他便欣然同意按照惯例为一名英国官员的生命给其家属支付抚恤金。但他赢得了一些条件，使中国有望对印度鸦片大幅增税，并针对外国进口物资征收新的厘金[1]，这就平衡了他对英国做出的适度的让步。

李鸿章的外交成功，从中国人的观点来看，从上海与香港商会对《芝罘条约》所怀的敌意得到了充分的反映。上海商人的代表说："回到《天津条约》清晰而简单的条款会好得多。现在导入了晦涩的新元素，如果说我们花了20年为该条款相对简单的措辞而争吵，那么恐怕没人能够活到看见针对《芝罘条约》中提出的不明确条款发生的争执宣告结束。"因此，作为英国政府策略错误和优柔寡断的结果，作为李鸿章出色外交的成就，这场因一名英国领事馆军官在华中被杀而引起的谈判，结果为中国人提供了一个机会，颠覆了《天津条约》给予洋人的许多贸易权利，并大大提高海港海关的税收。英国商人们的批评与反对在长达9年的时间里阻止了《芝罘条约》的批准，但中国在等待中一无所失，因为后来曾侯爵在伦敦的活动与鹭宾·赫德先生在北京的活动，全部集中于增加税收的关键问题，结果是由索尔兹伯里爵士（Lord Salisbury）于1885年7月签署的《续增专条》，它在英国殖民地香港建立了中国以税收为目标的"国内之国"，而且使北京非常接近了其最终的目标——垄断国内的鸦片贸易。

在签署《芝罘条约》的时候，李鸿章在给皇帝的一份奏章（1876年10月5日）中记载了他谈判的结果和马嘉理案的处置。他已获得了针对英国代表的显著胜利，并证明了中国官僚人格不可侵犯的原则是有道理的，他便能够雍容大度地为未来做出保证了。与此同时，他抓住机会向国人发出了强烈

---

[1] 针对贸易和运输征收的一种国内税，由地方当局的贪婪程度和机会来确定其征收范围。英国政府不止一次地致力于以条约来废除或限制这种形式的课税，但无结果。

的警报。李鸿章在这份奏疏中强调了更加严格遵守条约的必要性，这种态度完全吻合他在 1867 年所宣告的看法，我们有理由把他那份告白当作其思想感情的真实表达。在马嘉理被杀以后，总理衙门迫于压力，给各省当局发了一份传阅的函件，提醒他们：按照条约，持有护照的外国旅行者必须加以保护。李鸿章在其奏章中就这份文件写道：

> 应请旨饬下各省督抚臣，懔（凛）遵上年九月十一日谕旨，再行严饬所属，仰体国家敦睦友邦之意。嗣后遇各国执有护照之人往来内地，于条约应得事宜，务必照约相待，妥为保护。若不认真设法，致有侵陵伤害重情，即惟（唯）该省官吏是问。并于各府厅州县张贴告示，使之家喻户晓，洞悉中外交际情形，以后衅端自可不作。如蒙俞允，即由总理衙门拟定告示，咨行各省照办。

李鸿章很清楚，中国政府这一次已经逃脱了报复性的侵占或掠夺，逃脱了屈辱，其主要原因是大不列颠此时在本国附近有更紧迫的事情需要对付。但他也很清楚，继续无视条约，或再次公然煽动暴乱，迟早会使中国树敌，而中国又无力抵抗敌人的攻击，同时会使之失去友好国家的同情。他知道英国和法国不是仅有的困难和危险之源。在他那高瞻远瞩的视界里，日本这块阴云，虽然在 1870 年大不过一个人的巴掌，已经阴沉沉地出现在地平线附近。正是在马嘉理事件发生的那一年，他不正是求助于威妥玛爵士，在日本对台湾横暴入侵时收买了这个国家吗？他很清楚，日本人做好了准备，很想吵架，而俄国开始对喀什噶尔动乱的形势表现出一种不吉利的侵略性的兴趣。

中国在 1874 年支付给日本的赔款，是为了弥补其远征台湾的费用，用宓吉先生的话来说，这是"一项真正决定中国命运的交易，向全世界宣布：这里有一个富饶的帝国，她打算付款，却不准备战斗"。对于那些有眼去看、有耳去听的人而言，这个事件确定无疑地证明了世界上最古老文明的先天虚弱，而中央王国此后的历史无非是当时显露的那些征兆的自然发展。不过，接下来的 10 年对中国、对李鸿章而言是美好的岁月，是一段喘息的空间，在这段时间里，如果这个国家学会了认识其真实的处境，她就有可能做好准备去面对即将到来的暴风雨。

与法国的关系

首场暴风雨在 1884 年呼啸而来，它是法国通过安南（今越南）向广东与广西边界进军的结果。法国野心勃勃的冒险政策，她要以中国的损失为代价在这些地区实现殖民帝国大梦的发展，无疑在很大程度上是因为法国政府要挽回 1870 年在天津丢失的尊严，以及李鸿章在那一次曾加以利用的该共和国的极大难堪。当法国远征军在 70 年代末通过安南稳步推进时，中国政府在军事和外交上都没有采取任何措施来保护这个属国。后来，当李威利海军上校（Captain Riviere）的远征军明显地展示了其危险的野心计划，中国驻巴黎公使（曾纪泽侯爵）奉命通知法国政府：任何对于山西和北宁的攻击都将被视为开战的理由。法军于 1884 年春天攻占了这两座城市，总理衙门不仅无法提出任何积极抵抗的措施，它还因毫不掩饰的焦虑而神经衰弱，担心法军有可能攻打广州。和往常一样，遏止这个灾难的任务落到了李鸿章头上。

在安邺（Garnier）的远征之后，法国于 1874 年与安南国王签订了一份条约，此事于 1875 年 5 月正式与中国政府做了沟通，并得到了恭亲王的正式承认，并无抗议。安南国王的臣属具有如此模棱两可的性质，他自己的视野又是如此有限，直到 1882 年为止，他并不认为自己有必要就这份条约的主题和北京做任何沟通。到了 1882 年，他已经确定了圆木王与鹳王孰优孰劣，打定主意向其宗主国寻求帮助，对抗法国的入侵。在 1874 年的条约中，法国政府已将其针对安南建立保护关系的意图表达得明确无误，中国人似乎朦朦胧胧地意识到了那些条款与维护其古老宗主国的地位是不能相容的，而这种地位是安南派到北京的贡使们一直予以承认的。但是，他们缺乏能量和勇气来直面这个明确的问题，于是容许事态随着"等等看"这个由来已久的原则而发展下去，随着法国入侵的进展，中国因不作为而丧失了权利。河内要塞的陷落（1882 年 4 月）终于迫使他们采取某种行动。于是中国军队奉派去与非正规部队"黑旗军"合作，后者作为地方民团，已在东京（越南北部，

1885 年 6 月 9 日，李鸿章和法国驻华公使巴德诺签订《中法会订越南条约》后留影。

北圻，西方人称为东京）发动了游击战，打了一些胜仗。此后的战争进程和旷日持久的谈判，最终于 1885 年 4 月结束，恢复了和平，都不必再次赘述，因为中国历史的学者能够从高第（M.Cordier）在其《中国关系史》（巴黎，1902）中编辑得很好的官方文件中得知。

李鸿章在这整个事件中扮演的角色是引人注目而且坚持不懈的和事佬。的确，在外交冲突的许多阶段，他勇敢地挺身而出，反对总理衙门与北京宫廷主战派的政策和作为，并且向敌友坦率地宣称他不赞成中国驻巴黎公使曾侯爵不明智的强硬态度。然而，事实证明，他的和平主义是有远见之明的，双方后来都被迫承认这一点。如果他的策略没有被总理衙门愚蠢的错误措置所妨害，如果他在 1884 年 5 月与海军上校福禄诺（Captain Fournier）签署的条约（即《中法简明条约》。——译注）能发生效力，中国便能省下 1 亿两银子，而法国则会避免一场并未给其军队增添多少荣耀的战争。

到了1882年年底，李鸿章针对法国公使（M.Bouree，宝海）取得了一个初始性的胜利，诱导他签署了一份协议（上海，12月20日）。根据这份协议的精神，为了回报中国军队的撤退，法国保证正式承诺尊重安南的主权与领土。东京被划分为两个区域，分别为中国与法国的势力范围。但是这个协议被法国政府拒绝了，而宝海则被召回。法国政府拒绝承认中国插手安南事务的权利，或在东京行使其宗主国影响的权利。李鸿章这次的外交胜利比他所知的还要出名，宝海先生也许推测恭亲王与京城主战派的"吠犬们"会拒绝这个协议，那就会使李鸿章处境很不愉快，没想到法国公使自己陷入了那个不愉快的处境里。3个月后，根据北京的指令，李鸿章通知法国代表：中国绝不会同意在其属国的事务中遭到忽略；安南国王的特使刚刚抵达北京请求保护；中国军队已奉令重新占领他们从前在东京的驻地；李鸿章本人将要前往广州出任中国军队的总司令。于是"东京人"费里先生立即采取措施增援越南南部的法军，看起来李鸿章真是被迫要违背自己的意愿，为了军事敌对行动而放弃外交战场。4月份，法国议会通过了为东京增拨550万法郎作为海军军费的提案，德里固先生（M.Tricou）被从日本东京调去替换驻北京的宝海先生，他得到的指令是"友善而坚定地"与中国政府交涉。

德里固先生于6月6日抵达上海，在那里会见了李鸿章，后者假装正在前往广州接受军事指挥权的途中。李鸿章一时摆出好战姿态的动机是耐人寻味的，这种态度跟他鼓吹的政策是相矛盾的。我们有足够的理由相信，他的南下之旅不过是一次"虚张声势"，其意图既是为了满足一下北京的主战派，也是为了吓唬一下法国。但他并没有走到比上海更远的地方。德里固先生7月20日在给其政府的报告中写道："我方坚定的态度已经足以让他在那里待上1个月，防止他前去接受南方各省的指挥权。"德里固先生建议其政府在此关头加紧行动，封锁安南的海滨，派兵增援东京。另一方面，曾侯爵在巴黎密切配合北京的主战派采取行动，从一开始就尽力动摇李鸿章的和解政策，现在他通知总理衙门：法国议会和媒体都不希望在远东进行一场真正的战争。李鸿章遭到都察院枪手们的攻击，受到叛国与怯懦的严厉指责。他们在李鸿章离开天津南下之前要求总理衙门将谈判交给曾纪泽独自办理。但是，法国的备战在 7 月份仍在继续，曾纪泽为形势的恶化感到震惊，总理衙门对他的担忧做出反应，当即将李鸿章召回直隶。德里固先生于 9 月份在天津与他再次会见，在接下来举行的友好谈判中，李鸿章（至少有了一次报复心）唆使他向总理衙门投诉曾侯爵挑起事端的态度。10 月份，法国已经封锁了安南的海滨，向东京派出了援军，李鸿章拒绝对整个事件负责，公开谴责曾纪泽的态度，要求总理衙门解除他在谈判中的所有进一步的职能。他很坦率地告诉德里固先生：总理衙门处于一个危险幻觉的世界之中。这没有妨碍他在此同时致力于诱导美国和其他列强对中国的利益进行干涉。他永远不可能做到真正的静止，但在事情的这个阶段，正当的愤慨使他既急于让总理衙门和曾纪泽在皇太后那里大失颜面，又急于胜过法国公使一等。

1883 年 11 月 16 日，总理衙门给法国公使和所有条约列强的驻京代表送达了一份公文，提出在安南事务中中国所处的地位。他们坦率地承认了中国军队在东京的存在，以及用武力阻止法军朝那个方向推进任何一步的意图。在这里我们也许可以看到李鸿章那只柔软的手，因为曾侯爵已经在巴黎反复地正式宣称东京没有中国军队。结果曾纪泽出了洋相，总理衙门被迫推翻他的说法，于是李鸿章重新全面控制局面的途径打开了。1884 年 3 月，中国政府从北宁与山西的陷落中发现了事情的严重反弹。4 月份，24 年来实际担任皇帝秘书的恭亲王因慈禧太后的一道懿旨而解职，和他一起"下课"的还有总理衙门大多数好战的同僚。从这时起，李鸿章的影响变得无与伦比了，求和的意见占了上风，他重组中国陆海军的政策开始形实并举，得到了皇太后和七皇子醇亲王的有力保护。他玩了一场等待游戏，他赢了，不过他对法国的求和政策直到一年后才得到最后的辨明。在他忠实的亲信德璀琳先生（Herr Gustav Detring，天津海关税务司）的协助下，他在恭亲王下台的一个月内，成功地与海军上校福禄诺签署了和平协议。这位海军军官作为"伏特"号的司令官，早已跟李鸿章和德璀琳建立了友好的关系，突然被法国政府授予了全权代表的权力，为处置正在讨论的所有事项进行谈判，以强调李鸿章非常清楚的一个事实，即法国对他们在远东进行的大冒险可能要付出的代价变得非常敏感。李鸿章按照自己的主意办事，但得到了皇太后的秘密赞许，他通过《李鸿章—福禄诺条约》，同意了实际上将东京让给法国的条款，但删除了法国对金钱赔偿的所有要求。双方似乎都为这个解决办法如释重负，费里先生致电李鸿章表示衷心的祝贺，李鸿章则以同样友善的措辞回电作答。

但是事情还没有结束。根据这个条约的规定，中国必须立即从东京撤出所有军队。然而，条约签署 4 天后，总理衙门宣称（我们不知究竟是老实还是欺诈），除了结束敌对以外，没有明确解决任何问题。5 月 17 日，福禄诺海军上校在与李鸿章的一次长时间会晤中，竭力劝他定下当时由中国军队控制的谅山和其他驻地撤军的确切日期，以此体现协议的精神。李鸿章很愿意一力担当，可是请求中央政府对军事当局下达明确的撤军命令却是另一码事情。不过，签订了一个有关撤军日期的备忘录，由海军上校福禄诺和（按照他的说法）李鸿章一致同意。根据其中的条款，中国军队应于 6 月 6 日放弃谅山。19 日，法国军事当局奉令要求中国驻军撤走。但是中国的指挥官非常正当地拒绝撤走，因为他没有接到撤退的命令，总理衙门和李鸿章都没有下达这样的命令。请注意，总理衙门不可能下达任何命令，因为他们对李鸿章与福禄诺海军上校的协议一无所知，而李鸿章本人认为对于谅山指挥官请求指示的告急信最好不要给予任何答复。按照宓吉先生的说法，李总督希望——甚至暗示，战场上的法军将有能力应付局面，以达到他们的目的，而不用他亲自进一步出面。这就是李鸿章式的典型安排，他根据自己的需要及其对外交的影响来做决定。但是，对有关各方都很不幸的是，法军派去攻打谅山的兵力不足，又碰上了久经战阵的黑旗军，被赶了回去。于是敌对重起，并且继续下去（其实双方都未下很大的决心），直到 1885 年 4 月份。

李鸿章指责福禄诺海军上校导致战端重开的"误解"，而总理衙门因法军的一时挫败而备受鼓舞，决定令中国军队继续占领谅山和老街，直到整个前线的问题得到最终的讨论。在此关头，鹭宾·赫德爵士由于李鸿章谨慎的提议而得到授权，前往上海致力于与刚刚到埠的法国公使巴特纳先生（M.Patenotre）重开谈判。推动这一举动的想法是促使巴特纳先生在上海与鹭宾·赫德举行半官方的预备会谈，或者在天津与李鸿章进行同样性质的会

议，这样就能防止他接近总理衙门，换言之，就是防止为这件事添乱。但是
巴特纳先生不会上这个当。法国政府明确表示反对任何形式的宣战，其政策
已经秘密地规定为"继续努力，而不让两国进入战争状态"。尽管有这些限
制，巴特纳先生仍然能够获准提出一份最后通牒，要求立即从东京撤出中国
军队。就在两天前，总理衙门还宽宏大量地通知法国公使团：中国不会坚持
索要赔款！事实上双方都在大胆地虚张声势。7 月 19 日，南京的总督受命
与法国公使谈判（仍在上海），而北京的总理衙门得以延缓法国最后通牒中
规定的期限，这是李鸿章所要求的，使他能够把"华商"船队的船只换上美
国旗帜。与此同时，鹭宾·赫德驻伦敦的秘书在其主子的电令下，举行了巴
黎的半官方谈判，其实是一群顾问的聚会。李鸿章在这一阶段的活动一时颇
为尴尬，因为脾气火爆的老将左宗棠（喀什噶尔的征服者）在北京出现了，
他请求皇太后不要再理睬和谈之议，而要发动猛烈的攻势，将法国赶出西贡。

　　现在已经很明显，只有强制手段才能"说服"总理衙门那些化石脑袋的
官僚。于是法国开始轰炸福州，摧毁了闽江中的许多中国战船，并且封锁了
台湾。但在此阶段，李鸿章开始收获他在和解之水上播种的面包。在轰炸福
州之后，费里先生不同意海军上将孤拔（Admiral Courbet）攻击旅顺，担心
这么做会给"我们的朋友李鸿章"惹祸招灾。法国政府有些迟疑不决，李鸿
章巧妙地利用了这一点，因为他知道皇太后正在为战争的沉重代价而心烦意
乱，原因是这场战争正在迅速地吸干她的私帑。但他暂未出手，鹭宾·赫德
爵士被推到前方，通过海关驻伦敦的秘书与巴黎的费里先生谈判。3 月初，
法国政府很高兴地从鹭宾·赫德爵士那里听说他已得到一份密诏的授权来进
行和谈，既不用知会李鸿章，也不用知会中国的驻外公使。赫德做得很过分，
要求不让李鸿章得知他的特殊使命。然而，3 天后，李鸿章本人正式与天津
的法国领事沟通，告诉他总理衙门已经授予赫德谈判的全权！事实上，赫德
和李鸿章沟通密切，意见完全一致，但二者都坚定地相信谈判者的神秘化和
多人化会带来好处。这一次，运气在他们这边。金登干先生（Mr.J.D.Campbell），
鹭宾·赫德的伦敦秘书，于 4 月 4 日成功地与法国外交部达成了有关中止敌
对的协议。双方用这种方法一致同意随后在北京签订最终的条约，而该条约

总体上以 1884 年 5 月的李鸿章—福禄诺协议中的条款为基础。在此协议签署一周前，中国和法国都已知道法军在谅山遭了大败。费里先生自然认为中国不会再承认巴黎谈判，决定对议会绝口不提那些谈判和这个协议，他宁愿向随着谅山失败而来的敌对批评的暴风雨鞠躬谢罪，并且辞职。

但是李鸿章如今已稳坐泰山，不论胜与不胜，他和皇太后都无意于继续战争。因此，6 月 9 日，他跟巴特纳先生签署了最后的和约，后者为此而从北京来到了天津。法国参议院表示满意于这次战争取得的结果，它规定了法国在东京的地位，以及作为安南保护国的地位。但是，中国既未支付赔款，也没有进一步的领土割让，能够把一次军事胜利夸耀为决定性的战争行为，因此她同样满意于这个条约，她挽回了所有相关显贵的面子。就李鸿章而言，事实已经充分证明他的策略和耐心是正确的，因为双方最终都认为应该接受他一年前曾独立争取到的处置条款。一切安排妥当之后，他于 6 月 23 日写信给弗雷西内先生（M.de Freycinet，外交部部长），其中他趁机表达了对巴特纳先生和法国驻天津领事林椿（M.Ristelhueber）的深切敬意。这封信中有一段发人深思的文字，非常典型地表现了李鸿章的外交手段，摘录如下：

> 应本人之请，阁下已令林椿先生回国。本人提出此请时已经想到，若阁下向其询及当下议及各事，其结果于贵我双方皆为有益。为此深致谢意。贵领事定将向阁下详明阐释本人之愿望，即与法国建立亲密关系，并与阁下商讨贵我两国此后能够彼此提供互助之性质。

李鸿章有很好的理由相当重视亲密的个人关系，他通过自己的风格、恳切和机敏的魅力，常常与欧洲人建立这种关系——既是对手又是朋友。在很多场合，他用自己无穷的精力、勇气和资源从其敌手那里赢得的钦佩与同情，对中国而言，比在炮台与造船厂上的花费价值大得多。就像我们已经看到的茹尔·费里先生的例子就是如此，1895 年与伊藤伯爵在马关的谈判更加明显。李鸿章完全明白在政治中人类价值的平等，懂得如何利用那些他借助同情和敬重的个人纽带绑在自己身上的那些人们的良好愿望。

在跟他自己的政府打交道时，他一般会考虑到不同种类的人格与观念，但他那久经训练的适应性是很少出错的。例如，我们可以比较一下上面从他写给弗雷西内先生的信件中所做的摘录，和下面摘自他将和约全文呈报给皇帝的那份奏章中的一段文字：

> 今乘谅山大捷之后皇威震慑，薄海同钦，法都既有悔祸之诚，中土亦可藉（借）收戢兵之益。仰蒙皇太后、皇上坚持定见，杜要求之诡谋（计），扩怀柔之大度，（作者引文到此结束，下面为译者增引。——译注）诸王大臣和衷匡弼，实力赞襄，自本年正月迄今往复辨析，煞费苦心，遂得定艰危于俄顷，跻举世于平康，实天下臣民之福。

李鸿章在宫廷和整个帝国内的威望，1884 年曾在主战派手中遭到相当大的打击，现在随着和平的结局而彻底恢复了。10 月份他几乎是胜利回京，醇亲王亲自来看望他，他与慈禧太后有了几次秘密的召对。这些会晤的结果是皇帝批准了他的"武备"政策（需要在他作为总督的领导下动用庞大的开支），开创了他一生中权力与威望达到了顶峰的那个时期。它延续了 10 年之久——也就是说，直到越来越乌沉沉的与日本战争风云终于爆发，暴露出这条纸龙板泥结构的内在虚弱。

与日本的关系

李鸿章在其外交生涯的早期有理由意识到，他与日本使节们的关系，必须按照大大不同于他与欧洲列强交往所用原则的方法来处理。他那准确无误的政治本能告诉他，即便在 1874 年以前，英美的军事冒险，也在本质上不同于人种与经济力量决定的日本不可避免要进行的扩张。1874 年，中国初次有了严重的理由来认识"大日本"的新兴力量和野心。在那一年，日本军队以最没有说服力的借口入侵台湾，李鸿章认为，用贿赂的办法将之引走，向全世界掩盖中国没有防卫能力的情况，是审慎而具有可行性的做法。在同一年他又发现，在与欧洲人打交道时往往行之有效的逃避和迂回之计，用于对付日本人是无效的，他们本身就是运用东方外交艺术和技巧的老手。日本使臣副岛（Soyeshima）受命于政府处理台湾问题，温和而坚定地拒绝与李鸿章讨论问题，坚持要与中央政府直接办理他的事情。其后抵达北京的使节团甚至懒得去拜访天津的总督。李鸿章与日本人交往的初次经验是屈辱的感受，足以令他对他们更不感冒、更加担心，足以说明他为什么在后来的岁月里不断地致力于通过展示壮观的武力来恐吓他们，并且通过在主要受到日本野心威胁的地区给予其他列强以既得利益来阻止他们。

在李鸿章外交生涯的每一个阶段，我们都能找到证据，表明他认为来自东方的危险大于来自西方的威胁，因为欧洲列强的兴趣和野心不像日本一样集中于对中国不利的领土扩张。

1876 年，关于必将发生的扩张的方向，有了凶险的警报和明确的征兆，这个方向是由日本地利条件预先决定的，是由其对中世纪最宝贵的记忆决定的，也是由其迅速增长的经济压力所决定的。在那一年，日本通过与"朝静之国"的国王签署一项独立的商业条约，朝征服朝鲜迈出了第一步，后者是中国最重要的属国和战略性堡垒。就连短视和冷漠的中国政府也不会看不出这个步骤的意义，因为它清楚地预示着对龙之皇座宗主国地位的挑战。但那个皇座周围没有任何人能够制定任何进攻或防御的政策来面对如此的局面。北京普遍意识到了即将到来的斗争，但观望政策占了上风，直到采用最后的手段时，又要李鸿章出场。他迅速地提出建议：阻挡日本野心的最佳手段是将朝鲜向全世界开放。1882 年，通过朝鲜国王与外国列强签署商业条约，这一点办到了。那年 7 月，前摄政、国王的反动父亲组织的一场暴乱，导致汉城的日本公使馆被烧。于是，李鸿章奉令设法扭转危机，派了他的心腹马建忠率领为数不少的海陆军前往朝鲜。日本虽然急于主张其权利，但还没有为决定性的力量试验做好准备。马建忠的外交是绝对和解性的，此事由中国人抓住了前摄政本人而告结束，他被当作国家的囚徒被押送到直隶的保定府。与此同时，朝鲜派了一个道歉的使节团前往日本，支付了赔款。

下面是从李鸿章于 1879 年 10 月 23 日写给汉城宫廷的官员苏善（Su Shan）的一封信中所做的摘录（这封信是不打算发表的），对于研究他与日本打交道的策略及其动机颇有价值。这些文字还有助于解释他对日本人的真实想法。

> 承蒙赐告贵国政府与日本之关系。倭人性本倨傲自大，野心勃勃，狡诈万分，步步为营，贵国被迫视情应允其要求。睹此情状，深感阁下任重道艰。去岁会晤朝鲜使节团，余已阅尊函，蒙阁下反复示知，倭人求阁下转达其与我国保持良好关系之愿望，并言我们大可放心，其用心可昭日月。
>
> 愚见以为，邻邦关系自古易明：两国有隙，可由共同利益之纽带走到一起。若无互惠之基础，即无一致，互为敌国。明知倭人缺乏诚意，宜佯装不知。为自卫起见，避免争端，维护友好关系。为此于前信中奉劝阁下莫露疑心，恐其成为不利于阁下之借口。

李鸿章谈到了驱使日本在领土扩张中寻求解脱的财政和经济原因，奉劝朝鲜秘密组织其军事防御，同时小心翼翼地遵守条约的规定。然后，他接着写道：

> 本国政坛首脑皆以为，此类事防胜于治。或言最易避祸之法，莫过于关门静坐。误哉。我东方国家殊难办到。日本之扩张运动，非人力所能阻拦。贵国亦被迫与之互签通商条约，开新纪元之始。诸事表明，以毒攻毒，借力打力，方为我等最佳出路。阁下抓住所有机会与西国缔约，便能以其遏止日本。
>
> 西方通则，一国不得无故侵占别国领土，然则国际法之保护力，仅于共享商业利益之强国有效。去岁土耳其沦为俄国侵略之牺牲，土国将要屈从，英国召各国共商，俄国迅即撤军。若土国如同贵国坚执孤立，便将成俄国之食物。比利时与丹麦皆为欧洲小国，均已

与各强国签约，因之无人敢于欺侮压迫。此即救弱阻强之妙计。

既要防范日本的威胁，又要提防俄国，于是李鸿章建议朝鲜与英、法、德、美缔结通商条约（遥远之国，其目标唯与贵国贸易而已），建立海关征税制度，把朝鲜公使派往国外。该信随后总结道：

> 西方国家利用我们之不幸，以武力强加其愿望于我们。其用于缔结条约的辩论乃武士。正如阁下所知，执行其条约已成无尽困难之源。贵国政府今若主动实现其自由意愿，则西方列强在诉诸武力之前，定会万分吃惊，竟至难以苛求。循此办法，贵国便能不给其提供保护之口实，坚持禁卖鸦片，禁止基督教传播，禁止各种腐败影响……阁下既已知晓敌人之力量，便可动用一切手段加以分化。谨慎前行，运用机智，则阁下将以善谋者闻名天下。

这就是李鸿章本人在更广阔的北京舞台上坚持实践的战略。

在1882年的危机之后，日本对中国宗主国地位的威胁已是四方皆知。其结果之一是张佩纶呈递给皇帝的一份奏疏，此人是李鸿章的女婿，也是他的肉中刺。这份奏章呼吁用攻防两手对付日本。李鸿章奉上谕就这些提议议复。他的复奏往往被外国作者引用，作为他企图攻击日本的证据，因此也是他应该为1894年的灾难性战争直接负责的证据。然而，事实上，从他以前实行的所有政策和此后行为来看这份奏疏，它除了坦率地承认了日本的侵略性并且同样坦率地承认了中国的无助以外，没有表达更多的想法。

他在一开始就表示了他同意张佩纶的观点，即必须准备与日本开战，因此也就必须发展自己的海军，以便有能力达到这一目标。但是，他接着提醒皇帝，作为伊藤伯爵出使欧洲的结果，当中国和日本发生争端的时候，外国列强总是有可能站在日本一边反对中国。

接着，他提出了明智而慎重的建议：

张佩纶，字幼樵，同治十年（1871）辛未
科二甲进士，授翰林院侍讲，晚清名臣。早年
在京城与李鸿藻、潘祖荫、张之洞、陈宝琛、
宝廷等同为"清流"，以弹劾大臣而闻名。

　　然天下事但论理势，今论理则我直彼曲，论势则我大彼小。中
国果若精修武备，力图自强，彼西洋各国方有所惮而不敢发。而况
在日本所虑者，彼若豫知我有东征之计，君臣上下勠力齐心，联络
西人，讲求军政，广借洋债，多购船炮，与我争一旦之命，究非上
策。夫未有谋人之具，而先露谋人之形者，兵家所忌。

　　……（省略号为译者所加。——译注）

　　日本步趋西法，虽仅得形似，而所有船炮略足与我相敌。若必跨海数千里，与角胜负，制其死命，臣未敢谓确有把握。第东征之事不必有，东征之志不可无，中国添练水师实不容一日稍缓。谕旨殷殷以通盘筹划责臣，窃谓此事规模较巨，必合枢臣、部臣、疆臣同心合谋，经营数年，方有成效。

……（省略号为译者所加。——译注）

必联各省之心志，则不可无画一之规。倘蒙圣明毅然裁决，则中外诸臣乃有所受成，似非微臣一人所敢定议也。张佩纶谓中国措置洋务，患在谋不定而任不专，洵系确论。治军造船之说，既已询谋佥同，惟（唯）是购器专视乎财力，练兵莫急乎饷源，昔年户部指拨南北洋海防经费，每岁共四百万两，设令各省关措解无缺，则七八年来水师早已练成，铁舰尚可多购，无如指拨之时非尽有着之款，各省厘金入不敷解，均形竭蹶，闽粤等省复将厘金截留，虽经臣叠次奏请严催，统计各省关所解南北洋防费约仅及原拨四分之一。岁款不敷，岂能购备大宗船械。

李鸿章在这份奏疏以下面这句话做了总结："所有自强要图，宜先练水师，再图东征。"[1] 事实上，这是"等等看"的稳健策略。

日本通过其1882年与朝鲜国王签署的条约，已在朝鲜有了立足之地。"隐士王国"此后的历史成为一团解不开的乱麻，即由朝鲜、日本和中国轮流组织的阴谋与反阴谋的斗争——叛逆、欺诈和破坏无止无休的纠结。在前摄政被抓并被带走以后，李鸿章得以将他自己最能干的副手之一袁世凯任命为驻朝鲜宫廷的代表，有一支人数很少但很精干的部队为他撑腰。他还控制了朝鲜的电报垄断，并在鹭宾·赫德爵士的指导下创立了帝国海关的朝鲜分部，[2] 借以强调宗主大国的地位。但是阴谋和动荡在继续发生，直到1884年，导

---

[1] 此疏载于1895年1月19日的《泰晤士报》（The Times）。

[2] 其总税务司为冯·穆麟德夫男爵（Baron von Mollendorff），在汉城拥挤的舞台上是一个生动而有趣的任务。他后来被柏卓安（现为爵士）所取代，此人为麻烦产生的国王担任过几年机要顾问和发款员，那是一个非常显赫的职位。

致了另一场暗杀和暴乱，宫廷遭到朝鲜和日本谋反者的攻击，防卫者则是中国军队。日本公使馆被暴徒烧毁了，公使及其卫士杀开一条血路，从汉城逃往海滨。

日本政府非常清楚中国当时把注意力放在东京战争，无力抗拒产生于朝鲜的压力。因此，从日本人的角度来看，他们不必炫耀武力。外交方面，井上伯爵（Count Inouye）和伊藤伯爵（Count Ito）懂得的那种巧妙的外交，肯定足以结束中国的宗主国地位，并结束袁世凯主张这种地位的强有力的办法。于是，由伊藤伯爵率领的一个使节团于 1885 年 3 月来到北京。伊藤发现总理衙门比往常更加难缠，很高兴在天津跟李鸿章谈判，而总理衙门也很高兴能够摆脱一桩麻烦的差事。李鸿章和往常一样，对于不可避免的事情礼貌地鞠躬，但精神上有所保留。他跟伊藤伯爵签署的条约，实质上交出了中国的宗主国地位，只剩下了空头衔的影子。李鸿章本人和其他一些中国官员开始意识到朝鲜半岛极大的战略意义，但一般而言，这份重要条约的签署，虽然预示着一场远东大激变的到来，但在当时和法国更加戏剧化的作为相比，只吸引了很小的注意力。对中国而言，这是在帝国衰败的下坡路上迈出的不可逆转的第一步；对日本而言，这是其帝国扩张预定路线上经过的第一块里程碑。李鸿章接受了日本在朝鲜的共同管辖权，实际上是交出了这个堡垒，把日本放在了此后控制中国国外政策的位置上。就李总督而言，他无疑希望，通过说服中央政府相信未来的危险，在未来某一天要恢复以前的局面。他此后的活动，在他能够支配的手段范围内，肯定指向海军和国防的组建，以及外交计划的筹备，其目标是防止日本巩固其地位。也不要忘记，此时他实际上是孑然独立，皇帝指望他千方百计独力保护中国免遭海上的侵入。此时他要对付法国人，跟日本发生的麻烦紧随着与俄国辩论固尔扎和《里瓦几亚条约》的问题而来。在这种形势下，他的政治家谋略必定会以拖延战略为基础。关于这一点，以上摘录的奏疏提供了清楚的证明。但最终他的努力都归于徒劳。他半途而废了，原因既在于北京官僚的故步自封，也在于其对手的智慧和力量。

于是在 1885 年，麻烦的种子在朝鲜种下了，10 年后将从这里冒出对中国而言是旋风般的灾难。李鸿章此后处理朝鲜问题时，总是致力于以大胆面对他明知是微妙而危险的局面。袁世凯作为驻朝鲜宫廷的代表，表明他自己是一名有外交谋略和虚张声势的高手，成功维护了实际宗主国的惯常表象。但是李总督和他的副手都从一开始就意识到了日本驻汉城代表的温和言辞与诡诈行为后面隐藏的坚定目标。他们知道，中国作为一个大国的地位，或许就连这个国家的存在，都处在日本政治和军事力量稳步的科学组建与增强的威胁之下。接近李鸿章的观察家们经常指出，他在与日本人打交道的时候，很少采取他常常给欧洲外交家们留下印象的那种半安抚半恐吓的态度。

在李鸿章—伊藤博文条约签署几年以后，中国死死抓住其在朝鲜宗主国地位的空壳。1890 年，从北京派出的帝国使节团受到朝鲜宫廷隆重、华丽、遵循属国所有古老礼仪的接待。这些事情都要归因于北京官僚集团无可救药的自大和保守，归因于袁世凯偶尔有欠慎重的行为（此人随着其在首尔宫廷的影响达到顶峰，其个人的傲慢也在与日俱增），而不能归因于李鸿章这方面的有欠考虑的建议。无论如何，这种做法激怒了日本政府，提升了其进行最后处置的欲望，加快了其行动的准备。导致一次危机的薪柴迅速积累，那就是数以千计的日本移民和殖民地开发者，他们当中的任何一个人都有可能抗议或控诉朝鲜当局。通过经济渗透，征服之路正在步步铺设，在这个过程中，不幸的朝鲜人正在迅速沦为异族侵略者的劈柴挑水的苦力。如果反抗者的人数与活力都在增加，那是不足为怪的。在日本人的这种渗透进行了若干年后，朝鲜人的地位十分可悲，足以引起 1894 年爆发的起义，而不必将之归于日本政府的直接鼓动。如果有必要的话，我们完全可以说，在朝鲜人当中有日本官方的特工煽动暴动和造反，就像他们过去 10 年里不止一次在中国做过的一样。但是，由于从 1885 年到 1894 年间迁移到朝鲜的每一个日本冒险家和渴求土地的殖民地开发者都是真正意义上的煽动特工，东京政府完全可以坐等不可避免的危机发生，这就为之提供了机会，能够用日本人实际上的保护国地位来取代中国人即将失去的宗主国地位。

当危机发生的时候，清政府和通常一样喧闹沸腾，但一如既往，对问题的性质和中国面对的军力一无所知。而李鸿章则和通常一样，打算寻找一条摆脱困境的出路，既能在表面上保住中国的"面子"，又能避免严厉的战争裁决。作家们和外交官们经常以权威的腔调断言李鸿章欢迎 1894 年的中日战争，甚至有可能煽动了这场战争。那些只看表面的人，看到李鸿章是帝国之中唯一把金钱和精力投入组建西方化的相当强大的海军和国防力量的高官，对他们而言，做出这样的推测是很自然的。还有一些人，他们习惯于认为李鸿章具有总理衙门的那种好战情绪，因为他们听到了李鸿章与总督衙门聘请的若干外国专家和顾问赞扬和认可这种情绪，对于他们而言，做出这样的推测也是很自然的。然而，那些处于有利位置能够从第一手信息中得知真相的少数人等，尤其是鹭宾·赫德爵士、古斯塔夫·德璀琳先生和李鸿章的机要秘书毕德格先生，他们都知道，李鸿章在不得不执行直接命令的时候，都在力所能及的范围内极力遏止总理衙门那些耄耋老人的虚骄之勇，并提出审慎的忠告。本书作者当时在鹭宾·赫德爵士手下担任机要职务，在职务进程中有机会看到大量的文献证据，表明李鸿章具有稳健与和解的愿望。从这些证据来看，我们不能不说，战争不是他寻求的东西，而是强加到他身上的，部分是因为对日本有利的环境力量，部分是因为北京主战派（年轻皇帝的党派）的愚笨。不幸的是，那些文献性的证据都不存在了。上面说过，鹭宾·赫德爵士在北京的档案，以及德璀琳先生在天津的私人文件，都在 1900 年的义和团运动中毁掉了。而毕德格先生小心翼翼保管的日记，在 1901 年他去世的那一天神秘失踪了。但是，撇开文件不谈，任何人，只要仔细研究过李鸿章与日本交往时所采用的政策，都会发现，如果在对抗一个强国的战争中赌上一切，李鸿章所得是何其之小，而其所失又是何其之大。而他非常清楚，这个强国的武装和战备都大大超过了中国。

在这个问题上，如同在其他问题上一样，英国人对于外交家李鸿章的看法从来是不公正的。这无疑主要是因为他认识到了日本在朝鲜的威胁，被迫求助于俄国，而且欠了那个强国的人情，而当时俄国的朋友在英国看来肯定是值得怀疑的。从 1890 年起，英国外交官和英国商人们开始认为李鸿章和他那位总爱搞阴谋的心腹盛宫保已经深陷于支持法俄在华中的计划，这种观点是不容许中国为了应付在朝鲜和满洲的危险和困难而去满足迫切的需要。

窦纳乐爵士（Sir Claude MacDonald）公开宣称怀疑和不喜欢李鸿章，完全代表了其在上海和香港的同胞的观点。对手在铁路和银行方面的野心，作为俄国 1898 年前进政策的结果，在让与权争夺战中达到了高潮，如果我们仅仅考虑这一点，这种观点在某种程度上是正确的，不过是短视的。然而英国的公众意见忽略了一个事实，即李鸿章在向俄国靠拢的时候，只是遵循他以夷制夷的一贯政策，如果因他的对俄政策而谴责他，而不谴责他对其他强国的政策，有时候对他是不公平的。于是，范伦坦·吉尔乐爵士（Sir Valentine Chirol）于 1896 年从北京给《泰晤士报》写道：

> 如果说李鸿章急于避免战争，那么很难从中国对日本坚持不变的态度中看出与这种说法的一致性，尤其更与其驻朝鲜代表（袁世凯）一直奉行的政策相矛盾。的确，他从事军备的目的，是为了使自己在某一天能够鞭笞日本的暴发户，对于他们，他因其民族根深蒂固的自豪，即便现在也无法掩饰他的轻蔑。他自己的战备比日本人逊色，但这并未改变构想军备的精神与企图。中国没有人会怀疑他的装甲舰和军队是不可战胜的。站在他的立场上，只能宽宏大量地指出，他本人或许从未意识到，来自他自己衙门的贪婪和无知传染得多么彻底，使得他的军备什么也做不了，只能做一些他很乐意主持的蔚为壮观的表演。

范伦坦·吉尔乐爵士的看法无疑代表了英国公使团在整个这一时期的观点。不过，从李鸿章从前和此后的政策来看，我们有理由断言，他的陆海军备是为了防卫，而非为了进攻，他本人很清楚其固有的弱点，及其根深蒂固的原因。宓吉先生将此事置于一段对其生涯非常清晰的回顾，他写道：

> 李鸿章懂得中国受到武器窳劣、心智不全与意见纷繁的无可救药的阻碍，他也懂得如此显摆中国拥有的海陆军力量只是外来的无根之花，第一阵大风就会把它吹得无影无踪。何况，他知道一旦与

日本开战，其全部负担就会落到他自己身上。因此，他费尽全力反对任何可能授人以柄导致敌对的措施。

就连中国应朝鲜国王一再催请派过去一支小型远征军，也是直接违背了李鸿章的忠告。他的警告被朝廷束之高阁，而他对不可避免的事情鞠躬，尽量利用他可以支配的部队。我们可以看到，在这个重大的危机中，皇太后倾向于同意李鸿章的意见，但她那时较之外交政策更关心国内的问题，决定让年轻的皇帝自作主张，而皇帝的顾问们都主张向"倭寇"宣战。在这个时候，太后党与帝党两派对立的势力正在酝酿内斗，这场斗争以 1898 年的政变而达到高峰。李鸿章绝对是太后的人，于是帝党在总理衙门和宫廷里的策略是嘲笑他的建议，并指责他是不爱国的懦夫。于是李鸿章被迫进入了一场灾难性的战争，而他本来是很乐意避免这场战争的。当战败已经不可避免的时候，他的安慰在于他已经预见到了这一点，在于唯有他了解俄国的意图，而这是防止日本霸占中国本土任何一块领土的最后手段。

这场战争的结果把中国降低到了长久落后的地位，此战中陆海军方面的问题，我们将在合适的时候加以考察。现在我们只讨论李鸿章的外交，而正是在这一阶段，尽管战败令他窘迫并失去了信任，但他的外交却显示出了令人敬佩的勇气和机智。他的军队在其纪律严明的敌人跟前融化掉了，他那吹嘘得很厉害的舰队被一名德国军官引导着在黄海进入作战。整个虚张声势的防御结构轰然倒塌，中国在陆海两个战场上都被彻底击败了。但李鸿章仍然无所畏惧，精力未减，他对国际事务的清晰视野和认识，使中国得以暂时免于彻底的羞辱与肢解。多年以来，他早就预见到了俄国与日本在朝鲜不可避免的竞争，在他的建议下，从 1894 年开始，清政府以明显的审慎和礼貌对待俄国。在失败的痛苦中，他遭到朝廷对手们的羞辱，难怪他几乎不惜付给俄国任何代价，以换取其将来为他复仇。他后来与俄国政府的关系不是突然冲动的结果，而是他长期精心制订的防御性计划。

北京的中央政府和整个世界刚刚意识到中国已全面崩溃，开始考虑由此产生的后果，李鸿章的对手们便对他发起了一致的攻击。御史安维峻领头，一批翰林学者给皇帝呈递了一篇很长的奏疏，猛烈地抨击并弹劾李总督。他们把李鸿章描绘为无能、傲慢而不守道德的官员，说他的所作所为危害了国家利益，因此，他的名字给中国人的鼻子上抹了黑。下面是这些御史们的一些言辞：

> 另如众所周知，李鸿章将几百万两白银投于日本煤矿，其子已在日本建成商馆三座，利令智昏，任日本人为所欲为，中国战败之信令其兴高采烈，而中国战胜，则令其沮丧万分。

这些官员强烈要求在李总督一案中采用个人负责制的原则，因为他长期把持最高权力，这使皇太后也无法忽略这种议论。这场战争实际上以威海卫在1895年2月陷落而告终结。几个月前，李鸿章被褫夺了黄马褂和其他荣誉，说明朝廷对帝国军队的失败感到很不愉快，但他仍然在官场任职，这充分说明慈禧并不容许他被彻底打倒。早在1894年11月，根据李鸿章和恭亲王（10月份重新出任高官）的建议，德璀琳先生被派往日本东京去执行一项和平使命。李鸿章受到了严厉批评，因为他派遣了一位级别较低的外国人而没有派遣钦命的大使，批评者将他的行为归因于看不起"倭人"，但对其行为的真正解释远比人们一般猜想的原因要深刻得多。实际上，让德璀琳来执行这一使命的设想起源于德国，李鸿章只是顺应了这个想法，因为他清晰地认识到其目的和作用，这是李鸿章策略的第一步，这个策略是联合德国、法国和俄国采取一致行动，以剥夺日本的胜利果实。这个计划的实际原创者是德国人冯·巴兰德先生（Herr von Brandt），他担任过18年的德国驻华公使，已于1883年离开中国。这位能干的外交官居住在北京时，已经与李鸿章建立了友好关系，虽然他已离职，但李鸿章并未让他们友好的关系随之而去。李鸿章个人喜欢他，赏识他对人对事的广泛经验。在固尔扎争议期间，冯·巴兰德先生赢得了李总督的感激，因为他对中俄双方都提出了明智的建议。他在圣彼得堡为德国服务多年，因此在李鸿章与俄国打交道时，完全有能力就最有效的辩论路径向李鸿章提供忠告。后来，他个人对俄国事务的知识使他能够给本国政府解读日本在北京的政策，他的解释使得德国政府对俄国的目标表示认同，同时始终警惕地为其祖国关注着从赔偿中获得利益的前景。

　　黄海海战（1894 年 9 月）之后，根据李鸿章的建议，中国政府请求冯·巴兰德先生承担一项特殊使命，作为中国的特使，向列强说明中国的形势，请求各国的干预。冯·巴兰德先生谨慎地拒绝了这一任命，但自荐出任中国政府驻柏林的机要顾问和通讯员。中国政府接受了这个提议，于是他以特有的精力和能力组织德国舆论，支持中国反对日本。这一使命需要技巧，要使德国皇帝陛下和许多德国高官改变原来怀疑俄国、同情日本的心理。完成这一任务也需要他个人相当熟悉新闻界，并对媒体有所影响。冯·巴兰德先生正好具备了这两方面的素质。他写作和编辑的有关远东局势的文章在英法两国广泛印发；他的宣传逐渐地使德国大企业（包括克虏伯公司）的领导人们相信，支持日本的野心将是骑上一匹劣马。其行动的结果是干扰了英国的贸易观点，使德国和法国走到了一起，共同支持俄国阻止日本对中国的任何领土进行侵占的政策。

　　11 月 3 日，日本人进入了满洲，威胁旅顺港，中国请求列强予以帮助，但列强建议首先致力于直接与日本达成协议。中国政府接受了这一建议（冯·巴兰德先生理所当然是参与者），由此，德璀琳先生的使命便确定下来。在派遣这个使节团时，李鸿章给伊藤伯爵写了一封私信，请求他接见德璀琳先生，使其得以传达并说明他本人的想法。从《李鸿章—福禄诺条约》的签订中，读者应该注意到了，李鸿章的外交宁愿选择间接的而不是直接的接触手段，并且强调人格平等的价值。但在眼下的这个事例中，这次安排得如此仓促的出使，其主要目的是给李总督（在其背后是慈禧太后与主和派）提供时间和手段，以便未雨绸缪，渡过难关，因为他知道旅顺港一旦陷落，一场暴风雨就会在北京爆发。一纸诏书已指定李鸿章为德璀琳先生和皇帝之间的联络人，只要这个使命持续下去，李鸿章自己的地位可能就会安然无恙；若无这项使命，旅顺港的陷落可能就会使他的事业突然终结，一蹶不振。德璀琳使节团是为了逃避那场灾难的首个策划。

　　日本传媒异口同声地把这个使节团描述为有预谋的侮辱。德璀琳先生受到粗鲁的接待，德国国旗没有得到多少尊重。李鸿章预见到了这一切，这有助于达到他的目的。下一步的行动也是李总督设计好的，就是让美国提出居间调停，其第一步是让美国驻北京公使田夏礼上校劝说恭亲王召回德璀琳。这自然会在德国引起一场明确支持中国的活动，而这个活动正好又为冯·巴兰德先生所利用。在1月份，作为美国调停的结果，第二个中国使节团在张荫桓率领下被派往东京。这个使团得到了在中国和日本的美国外交团体和公使馆的支持，但日本政府宣称这个使团不够资格，拒绝进行谈判。所有这些流产的谈判增强了海外对中国的同情，并为俄国决定实施干涉政策赢得了时间。在德国的作用下，欧洲的一致阵营开始形成，随后，克虏伯先生将自己的一幅肖像送给李鸿章，以纪念这一起步。1895年2月19日，根据皇帝的旨意，李鸿章把天津总督衙门的职位交给了王文韶，并回京请训。皇帝很冷淡地接见他，同时命令各省高层当局就缔结和约的问题向朝廷上疏。大部分的奏复都支持与日本签订协议，只要其中的条款不牵涉领土的割让。李鸿章出面亲自进行谈判的时机成熟了，他通过冯·巴兰德先生得知，如果日本对他提出任何割让领土的要求，俄国、德国、法国都将进行干涉，迫使日本取消。在伊藤伯爵的提议下，他被任命为前往日本的特使，全权签订和约。于是，他于1895年3月离开中国，这是他一生中首次出国。此时他已是72岁高龄，身体状况欠佳，但他还是以毫不衰减的勇气，接受了摆在他面前的这个出力不讨好的任务。

这次谈判的结果是《马关条约》的签署，李鸿章一生中，无论对敌人还是对手，都未曾像这次谈判中一样，展现出如此令人钦佩的态度。3月24日，在他与伊藤伯爵进行第三次会商之后，一名日本的狂热分子用枪击中了他的面部。伤势虽然不重，却为他赢得了普遍的同情和日本天皇批准的无条件的休战。这位老人躺在病床上，顽强地坚持谈判，给文明世界传递了教养不凡、坚韧不拔的良好印象，表明他遵循了儒家学者的最佳传统，很难不引发普遍的钦佩。

对那些密切关注马关谈判过程的人而言，中国特使的地位似乎是极端屈辱的，其后果似乎是十足灾难性的。但是，从李鸿章知道俄国会下决心进行

　　李鸿章（清廷全权大臣）与伊藤博文（日本首相）签订《马关条约》。《马关条约》于1895年5月8日在烟台得到批准。3天之前，日本政府屈服于俄国、德国和法国的联合要求，同意把南满（奉天）退还给中国，条件是增加赔款。10月16日，李鸿章被任命为全权代表，与日本代表林董男爵就日军撤出辽东半岛在北京达成和解。

　　干涉的这个角度来回顾这些谈判，就会发现，这些谈判具有一种坚强的氛围，而李鸿章本人对此大为得意。在领土要求的问题上放下心来之后，李鸿章的目标就是签订一份条约，以之结束敌对状态，尽可能减少日本所要求的赔款数额。在这一方面他成功了。4月18日，条约签字，但此前李鸿章还没有通过德璀琳和总理衙门得到柏林关于俄国会进行有效干预的确切消息。20日，李鸿章返回天津。

　　双方只有21天的时间来批准条约。在第21天，批准后的条约交换在烟台完成，但在同时，俄国、德国和法国就联合干预达成了最后协议。在几天时间里，日本的命运危在旦夕。俄国舰队得到法国和德国分遣舰队的支持，准备从渤海进攻日本。如果这些列强决定（如同当初计划的那样）阻止这一条约的批准，日本将被迫作战；如果其舰队被摧毁，那么在辽东半岛的日本陆军将处在俄国威胁之下。但英国仍然是一个危险的不确定因素，而同盟国的外交决定让条约得到批准。这样就避免了一场新的危机。

中国朝廷和总理衙门知晓俄国的意图，曾命令李鸿章在《马关条约》上签字。然而，他签字之后返回直隶，便是各方的激烈抨击爆发的时候。各省高官对国际局势一无所知，谴责这个条约无耻地割让了中国神圣的领土，李鸿章是腐败的叛国者。唯有皇太后的坚定支持，才使他得以免于控告者所要求的死刑。恭亲王也插手保护他，明智地察觉朝廷"帝党"的阴谋就是反慈禧和反满运动的开始，这个运动在3年后达到了顶点。长江流域的总督们和其他批评者所上的奏疏，都被"留中不发"；李鸿章本人则被剥夺了荣誉和头衔，并被召至北京（1895年8月），作为大学士，奉命去处理安排与日本签订新通商条约的细节问题，这又是一个出力不讨好的任务。从这一天起，俄国公使卡西尼伯爵与李鸿章及太后的大太监李连英之间那种活跃但通常是不公开的关系就开始了。它总是被维新派指斥为腐败的交往，但却是李鸿章对政局必要性的认识所导致的不可避免的结果。

《马关条约》于1895年5月8日在烟台得到批准。3天之前，日本政府屈服于俄国、德国和法国的联合要求，同意把南满（奉天）退还给中国，条件是增加赔款。10月16日，李鸿章被任命为全权代表，与日本代表林董男爵就日军撤出辽东半岛在北京达成和解。的确，在日本谨慎地屈服于优势兵力的那些日子里，李鸿章的感受一定是苦中有甜。然而，他对林董男爵的态度却犹如一名彬彬有礼、充满同情的旁观者，而不像一名具有报复性正义感的代表。

尽管李鸿章取得了这一外交上的胜利，他在朝廷的敌人仍然积极活动，试图使他从公共生活中完全消失。皇帝的老师翁同龢是一位忠诚爱国的官员，反过来站到了李鸿章这一边。但是，当李鸿章从日本回来时，皇帝几乎是以残酷的方式接见他，强迫这位年迈的总督朝皇座膝行而来。主要是为了使他免遭危险阴谋的进一步威胁，俄国大使提出一个计划，得到皇太后批准，将

1896 年李鸿章出使俄国，参加沙皇尼古拉二世的加冕典礼，踏上了周游世界的历程。

李鸿章作为特使派去莫斯科参加沙皇尼古拉二世的加冕典礼。总理衙门原计划派级别较低的官员王文韶执行这一任务，任命他的唯一理由是他在 1894年曾被派往俄国转达中国政府对亚历山大三世去世的哀悼。但是卡西尼伯爵很容易地说服了总理衙门，他说，如果政府不能动员一位帝国的亲王前往莫斯科，那么为了保住"面子"，至少应该派一位总督级的人物前往。那么，还有谁比李鸿章更合适呢？于是，黄马褂、花翎和紫缰绳又出现在这位大人物的权威标志中；4 名海关官员（英国人、法国人、德国人和美国人）接到任务，分别在各自的国家为李总督做向导；天津议政处为他举行了隆重的欢送宴会。1896 年 3 月 28 日，李鸿章率领大批随员，带着一口豪华的棺材，出发去亲眼看看外面蛮夷的世界。他跟慈禧一样满腔热情，精力充沛，卸下了操心的重担，忘却了他的 33 年的操劳，如同一名满怀好奇的学生，踏上了周游世界的历程。

　　从此以后，他与日本的外交关系被他对俄国的义务所限定所操控。他没能活着看到，但他能够预见到这种形势的必然结果，由于他的原因，俄国不可避免地成为朝鲜命运的仲裁者之一，因此也就成为日本的对手。他知道，俄国会因在中国失败时给予了帮助而索取报酬，而他准备支付报酬。他在离开中国前往莫斯科之前，曾与卡西尼伯爵举行过几次长时间的秘密会谈，后者很容易就说动了李鸿章，使他答应，如果要限制日本进一步攻击满洲，俄国必须在那一地区获得一个强有力的立足点和战略优势。俄国已经不失时机地做好了准备：1895 年 12 月，通过俄华银行的创建，新的关系已经巩固；通过东西伯利亚铁路的铺设，俄国"和平渗透"的政策已经画出了蓝图。在沙皇加冕礼之后，李鸿章与罗拔诺夫亲王在圣彼得堡签署了一个"互惠"条约。这样一来，就日本而言，李鸿章是破釜沉舟了。在与年轻的沙皇进行私人会晤时，后者的人格给他留下了很深的印象。沙皇向他保证，俄国对中国的领土没有企图，其保护朝鲜对付日本的动机是纯粹的自我防御。但我们知道，在固尔扎争议时，李鸿章曾对俄国野心勃勃的计谋冷嘲热讽，所以，他对俄国所做保证的真诚信任就值得怀疑了。不过可以肯定地说，当李鸿章回到北京时，他劝说皇太后接受这个保证，从此以后依靠俄国的诚信与无私的友谊。在 1900 年的义和团运动之后，太后陛下在所有事件中都很好地利用了那种友谊，从而挽救了她自己的皇家尊严，也保住了几名亲贵的脑袋，于是就满族人而言，李鸿章的策略经实践证明是正确的。就他自己和他的外交而言，他与整个世界的关系在俄国于 1897 年冬天占据旅顺港之后大大简化了，只要允许俄国在北京成为头号强国，抵制其他列强算计中国的财产就行了。他在 1901 年去世之前可能已经意识到，仁君最终很可能和暴君一样都是严厉的监工，在与俄国友好合作的进展中，俄国的利益正在以毁灭性的速度积累着。但我们完全可以说，他从来没有预见到，中国统治者愚昧的无知和无能将给中国带来几年前就在逐步形成的局面；或者说，他从来没有预见到中国会因俄国和日本之间的一个有效的协议而遭到破坏。李鸿章去世以后，中国的迅速衰败是其远见和睿智的最好证明。在慈禧去世以后，那些掌管国家事务的思想僵化的盲目无能的官僚给日本人提供了外交机会,这样的机会，倘若李鸿章仍然在指导中国的外交关系，是不可能形成的。

1897 年，日本眼看着旅顺港这个主要的战利品经由中国同意落到了俄国手中，从那时起，日本全国就在为接下来必定发生的生死斗争做准备。与此同时，日本在中国的活动没有放松，只是转移了方向。李鸿章很快在中国宫廷里发现了日本通过改革派即光绪皇帝的年轻谋士们施加的影响。俄国并不同情维新派，因为这一派的主张，如同 1898 年的帝国诏书所宣称的那样，提出了改革的可行性，如果执行起来，就会严重干扰俄国的意图。皇太后及其满族人亲贵的思想一致（不过原因大不相同），而李鸿章本是一位大变法者，却发现自己无可挽回地加入了反动派的事业。他对俄国做出的承诺，他与日本的对抗，逐渐地迫使他支持一种国内政策，这种政策在政变后直接导致义和团运动，导致对朝廷的不忠广泛传播，也导致反朝廷运动的开始。李鸿章的视野远比同时代人更为广阔，在他视野所及之处，他在战争前后与日本的外交充满谨慎和睿智。但是，一个人即便是聪明到极致，也无法预见其行为的所有长远的结果，也不可能预见到国民运动和国际关系的进程所具有的无限复杂性。

第5章　外交家李鸿章（二）：与俄国的关系·周游海外·1900年的和谈

广泛地考察李鸿章与俄国的外交关系，并将之与李鸿章对日本的态度做一番比较，我们就可以得到一种互相印证的印象：虽然李鸿章在整体上害怕其日本对手及其背后的力量，但他与俄国代表打交道时就没有这样不安的情感。从早年开始，实际上就在太平天国运动快要结束的时候，他就有理由相信，俄国决不会放弃它实现穆拉维约夫梦想的希望。其"向东推进"的战略，以在太平洋上获得一个不冻港为目标，从1885年以后就成为一个被考虑到的危险。但是，当李鸿章意识到这个危险时，他似乎已感觉到，俄国作为一个欧洲强国所处的地位，使之不如日本的侵略威胁那样令人畏惧，那样直接。何况，李鸿章的政策似乎很频繁地受到他个人感情的影响，因为他同情俄国人的气质与教养，同情他们脾气随和的半亚洲式的宿命论，同情他们将行政上的君主独裁与社会民主掺和在一起。他赞美沙皇宽阔广袤的疆土，赞美其没有中断而不受约束的独裁统治，以及其政府对"愚民"的友好鄙视。从政治上来说，或许有一些东西能让清政府及其高官们长久地放心，因为早在海外蛮夷带着军队冲到北京的近200年之前，俄国人已在北京有一个长驻的使团，所作所为都是和平的，并对中国表示了适度的尊敬。

撇开思想感情不谈，我们曾有机会观察到，李鸿章的外交总是重人而不重方法，毫无疑问，他在1895年之后与俄国的交往受到了沙皇、卡西尼伯爵和维特伯爵强烈个性的极大影响。在他交往的所有日本外交官中，只有伊藤伯爵在他看来像一个人类，而不是机器制造的乏味观念的解说员。"大日本"的典型使臣往往表现出冷血的礼貌，往往冻结了李鸿章平易近人的活力，使他无法发挥在对待俄国人和盎格鲁—撒克逊人时所表现的活跃，以及有时显得有些无礼的亲切。

李鸿章首次接触俄国的外交是在 1862 年，当时驻北京公使团的秘书佩奇洛夫奉派与他和其他中国官员议事，其主题是俄国提出的与英法两国合作镇压太平天国事宜。就李鸿章而言，他当时已经与华尔和白齐文指挥下的外国雇佣军"常胜军"产生了很多摩擦，因此他不想再看到在他的管辖区内成立另一支半独立的军事力量。然而，这个建议完全暴露了当时俄国政府的主要意图，即通过及时地展现同情心和许诺给予帮助，在北京获得一些"脸面"，因为当时俄国并无军力可以投入使用，也未派出过任何军力。一批步枪和其他军械通过蒙古交到了北京，但消息灵通人士完全有理由怀疑这些武器是不是意图用于对付太平军。两年前，额尔金勋爵与葛罗男爵敲击北京大门的时候，伊格纳吉耶夫将军所扮演的角色足以证明，联军为之感到不安的疑虑是有道理的。何况恭亲王也透露了这样一个事实：曾有人劝诱他把滨海省和符拉迪沃斯托克港（俄占前称海参崴）作为礼物赠送给这位勇敢的俄国将军，作为他所声称的（纯粹是想象中的）"劝说"英法代表在条约签订之后从北京撤军的报酬。俄国人在那个历史时刻所表现出来的狡猾属于李鸿章会自然称道的智慧，尤其因为在这个事例中他本人并不是主要的牺牲品。事实上，俄国的政策在整体上是观望等待；这个国家悄悄地做着准备，等待其统治者在中国日益增多的需求中所预见到的时机到来；它用和平而几乎是施恩的方法，吞并中国西北方管治松懈的属国；在受到严重威胁的局面中，这个国家会欣然抽身而去；最重要的是，她很礼貌地照顾中国的"面子"，掩盖其威望的降低。——所有这一切自然地叠加在一起，使李鸿章钦佩俄国式的办事手法，即使在他怀疑其动机的时候。李鸿章生性害怕带着礼物过来的客人，但他更不喜欢的是那些不带丰厚礼品而来的外夷。

俄国朝和平渗透目标前进的下一个机会发生在喀什噶尔，这是阿古柏伯克在那一地区成功地反叛清政府松散管理的结果。多年以来，俄国通过中亚的浩罕汗国缓慢而坚定地向东侵蚀，直到伊犁（固尔扎）河谷。1851 年，柯瓦莱斯基上校签订了一个"通商条约"，规定俄国在伊犁建立领事馆并设置俄国殖民区。1863 年，东干部落起事，把中国主权的代表从大部分的喀什噶尔地区赶了出去。此后，阿古柏伯克领导的叛乱增强扩展。喀什、叶儿羌、和田、莎车，一个又一个重地落入他的手中，有一段时间，似乎一个新的大帝国注定要在中亚部落间的纷争中崛起。在这一时期，阿古柏被当作一位重要人物。英国派遣了两名特使前往其设在叶儿羌的宫廷（1870 年和 1873 年），而俄国人则于 1872 年跟他签订了一份通商条约，从而承认了他的势力。然而，与此同时，沙皇的军队有条不紊地标出疆界，要求继承大清皇帝乾隆通过武力为中国赢得的"伟大遗产"，而这份遗产如今正在从他不争气的后裔手中溜走。1865 年，在占领塔什干之后，俄国突厥斯坦政府成立。最后，在 1871 年，一支俄国军队占领了伊犁，理由是喀什噶尔当前的混乱状态构成了对俄国利益的严重威胁。伊犁已在 1866 年的叛乱中脱离了北京的控制，而清政府当时似乎并没有可以支配的军队来恢复对骚乱的管理。基于这种局势，俄国驻北京公使弗兰加利先生通知总理衙门：一旦吉尔吉斯诸部落安静下来，边境安全了，便将伊犁归还中国。但俄国没有料到，左宗棠胜利的征战粉碎了他们继续合理占有伊犁的希望，这次战役在 1877 年打垮了阿古柏伯克及其叛乱，收复了新疆南部 8 个城镇，但其进军路线上留下了一片荒芜的地区。现在到了俄国履行其承诺的时候了，但俄国找了几个似乎有理的借口以拖延从固尔扎（伊犁）撤军，并提出若干枝节争议点使问题复杂化。于是，恭亲王的亲戚崇厚奉派前往俄国解决这一问题，他于 1878 年 2 月到达圣彼得堡。崇厚是一位脾气随和的官员，对双方讨论的问题并无特别的知识，他同意为俄国的占领费用支付 500 万卢布的赔款，同意为俄国的砖茶贸易开辟一条新的商队路线；最后，他违反总理衙门的指示，擅自同意"修订边境"，这使俄国仍然占据了该地区十分之七的土地，包括其最具战略意义的要点，以及乾隆那条通往木扎尔特关隘的著名军用道路。崇厚的失败不仅仅因为他对喀什噶尔地理的完全无知，也因为他患了严重的思乡病，他唯一的心思就是尽快回国。因此，在沙皇居住的里瓦几亚，他签订了以这个地方命名的条约（1879

年 10 月），便迅速地打道回家。他在匆忙之中，把本来应该在打了胜仗之后向对方提出诉求的东西让给了俄国。他于 1880 年 1 月回到北京，得知自己已被革职，交刑部议处，最后被宣判死刑。在此事的这一阶段，李鸿章的表现十分突出。

崇厚，如前所述，是恭亲王的亲戚，而恭亲王此时正与李鸿章一起抵制京城里以醇亲王（小皇帝之父）和左宗棠为首的保守派所表现的排外态度及普遍的沙文主义倾向。由英国公使（威妥玛爵士）为首，外交使团向总理衙门提出抗议，恫吓说处决这位外交使臣将损害中国政府在文明世界的形象。但以总督张之洞（后来的"学术破坏者"）为代言人的保守派却敦促政府执行死刑，理由是"我方愚使遭俄人欺哄，俄人所付之每一铜板，都将以百倍之利收回"。笔者有机会查阅到了张之洞的有关奏折，以下文字是其中的摘录。整篇文章很清楚地表现了张之洞政治上的精明及他与李鸿章终生为敌的原因。在奏折中，他提出与俄国血战到底，他写道：

> 命左宗棠、金顺选拔籍隶东三省之知兵将官数人，东来听用。召集索伦赫津打牲人众，教练成军。其人素性雄勇，习与俄斗，定能制胜。即小有挫败，坚守数月，必解而去。
>
> 天津一路，逼近神京，然俄国兵船扼于英法公例，向不能出地中海，即强以商船载兵而来，亦非西洋有铁甲等船者比。李鸿章高勋重寄，岁靡数百万金钱以制机器而养淮军，正为今日，若不能一战，安用重臣？[1]

张之洞的看法得到了御史们几乎是异口同声的共鸣，他们指责李鸿章的让步政策是故意的，是以贪财为目的的叛国行为。有一段时间，李鸿章的处境极为难堪，甚至危险。但事情的进程证明，这一次，和其他许多次一样，他是北京唯一的智者，能够认清国际局势的紧迫性，并能使这样的紧迫性有

---

[1]　此段结尾请参见第 3 章之引文。

第十六條

將來俄國陸路通商較旺出入中國貨物如要定立稅則較為合宜應由中俄兩國會議定立進口出口貨物均按值百抽五納稅惟未定稅則之前先將現照上等茶納稅之各種下等茶之稅酌減定擬應由中國總理衙門會同俄國駐北京全權大臣自批准換約後一年內會商酌定

第十七條

一千八百六十年即咸豐十年北京所定和約第十條至今講解各具擬將此條聲明追還牲畜之條具意應作為凡有牲畜被人偷盜誘取一經獲犯應將

1871年5月（同治十年四月），沙俄借阿古柏侵略中国新疆而出现的边疆危机，悍然出兵侵占伊犁地区，并由此向周边渗透。清政府击败阿古柏后，派出使俄国钦差大臣崇厚于光绪四年（1878）十二月初八日抵达圣彼得堡。三日后开始与俄谈判。崇厚虽是一个位高权重的大臣，但他不懂外交，不顾国家和民族利益。8月17日，崇厚在沙俄胁迫下，在克里米亚半岛的里瓦几亚擅自与沙俄代理外交大臣吉尔斯签订了《里瓦几亚条约》十八条（即《交收伊犁条件》简称《崇约》），另有《瑷珲专条》《兵费及恤款专条》《陆路通商章程》十七条。条约名义上把伊犁归还中国，但却将伊犁南境的帖克斯河流域和西境霍尔果斯河以西的大片领土割让给沙俄，其西境、南境仍被俄占，处于北、西、南三面受敌的境地，伊犁成为孤城。而且，这个条约还规定：将喀什噶尔及塔尔巴台两处的双方边界作有利于沙俄的修改，以及赔偿军费、免税贸易、增辟通商线路和增设领事等。是一个严重有损中国主权和领土完整的不平等条约。

助于达到他认为对中国有利的目标。他了解并充分利用了他的知识，即英法两国都急于（为了完全不同的原因）劝阻俄国在远东开始实施军事冒险的政策。他也知道，尽管俄国能够让其海军在中国水域耀武扬威，但圣彼得堡的主战派并不容易劝说俄国政府发动一场亚洲战争。所以，李鸿章对"咆哮之狗"的吵嚷充耳不闻，仍然采用他完全理解的那种外交方式，进一步进行辩论，最终解除了崇厚的死刑，完全摆脱了他在京城的困境，并对《里瓦几亚条约》做出了令人满意的修订。和往常一样，他几乎是单枪匹马地获得这些成果，因为他能使信息闭塞却又精明的皇太后相信，主战派所提出的计划并不能结束灾难。（在此不妨暂离本题，请读者注意：若非日本在 1894 年铁下心来发动战争，李鸿章毫无疑问会以他在同一年主张的同一政策取得同等的成功。）

李鸿章一方面要引导俄国人同意修订《里瓦几亚条约》，另一方面又要在总理衙门创造一种和解的氛围，他必须不偏不倚，对两边好言相劝，又施加压力。法英两国公使经过劝说，愿意接触总理衙门，催促其解除崇厚的死刑。结果，在圣彼得堡的曾侯爵得到授权，通知俄国政府：此事已经解决。李鸿章急于结束这些事情，以自己的名义给曾纪泽发电，劝他在修订条约时不要纠缠于细节。他知道，却忽视了一个事实：兵部尚书正在从北京给曾纪泽发报，所说的意思正好相反。俄国政府对于总理衙门就崇厚一事所做的让步感到欣慰与满意，于是听从劝告，同意进一步谈判。由于东西伯利亚总督认真地宣称，在开战的情况下，若无重兵增援，他将无力对付左宗棠的军队，于是谈判进行得更加顺利。

李鸿章还记得戈登关于中国军事力量的看法，以及他在世界范围享有的威望，他想到了一个主意，决定交给鹭宾·赫德爵士去小心执行。这个计划是：请那位著名的游侠骑士快速前来北京，就战与和的问题给中国政府提供建议。当时戈登特别忙碌，准备去印度和桑给巴尔，去刺击他所关注的几架风车。不过，他一接到通知就起身赶往中国，还未到达目的地就想好了如何处理这个问题。在他抵达上海之前，北京方面和整个世界都知道他将劝说中国政府不惜任何代价去争取和平，并知道他认为李鸿章的现代化军备浪费了太多钱财。在李鸿章的引导下，总理衙门原来以为戈登会接掌清军的指挥权，率领这支军队去击败俄国。因此，当他们得知戈登在上海媒体上发表的看法时，感到非常懊恼。戈登的建议很快就被放弃了，鹭宾·赫德爵士给他发了一份电报（他对此没有理睬），请他不要进京。他进京了，与李鸿章、恭亲王和其他部臣频频会晤，然后直接返回英国。他提出的建议尽管不合主战派的口味，但却无疑有所影响，使他们的态度降低了好斗性。与此同时，这个建议也给主战派提供了一件反对李鸿章的新武器，因为戈登宣称，李鸿章用外国方法训练的军队和舰队是无力使中国免于羞辱的。不过，李鸿章已经达到了目的，对此秘而不宣。《里瓦几亚条约》的谈判重新开始了，曾侯爵在圣彼得堡谈判一些新的条款，结果中国挽回了面子，俄国归还了争议中的大部分领土。根据新的条约（1881 年 2 月 12 日签订），特克斯河谷和木扎尔特关隘仍在中国手中，双方在谈判中都未强调俄国保留了对某些战略要地的所有权这个事实。就外交而言，中国已经取得了一次显著的成功，李鸿章从这场斗争中脱颖而出，官帽上插上了赢得很漂亮的新羽毛。

　　然而，主战派远没有被击败，其领袖们一点也没有为经过修订的条约条款感到高兴。他们暂时被迫接受了得到慈禧太后赞同的解决办法，但左宗棠拥护者中的激烈分子公开表示了不满。那位勇敢的斗士于 1881 年 2 月底返回北京，立刻在总理衙门谴责这个新条约，其旨趣和言辞与 20 年后义和团领袖们所采用的非常相似。他对李鸿章采用西方思想，对他采用和解政策，毫不掩饰自己的鄙夷，他完全相信中国在人数上所占的优势能够击败俄国或其他任何欧洲国家。他把这个新的条约描述成怯懦的安排，建议皇帝一劳永逸地驱走可恶的夷人，因为他们的存在给帝国带来了严重的困难和危险。而下一个 20 年的历史注定会证明，中国官僚群体的头脑深受这种愚昧无知与民族自尊的影响，一系列灾难和屈辱会令帝国破产，并在 1901 年遭到破坏。李鸿章没有止境的任务就是与这种无知和自大做斗争，他是瞎子当中的独眼者。但是，他对固尔扎事件的成功处理使他更加得到皇太后的青睐，太后此后再也不曾倾向于鼓励左宗棠的猛烈抨击。1881 年 11 月，李鸿章用一支箭射杀了著名的双雕：他把对手刘坤一从南京总督的位子上拉了下来，又通过

　　曾纪泽，中国清末著名外交家，字劼刚，曾国藩之子。《里瓦几亚条约》签订后，清廷颁发上谕改派出使英法公使曾纪泽兼任出使俄国公使，赴俄谈判改约。经半年多交涉，曾纪泽于 1881 年 2 月 24 日与沙俄代理外交大臣吉尔斯在圣彼得堡签订《中俄伊犁条约》和《改订陆路通商章程》，争回中国的一部分主权。条约主要内容为：中国收回伊犁，部分取消原约的割地规定；只许俄国在嘉峪关、吐鲁番设领事馆；俄商在蒙古等地贸易改免税为"暂不纳税"。但仍划失了霍尔果斯河以西及斋桑湖以东的地区。通过此约及以后的勘界议定，把中国 7 万多平方公里的领土划归俄国。"兵费"赔偿数目从原来的 500 万卢布增为 900 万卢布。从本质上说该约仍然是一个不平等条约。

把左宗棠放到那个重要的职位上而巧妙地与之握手言和。

固尔扎事件结束 10 年后，沙皇皇储（现今的沙皇）尼古拉在游历了印度、中国和日本之后，在符拉迪沃斯托克破土修建贯穿西伯利亚的铁路。中国朝廷仍然顽固地坚守骄傲自大的传统，没有适时地邀请他到北京，而张之洞，作为武昌的总督，显示出超级的愚蠢，粗鲁无礼地对待这位俄国未来的皇帝。但俄国并未公开表露出怨恨，没有向北京提出抗议，也没有对中国与日本接待沙皇继承人的态度进行令人反感的比较。这条铁路大干线不久就把满洲置于俄国控制之下，它的开工是一个不祥之兆，对于任何一个有眼睛去看、有耳朵去听的政府而言，它都会传递一个警报，哪怕俄国温顺地接受了冷落和无礼，然而总理衙门既无眼睛也无耳朵。至于李鸿章，日本在朝鲜前进政策的威胁，对他而言，似乎比其他对其未设防祖国的威胁都要直接，以至于从一开始他就把俄国的"和平渗透"当作一种保护性的而非捣乱性的力量，至少他自称是如此。而俄国从自己的角度来看，既不希望中国政府有效率，也不希望它有见识。它越是长久地坚持其古板守旧的中世纪思想，俄国就会越容易在以后机会到来时，把满洲、蒙古和西北省份归并于沙皇的大亚洲自治领域，并在简单的引力之下完成此事。

沙皇皇储在符拉迪沃斯托克举行意味深长的铁路落成典礼 5 年之后（同时中国已被日本可耻地击败），俄国开始不用流血地收获第一批富有远见和耐心等待的策略所带来的成果。日本不断增长的陆海军实力给这种策略的发展带来了新的严重的困扰，俄国的外交未能阻止日本发动对中国的战争，却最终剥夺了日本的胜利果实，并把中国，尤其是李鸿章，置于其沉重义务的约束之下。俄国坚持自己保证中国举债支付日本战争赔款的权力，通过这一手段和其他手段，在北京获得了优势地位。在《马关条约》签署后的 1 年内，俄国实际上（尽管没有得到外交上的承认）控制了满洲，此后通过进一步的"和平渗透"，继续巩固其在这一富饶地区的地位，其手段有铁路与银行的征服，有贸易协定，有开矿和伐木的特许权，以及其他措施，这一切都跟李鸿章有直接或间接的关系。中国批准了东西伯利亚铁路向辽东沿海末端的延伸，这是李鸿章被迫于 1896 年在莫斯科做出的体面让步之一，作为俄国"保护性友谊" 的代价。俄国国旗在旅顺港口和大连（1898）的升起，仅仅是那种让步的必然结果，也是作为中国给予报答的进一步安排。在特许权争夺战（1898—1899）的整个狂风暴雨一般的时期，英国的远东外交毫无目标、阵发性地挣扎着，反对法、俄对中国主权 "压路机" 式的侵占。这种不对等的斗争一直持续着，直到义和团运动（1900）给俄国提供了其实际政策一直在等待的那种机会，并为俄国军事占领满洲诸省提供了必需的借口。随后（1902 年 1 月）的英日联盟投下了一片阴影，预示着为了占有这块诱人的肥沃土地，一场大战即将爆发。

我们有理由推测——其实还有证据表明，在李鸿章去世（1901 年 11 月 7 日）之前，在他就和平协定与庚子赔款进行的谈判过程中，他已开始意识到，为了俄国的 "友谊"，中国已经付出和正在付出的代价，实际上等同于日本通过战争胜利想要得到的结果。在虚构的 "回忆录" 中有一段记载，据说是李总督从马关回到北京后所写，看上去很像他后期的看法：

> 俄国今为最大之友，又为最可怕之敌。其之为友，乃因英法国亦以友好作态，望其友好更在英法之上。它之为最大之敌，乃因俄人称其如此乃命运使然。俄国控制北亚全体，又欲某日占优势于中国。其助我拒日本于门外，乃因其欲自进。

这想法非常简单，但大多数作为中国经世之道的思想都是简单的，其微妙之处主要在于其应用。

通过与卡西尼伯爵在北京的谈判，以及后来与维特先生在莫斯科的谈判，李鸿章肯定为俄国在中国的优势影响打开了一扇门。他在国内外的敌人毫不犹豫地断言：他和大太监李连英从这些谈判中得到了相当可观的贿赂。两人所拥有的巨大财富，以及他们毫不掩饰的贪得无厌，足以为这些指责提供依据，但不管怎样，这些指责都得不到证据的支持。然而，不论他与卡西尼伯爵和其他俄国代理人的亲密关系是由爱国之心还是由个人动机催生的，可以肯定的是，俄国在满洲逐步占据的地位最终一定令他意识到 "和魔鬼一道喝汤的人得有一只长汤匙"（与恶人交往，须特别留意）。

1896 年从国外归来之后，李鸿章给皇帝呈递了一份奏疏，从此文来判断，维特先生使他相信了俄国把西伯利亚铁路系统延伸到中国领土之内的目的，其实是出于政治的考虑，是以维护中国领土完整的真诚愿望为基础的。此后双方达成的协议事实上是一个秘密同盟，[1] 其主要内容是：俄国保证中国的独立和帝国的领土完整，而作为回报，中国允许俄国铁路延伸到满洲。的确，李鸿章强调了这些铁路的延伸可能带来的危险，他极力劝说维特先生允许中国用自己的钱铺造这些铁路。但在这一点上，俄国财政大臣态度强硬。此事被称为"无铁路便无联盟"。接下来是沙皇令人难忘的接见，沙皇要求李鸿章把所有毫无价值的怀疑从脑子里抛却——给予俄华银行修筑铁路的特许权,能给中国带来什么伤害呢？何况中国的利益在其中得到了充分的保护。经过了一连串的宴请和会晤，其结果是《满洲铁路协定》的签署，以及由李鸿章与罗拔诺夫亲王签字的秘密条约。由于卡西尼伯爵极强的说服力（他与李鸿章在中国朝廷里的朋友一直保持着联系），条约于 1896 年 9 月 30 日被中国政府批准，这个日子是李鸿章返回天津之前的第三天。它遭到了总理衙门几位大臣的激烈反对，但皇太后的懿旨把事情搞定了。广州维新派的利嘴们常常宣称，这一次大太监李连英和皇太后共同瓜分了俄国公使所给予的数目可观的贿赂。

1897 年之后，沙皇驻远东代表们的态度与行动传达了一种印象，与李鸿章在 1896 年几次秘密谒见沙皇时得到的印象相差甚远，当时沙皇表现出的"优雅的敬意"，及其对中国未来福祉的热诚牵挂，使李鸿章完全为之折服。无疑，除了这些（如同李鸿章随后向慈禧奏报的那样），李总督也表达了一种担心，即热情而富有野心的代理人不见得也有相同的同情心。但骰子已经掷出去了，毕竟俄国人阻挡了强大的日本人，而俄国索要的报酬，不论是什么，都必须偿付。李鸿章总是认为可以在蛮夷之间制造分歧，他肯定预

---

[1]　在皇太后于 1900 年 7 月发给沙皇的一份电报中，她明确地提到了这个同盟条约的存在。参见《皇太后治下的中国》第 336 页。

见到了俄国在满洲和朝鲜边境的"临时性军事占领措施"必定会使其与日本进入战争状态。如果当那场战争爆发时，如果在随后 3 年的喘息时间里，李鸿章熟练的双手还在掌舵的话，那么中国对于最终导致俄日谅解并最终敲定北方属国命运的那些事件，肯定不会成为孤立无助、无动于衷的旁观者。

然而，义和团起事创造了一种局面，在这种局面中，由于皇太后对此运动的默许，使得李鸿章的经世之术一时不知所措，而其外交战略也一事无成。这种局面迫使他在公使馆刚刚解围时便不惜一切代价寻求俄国的帮助。他需要俄国帮助他达到此时已经变得十分重要的目标，在尽量少使中国丢脸和少受惩罚的前提下，让皇太后重新回到其宝座上。他十分明白，获得帮助的代价将是十分沉重的，但没有选择的余地，而朝廷对此应该也很清楚。何况，当这位年事已高的总督奉慈禧懿旨从广州赶往北方时，他在上海租界、在天津联军海军当局那里所遭受的屈辱经历，令他痛苦万分。他深深感觉到，外国人，尤其是英国人，会把他视为一名嫌疑犯，而他始终是法律和秩序的坚定支持者，他从不允许在他总督职权的管辖范围内发生任何排外的暴行。在义和团运动所有共谋的事件当中，他的良心一直是清白的。何况就像后来的事件所证明的那样，他发挥了罕见的勇气。有一次，当他所有的同僚都战战兢兢骑墙观望的时候，他在几份奏疏中大胆地谴责皇太后对端亲王的纵恿，催促她不惜任何代价与愤怒的列强取得和解。[1] 因此，当他发现自己及自己的使命遭到怀疑和蔑视时，当他意识到英国官方的态度大多与实际的危机无关，而是由于他在 1896 年以来与俄国的亲密关系时，当他最终将这种态度与俄国当局对他表示的礼貌的体谅和帮助加以对比时，如果他再不不计代价地接受俄国人如此机巧地提供的帮助，那他就超然于人类了。

作为《泰晤士报》的记者，笔者曾有机会在李鸿章居留上海时（1900年 7 月 21 日至 9 月 14 日），与他讨论义和团危机及其后果。年迈的李总督那时身体正在迅速衰弱。他走路要靠仆人搀扶，显得非常脆弱。但此人不屈不挠的精神绝未熄灭，其头脑没有衰竭的迹象，当他感到愤怒时，眼光熠熠

---

[1]　参见《皇太后治下的中国》。

闪亮，一如既往。他没有企图掩饰自己对于那些领事机构无礼行为的愤怒，后者决定不来拜访他。他也没有掩饰对市政当局的气愤，后者强行把他的个人随从限定为 20 人。他还坦言，他对英国公众一再要求与被围攻的公使馆直接联络表示愤慨。他已经担保他们是安全的，难道这还不够吗？即便在那时候，他独自奋战，外国人蔑视他，许多国人怀疑他，他仍然继续发挥他那种由天真的自满和无畏的自信奇妙结合的秉性，这种秉性正是他与洋人外交的特征。7 月 23 日，他对局势（当时很关键）提出的补救措施，就是让列强给华北的联军指挥官发电报，命令他们停止向北京进发。就他自己而言，他不打算北上，直到确定皇太后已经看出自己处置此事的错误并愿意进行补救为止，她的声明在本质上与他要递给朝廷的警告性奏疏中的内容相一致。

但是，李鸿章在上海摆脱了所有官方事务的时候，却忙于在俄国帮助下使他高贵的女主人比较威风地返回权位。他在模范居住区的住所是广州人刘学洵（当时臭名昭著的"白鸽"彩票的组织者）的房子，一年前此人曾奉慈禧之命去日本执行一项秘密使命。李鸿章的亲信和财政代理人盛宫保每天来到这所房子进行长时间的会晤，此人一般被熟悉的人称作"老狐狸"。随着时间推移，领事团的一些成员单独而谨慎地在这里跟他们碰头，因为领事团整体上拒绝承认李总督。盛宫保除了担任其他职务以外，还是中国电报局的董事，在这个时期，根据李鸿章的指令，上海、天津和圣彼得堡之间保持着线路的繁忙。7 月 31 日，李鸿章接到中国驻圣彼得堡公使的一份长篇电报，得到一个愉快的消息：如果皇太后尽快否认义和团并寻求和解的话，俄国政府将尽力帮助中国摆脱困境。

7 月 3 日，俄国认可了美国发表的通告中所列的条款，其中规定了结盟的列强之间采取共同行动的几项基本原则。在此以前（6 月 16 日），俄国宣称它打算与其他列强合作以恢复秩序和维护现状的意图。它许诺保护中国免遭其他列强攻击，是李鸿章于 1896 年谈判的那个秘密条约的自然结果，但由于条约的内容从未公开过，局面变得更加微妙。在这样的环境下，俄国所谓的现状绝非秘书海先生所说的那样。但是俄国在这件事情上并未受到情感顾忌的多大困扰，为了更好地发挥他们的能力，其驻北京公使（帕夫卢先生）早在 1897 年 10 月份便坦率地通知窦纳乐爵士（Sir Claude McDonald）：
"俄国政府无意于把紧邻俄国边境的中国各省置于除了俄国之外的其他任何
国家的影响之下。"

公使馆解围之后，李鸿章和圣彼得堡之间电报联络的结果，很快就由俄
国公使和军事指挥官的态度表明了。格尔斯先生（M.de Giers）造成了一个
变化，把中国政府愤愤不平的受害者的角色，转变成其令人同情的朋友，这
个过程发生得太为突然，以至于显得有些生硬。中国的舆论确实认为这是不
适当的，人们还记得朝廷曾下令对手无寸铁的传教士加以残忍的攻击。对公
使馆的围攻于 8 月 14 日解除，当月 9 日，慈禧准备逃走，任命李鸿章为全
权大臣与列强谈判，并补充了一条重要的命令，即他必须"致电各国外交部，
以结束敌对状态"。到 8 月底，李鸿章从俄国和日本那里得到了对太后个人
安全的保证，电奏逃亡中的朝廷，请求饬令长江沿岸的总督们和庆亲王在和
谈中协助他。同时，他继续留居上海。到了 9 月初，他与俄国的协议开始有
了结果，满洲 3 省处于俄国军队占领之下，俄国政府实际上已宣称这 3 个省
份处于国际协同行动的范围之外。9 月 7 日，格里尔斯凯将军在布拉戈维申
斯克对面的黑龙江右岸举行了一场隆重的感恩祈祷仪式。穆拉维耶夫的预言
终于应验了："河的这边迟早也是我们的。"

8 月 21 日，李鸿章给中国驻华盛顿公使伍廷芳发了一份电报，敦促美
国政府中止敌对状态，撤退军队并任命和谈使者。25 日，俄国公使团发布
了一则通告备忘录，其措辞和上面的电报内容极为相似，所以这两份文件无
疑有共同的来源。9 月 8 日，俄国代表单独建议：如果朝廷同意立刻返京，
那么列强就开始撤离北京，于是第 2 天李鸿章便发电报催促朝廷返京。13 日，
他又致电荣禄，请求他劝说太后放弃端亲王及其所有的工作，并宣布立即返
京。与此同时，俄国公使团将自己与俄国军队撤至天津，以此致力于"履行
诺言"，但因无人追随这个含义显而易见的迁移，又因其他列强明显决定要
在北京和谈，俄国人在 10 月份又悄悄回来了。

李鸿章得知庆亲王抵达北京的消息后，服从了朝廷一再坚持的旨意，于
9 月 14 日离开上海北上。在天津，英国和其他国家的代表对他的态度，再

　　伍廷芳（1842—1922），本名叙，字文爵，又名伍才，号秩庸，后改名廷芳。清末民初杰出的外交家、法学家，1874年自费留学英国，入伦敦学院攻读法学，获博士学位及大律师资格，成为中国近代第一个法学博士。洋务运动开始后，1882年进入李鸿章幕府，出任法律顾问，参与中法谈判、马关谈判等，1896年被清政府任命为驻美国、西班牙、秘鲁公使，签订近代中国第一个平等条约《中墨通商条约》。

一次与俄国所表现的对他健康状况的夸张关心形成强烈对比，或许这更坚定
了这位老人的决心，要把他的全部信任交给俄国人，把未来之事留给未来去
处理。至少他总能指望得到慈禧的赞同与支持，因为俄国公使团保护了她的
许多义和团的亲信，并许诺把大太监的名字从列强的黑名单上抹掉，从而已
经开始赢得她的感激之情。何况俄国公使已经竭尽全力要让外交使团接受李
鸿章为全权谈判代表，并且取得了成功，尽管英国、美国和意大利的代表都
因顾虑而有所犹豫。

　　于是，李鸿章回到了北方，最后一次在其年迈的肩膀上挑起重任，弥补
其政治对手的愚蠢所造成的后果。他在离开上海之前，给朝廷呈递了一份奏
疏，弹劾端亲王及其同党，不仅签上了他本人的名字，并征得两位长江总督
刘坤一和张之洞的同意，也署上了他们的名字。他在这份奏疏中宣称，如果
义和团的首领们得不到严肃处理，就无法指望谈判成功。张之洞和往常一样
决定唱反调，否认自己联名拜发了那份奏疏，但是皇太后接受了劝告，发布
诏书惩罚她过去的那些顾问，于是李鸿章又被摆在面对外交使团的位置，他
又恢复了几分通常的自信。的确，靠着俄国公使团的支持，他逐步采取了一
种姿态，对其他列强的代表们有不小的冒犯。例如在 11 月份，他给各公使
团发送了一份典型有欠礼貌的公文，抱怨联军在进军保定府时的所作所为，
甚至建议把中国军队调到京城"以助维持秩序"。他在北京的住所由哥萨克
士兵守卫，他与俄国公使的关系是最为亲近的。事实上，他把所有的鸡蛋都
放进了俄国人的篮子。

　　然而，尽管皇太后和她的许多高官都很感激俄国的保护，李鸿章却很快
就意识到，这种保护的代价将是沉重的，他本人由于主张整体或部分地偿付
这个代价，绝对会被朝廷、御史和同僚指斥为叛徒。紧接在和平协议签署之
后，满洲条约的条款在 10 月底被公布了。这些条款向全世界揭示了俄国为
其"无私的友谊"而索取的报酬，立刻激起长江流域总督们愤怒的抗议。这
使李鸿章又一次处于非常狼狈的境地。他曾于 3 月份向朝廷保证俄国对满洲
的军事占领是暂时的。在议和协议签署（9 月 7 日）之后，朝廷以他的这个
保证为根据，命令他及同僚们向俄国公使提出正式要求：俄军从满洲 3 省撤

出，恢复中国对山海关铁路的控制。生性不诚实的庆亲王背弃了李鸿章，支持朝廷的这个荒唐的意见。李鸿章询问太后是否还有别的途径可走，借此要让皇太后恢复理智。例如，难道从英国或日本那里能够得到有效的支持来对抗俄国吗？这时已到10月底，这位老人的身边，一边是可恨的雷萨尔公使（M.Lessar），坚持要求他从身上割下一磅肉，另一边是中国完全无助的深渊，他已没有体力去承担向他压过来的大堆的麻烦。长江流域的两位总督已联合上疏反对批准满洲条约，朝廷同意了他们的意见。满族人已经吃掉了他们的饼子，却希望它仍旧在那里。李鸿章奉命提醒他的俄国朋友，让他们记住曾反复承诺要保护中国领土的完整，而他们提出的条约却打算破坏这种承诺。然而雷萨尔公使愤怒地坚持说，他无疑还记得李鸿章在最需要"友谊"的时候私下里说过和做过的那些事情，这使李鸿章感到不安。日本人也正显示出急躁的好奇心；英国虽然正全神贯注于特兰斯瓦尔，但也明显地心神不安。因此，从俄国人的观点来看，必须用既成事实来面对他们，由中国政府做出自发的"让步"。

11月初，李鸿章卧病在床，毫无怜悯之心的雷萨尔公使继续烦扰他，直到最后一刻。到了11月7日，李鸿章便与世长辞了。他以无法躲避的人生结局，就此逃避了困难复杂的局面，对他而言，这或许终究为他提供了一种残忍的满足。他把满足雷萨尔公使的任务留给了庆亲王和王文韶，如果在他们讨论将于5个月后签署的那个条约的条款时，他那无法安息的灵魂还飘荡在北京上空，那么他一定会看到他生前的同僚和批评者们无可救药的无能，并从中得到不小的快感。

即使我们承认，李鸿章与俄国的外交关系是一种吃了上顿不顾下顿的盲目乐观的机会主义；即使我们承认，他有可能是一个准备从祖国的困境中获取个人利益的人。但我们仍然不能否认，他在棋局中所走的每一步都有合理而明确的目的，在整体上都是基于对中国所需的清醒认识，基于对国际政治较大格局的明智理解。因此，他不同于中国官场上的那些精英，也不同于旧政权里墨守成规的保守派，以及维新派的进步人士，他们当中的每个人，始终无法根据对于中央王国之外人与事的知识，制订任何可行的政治路线。李

大清帝国护照

鸿章究竟在多大程度上相信俄国"友谊"的真实性，仍然是一个未决的问题。从我们对他性格和处事方法的了解来看，有理由相信，他对此事并未耽于幻想。他之所以跟莫斯科的财神交朋友，仅仅是因为他在 1895 年确实急需一些朋友，他希望能找到办法以避免结算之日的全额付款。当那一天临近时，不是他自己的过错而是皇太后的愚蠢打乱了他的如意算盘，因为慈禧支持义和团运动，这个行为给俄国提供了机会。

　　如果不提到李鸿章在欧美的成功巡游，就无法对他作为外交官的生涯做一个完整的记述。这是一次在许多方面引人注目的远游。这位中国外交的第一把手当时 73 岁，除了前一年曾出使日本之外，他还是第一次出国。不过，他在整个旅程中保持着沉着镇定、见怪不怪的态度，抓住一切机会给西方国家的君主和政治家们提出建议，指出他们的暴发式文明导致了相对于其祖国道德水平而言的道德沦丧。他的言行给全世界的媒体提供了6个月异国风味的有趣话题：他讨论人和事的方式，既有含有幽默批评的世外桃源般的天真，又有仿佛童言无忌的唐突提问。任何在天津李鸿章自己衙门里认识他的人，都不会误会他想制造的印象。其态度是有意设计的，目的是为自己创造一种东方式的微妙而神秘的氛围。为了营造这样的氛围，他以选举代理人所具有的新闻工作者的本能利用了媒体，尤其是在美国；他在欧洲各国首都展示的神态举止给他这个舞台上的主角带来了声誉。不管去哪里，他都会令有产者感到惊讶，其策略的正确性，得到了其结果的充分证明。他回到中国后，曾在天津对一位英国朋友谈起，中国官员对欧洲事务的无知，并不甚于欧洲政治家对中国事务的无知。然而毫无疑问，这位老政客在旅程中的所见所闻，有益于他清醒的思维，他在余生之中对外国人的态度，较之环游之前变得较为礼貌，少了一些嘲讽。

我们已经看到，皇太后派李鸿章去参加沙皇尼古拉二世加冕礼的首要目的，就是把他置于其朝廷中的敌人和批评者鞭长莫及之处；也能使他通过与俄国就未来防御日本侵略谈判一个明确的协议而挽回他因《马关条约》而丢失的威信。对于老佛爷而言，在李鸿章耗资巨大的军备刚被击毁之后，要支持他在天津对抗御史们的攻击是很困难的，要冒自己损失声誉的风险。让李鸿章待在京城也同样是不明智的，因此，卡西尼伯爵邀请他参加沙皇的加冕礼，正合皇太后之心意。他的旅程延伸到英国、法国、德国、荷兰和美国，也是为了给他提供喘息之机。与此同时，李鸿章打算在休闲中办点正事，劝说英国政府（因为它最感兴趣）同意增加50%的海关进口税。

在欧洲和美国，很少人或无人知道李鸿章在自己国内的危险处境，他在各处都受到了近乎皇家级的待遇，人们普遍认为他的外交使命是皇帝赐给这个中国最显赫政治家的顶级荣耀。李鸿章和精明的翻译兼秘书罗丰禄对这种看法完全是听之任之，也不妨碍人们认为李鸿章的意图在于订购大量的武器装备、铁路材料和军舰。相反，不管他到哪里，这位帝国的使臣都要参观造船厂和兵工厂，以商旅的热情打听产品价格，但并不下订单，理由是他既无

1896 年，李鸿章带着两个外交官儿子（左一李经述、左二李经方）遍访欧美，图为 6 月份到德国时，与德璀琳（后排左）、汉纳根（后排右）等合影。

资金也无采购权限。但是，他被看作中国未来口味的总调剂师，他在英国、法国和德国所受的接待，增强了他的儒家灵魂面对西方自诩的道德和行为优势所持的嘲讽态度。高第公使曾公允地指出，[1] 欧洲人以前从未向中国人表现出如此缺乏尊严或如此贪婪的道德沦丧，其最终结果是既失了钱财又失去了镇定。

亚历山大·宓吉先生可敬的著作《英国人在中国》在某种范围内非常精确而有趣地分析了李鸿章在任直隶总督期间的活动。然而，这本书尽管是出版于 1900 年，但奇怪的是对李鸿章的海外大巡游只字未提。更为遗憾的是，

---

[1]　《中国关系史》（*Histoire des Relations de la Chine*）。

对这位老政治家在这次值得纪念的旅行中的所思、所言和所行，根本就没有真实可靠的记述。如果我们有可能获得这位旅游者对俾斯麦、克虏伯、格拉德斯通、索尔兹伯里勋爵和克利夫兰总统真实看法的可信记录，能够了解他匆匆见到这种文明时以及见到德国步兵和英国舰队时的内心想法，那是何等有趣！他对记者的谈话几乎全是开玩笑，是他通常乐意于大谈特谈的想法，或者对于客人而言并不适合的唐突讲话。他有大量的日记，由他忠实的美国秘书兼知己毕德格先生保存到 1901 年，无疑对这些事情有很好的说明，但不幸的是，自从毕德格去世后，这些日记便消失了，所以全世界可能再也无法知道在李鸿章内心世界的静默区域中，是否还保留着他高傲冷漠的姿态，以及进行令人不快的比较的思维习惯。

李鸿章与英国的外交关系在此就不需要多费笔墨去考察了，因为自从他确定了中国外交关系的方向之后（也就是说，大约从 1870 年开始），英国在中国的外交政策已经降低到自由贸易的商业标准了。李鸿章很快就意识到科布登主义对我们作为一个大西洋强国的麻痹效果，并预见到了自由竞争原则的后果，这个后果出现在帕默斯顿勋爵去世之后的远东。

在 1860 年的战争过去以后，在英国积极镇压太平天国运动之后，在若干年的时间里，英国在华的利益和开创性贸易的规模与重要性继续得到了英国政策的承认，但是从 1870 年起，我们在北京的态度和行为发生了显著的变化。那时引进的政治系统反映了影响外交部的新精神，也反映了多愁善感和意志软弱的贸易主义新理论，这种理论逐渐颠覆了帕默斯顿的传统。在商业部约翰·布赖特先生的管理下，开始了强制与安抚轮流使用的无力而举棋不定的政策,迅速地把我们在中国的外交和领事服务减少到冷漠无助的地步。从整体上来说，这一特征此后便未改变。通过减少接触点来减少摩擦的可能，成为英国与中国所有关系的官方立场，于是，对英国和中国的利益同样造成伤害的是，英国的政策在坚持条约权利与宽容对条约的违反之间摇摆不定，一方面强烈抗议其他列强对中国主权的侵犯，随后又徒劳无益地企图用同样的行为来恢复英国的威望。

李鸿章敏锐的政治本能使他很少误读外交言论中所蕴含的精神，很少误判外交交涉遭到拒绝或规避时有利或不利于采用强制措施的机会。可以肯定，在马嘉理事件和《芝罘条约》之后，对于导致中国对外国贸易敞开大门的经世之术发生显著变化的原因，他形成了一种精明而准确的看法。他对英国国内事务的了解不足以使他分析出英国对外政策为何退化，产生这种政策的是科布登的工业主义伦理，是世界性财政和高层的奎克主义。但他认识到了那个本质的事实：操控英国命运的政客们非常虚弱，他们害怕帝国的负担。李鸿章最终把英国视为一个小店主的国度，其国民的国家理想就是贱买贵卖，其在中国的总体政策就是采用一切可能的手段维护其既得的贸易利益，只有利用某一亚洲国家的手段除外。

李鸿章得出这样的结论之后，就坚持以此为依据处理他与英国官员的外交关系，但他无疑犯了错误，因为他混淆了英国人民的性格和英国政府的性格，后者是政党机器的产品。不过他在此事上所犯的错误并无大碍，这个错误没有马上给他带来惩罚。

作为一名中国官员，李鸿章是名副其实的。他从不服理，却总是屈服于恐惧。和官僚群体中的所有人一样，最能令他信服的是实力。他非常看不起那些显示了力量却不愿或害怕运用力量的人——这就是英国从 1885 年到 1905 年之间在中国常常扮演的角色。但是，撇开政治不谈，他真诚地钦佩那些将英国官员与商人区别开来的值得信赖的品格，并且在那些官员中结交了许多朋友。

第6章　海军与陆军管理者李鸿章

在欧洲，在侨居中国的外国人当中，人们一般将李鸿章的伟大之处归结于他的外交事业，而他的国人则将其卓越之处主要归结于他作为军事指挥者与国防组织者所从事的活动。的确，他所享有的两种荣誉，就像他自己的国家里给予先知的荣誉一样，通常是不加区别，而又风马牛不相及。在中国，和在其他一些地方一样，一位公众人物以管理才能被人称道，而他真正出名的原因是他写作哲学论文的简洁文风。欧洲人的看法着眼于1894年中国的危险局面，极力赞扬李鸿章在与日本和谈期间以及之后所表现的勇气与机巧。他随后的环游世界被公允地视为值得纪念的力作，增强了李鸿章因其微妙而独特的政治手腕而享有的声望。但就中国人而言，他建立在海军和陆军演示之上的威望，在日本人发动战争之前达于顶点，而后轰然崩溃。事实上，在他的许多官场同僚中，其过分夸耀的海陆两军的溃败，受到了广泛的谴责，以此证明他不仅不能胜任高级职务，而且证明他不适宜于继续存在。我们已经看到，只有老佛爷的干预，才使他免于为失败付出遭受极刑的代价，在国家屈辱和战败的时刻，他在外交和治国方面为国家提供的非常实在的服务，已被遗忘或忽略了。

不可否认，李鸿章对其海陆军的管理是一个极大的骗局，是一个失败。当考验之日到来时，它一定会可耻地暴露出来。但是欧洲人并不熟悉中国人"弄虚作假"的无限的集体能力，因此自然要向自己提问：李鸿章的同僚和批评者怎么可能在几年时间里对此表现出完全的信任和热情的赞美？上自皇太后本人，下至各省衙门九品僚属，都不缺乏有关北洋舰队内部运作或直隶陆军危险状况的准确信息，因为这些事情在中国都是常识，每个官员都会花费相当多的时间来议论一番。但是在东方也和西方一样，一事成功百事顺，只要李鸿章生猛的军事风采没在突然爆发的战争中露出马脚，作为它的创立者和经理人，他就会长久地得到财富和名声。

对欧洲人而言，还有一件事也会令他们吃惊：国家（而非省级）防御的组建，包括海防和陆防，多年来被托付给一个人，而此人身上压着管理直隶省和大量外交与商业事务的担子，负荷已满。这个现象的原因主要在于，他的所有总督级同僚既无能力也无愿望去开创以西方科学为基础的新兵法，更不用说按照欧洲模式创建和组织一支海军了。李鸿章不仅以非凡的精力承担这一任务，他还拥有远大的抱负和充分的自信。何况，由于他成功地镇压了太平天国运动，他得到了朝廷非同一般的赏识，朝廷让他在他的各项事业中掌管大量的资金，比其他总督期望得到的都要多。也是由于这种恩宠，他被拔擢到独立掌权的高度，一般而言，他能对御史们的攻击置之不理，这是他的同僚（可能除张之洞之外）都做不到的。

然而，考察他的努力和成就，有些问题就难以避免了：关于海军和陆军军备的价值，李鸿章自欺的程度到底有多大？他那精明务实的头脑，在多大程度上受到误导，使他相信，只要购买了军舰和枪炮，而不须对操纵他们的人员进行严格的教育和约束，就有希望对抗西方列强或日本？难道他那敏锐的智慧真的相信，虽然他的军队管理仍然受到官场腐败和懒散低能的败德影响，却还有可能对抗外国人的势力？宓吉先生曾为李鸿章服务，他在这个问题上的看法[1]，构成了为这位大总督所做的有力而富有同情的辩解。根据他的观点，李鸿章对外国人力量的秘诀并未充分了解，他一直是"瞎子中的独眼龙"，对于他只能猜测的事务靠摸索来了解。中国从欧洲和美国聘来了老师，又把国人派出去学习，但从未允许新的教义为组织注入活力，结果，通过这两种途径获得的知识，仍然是不毛之地，未结果实。于是李鸿章所付出的努力半途而废，中国仍然是"物质力量铁蹄践踏下的道德力量之国"。

---

[1]　《英国人在中国》。

　　这个说法无疑是真实的。但是，如果李鸿章本人曾经具有或曾致力于反复灌输"新教义的精神"，我们岂不是更容易相信他所做努力的真诚性，更容易同情那些努力的一败涂地？然而，可悲而不可否认的是，在个人廉洁的根本问题上，李鸿章既未身教又未言传，没有采取任何行动去撒播那种新信仰的种子，而他的所有工作因此便一钱不值了。相反，在贪污受贿和裙带关系方面，他的管理松得出奇，和他的许多不够杰出的同僚们相比，对他颇为不利。的确，我们将会看到，李总督一开始就在身边延揽了一批穷寒的亲戚和贪婪的亲信，而在其权力的鼎盛时期（1886—1894 年），可以公平地说，陆军和海军都成了他的家族和追随者们挤榨利益的奶牛。财政因素钳制了这两个军种的发展，并导致了它们的瘫痪。这些人从培训和资质而言，都完全无法从事任何诚实而自觉的工作，在他们手中，李鸿章在天津的衙门如同庆亲王在北京的衙门一样，成了职位、官职和荣衔的营销处。这些滥用职权的人当中，最无耻的人或许就是李鸿章的女婿张佩纶（后面还会提到他）；其兄李瀚章总督也是全国家喻户晓的"无底钱袋"；而他的几个儿子在可耻的贪污方面做出的业绩，也成为人们的笑谈。最后，李鸿章与臭名昭著的腐败人物大太监李连英的亲密关系，他自己对金钱的永不满足的贪爱，以及他作为总督聚敛的巨大财富，都是无可否认的事实。这些事实迫使我们得出如下的结论：不论李鸿章在其总督生涯刚开始时怀有多么真诚多么爱国的目的，但最终腐败的痈疽迅速地从他自身扩展到他管辖下的每个公共机构的分支，使他的陆军和海军实际上成了空壳。在对利益的追逐中，他和他的随员们都忘记了对国家所负的责任。1890 年，他纵容属下把舰长琅威理驱逐出中国海军，破坏了他麾下唯一一支纪律严明、作战有力的军队。在李鸿章知情并默许的情况下，从那时开始，他们将舰队和兵工厂办成了半商业化的设施，而这种官办管理（受到日本的密切注视）无疑导致了中国屈辱的失败。

　　无论在战败之前还是之后，李鸿章的辩解者都致力于表明，他之所以未能组织有效的国防，主要是因为中国政府的权力分散，而他的集权化努力遭到了各省总督的反对和独立行政的妨碍。在某种意义上，他所进行的改革确实仍然是地方性的尝试，中央政府从未要求各省采用一致的体制。出于这个

　　北洋海军总教习英国人琅威理（Lang William M），他右侧站立者为致远号管带邓世昌。琅威理，1843年1月19日出生，1906年12月15日去世于英国。英国海军军官。1882年秋天，琅威理来中国任职，头衔是副提督衔（英语：The Brevet Rank of Vice Admiral，名誉中将衔）北洋海军总查（他在英国的军衔是中校），负责北洋海军的组织、操演、教育和训练。1886年5月，醇亲王巡阅北洋，以琅威理训练有功，授予二等第三宝星并赏给提督衔。在北洋海军的正式公文中，他的头衔全称是"会统北洋水师提督衔二等第三宝星琅威理"。1888年12月17日，清政府组建北洋舰队，以丁汝昌为提督，林泰曾为左翼总兵，刘步蟾为右翼总兵，琅威理则担任副统领。此期间琅威理一直希望全面控制舰队，但清政府并不信任他指挥舰队。1890年6月，琅威理怀着对李鸿章的不满返回英国。

原因，负责广州、福州、南京和其他地方兵工厂的当局，仍然是各行其是，将兵工厂的经营管理托付给不具备技术知识或明确责任的亲朋好友。但是李鸿章本人从心里一贯拥护地方的传统。在李泰国—阿思本舰队（1861）的重要事件中，李鸿章作为江苏巡抚，极力反对中央政府建立一支独立于各省当局的帝国海军的企图，迫使北京放弃了这个计划。后来，他作为直隶省的总督，其野心驱使他支持行政管理的中央集权，但从来没有明确的信念和决心。他以身作则，支持大力改革，但他训练的陆军，筑造的要塞，组建的舰队，建立的兵工厂和军事学校，显然都是地方性的。当与日本的战争爆发时，就中国的其他人而言，这实际上是一个人的战争。他的陆海军计划与南方总督们制订的计划之间的区别，以及现代中国舰队中南洋水师和北洋水师的区别，只有能量的不同，而无动机的差异。例如，那种使李鸿章能够在旅顺与威海卫创建海军港口的能量，主要在于他享有的特殊优势，可以从户部得到这种试验所必需的资金。

李鸿章的海军是地方性的，其陆军是区域性的，在这些事情上，他和总督级的同僚一样，遵循着祖国古老的传统。但是，在他的生活记载中，没有任何迹象表明他曾试图根除那样的传统，或者结束一种不利的体制，这种体制从一开始就明显使中国无望于组织起对付西方列强的有效国防。如果我们要问，像他这么一个具有杰出才能的人，为什么还会顺从地继续在这样一种体制下工作，以他的智慧而言，他一定警觉到这种体制在国家处于危难之时是注定要失败的。如果我们提出这个问题，那么我们又面临着至关重要的财政因素，它是所有这些问题的基础。地方行政体制仅仅是封建家庭体制和裙带关系的发展，因此在骨子里就有这种制度的弊端——与生俱来的弊端。在这样的地方体制之下，李鸿章能够（而且做到了）为其亲戚和随从提供官职，还为其大批同乡提供职位。就连他采用西法训练的军队也从安徽征兵，其大多数军官都是他的家族成员。北洋水师司令官丁提督就是安徽人，但他的几位受过外国教育的军官却是福建人（不得已而求其次），其结果是，在琅威理上校于 1890 年离职之后，出现了家族谋反和纪律松弛，其本身就足以解释日本为何会取胜。李鸿章承认并接受了这个体制，这等于从一开始就放弃了所有合理的军事原理。他和所有的亲戚通过这种固有的弊端不断获利，与此同时，如果他们能够在国内外制造一种具有战争能量和目标明确的印象，他们就非常满意了。当"虚张声势"露底时究竟发生了什么，我们可以从忠实地工作和战斗在李总督麾下的欧洲人提供的证言中得知，他们的叙述最终证明了官场贪腐是中国战败的直接原因。李鸿章是那种腐败的知情者和容忍者，因此应该对其大张旗鼓的军备遭到惨败直接负责。失败的原因既在于他所支配的工具，也在于他本人。

如果回顾一下李鸿章作为军事权威获得声望的源头，也就是说，回顾一下他与戈登合作的那些日子，我们会发现，他所展示的素质，是人们对于官僚学者自然有所期待的东西——睿智、杰出的战略理论，规避风险的强烈意识，书写公文的优秀才干，还有对于身为会计总监的职责与特权的持续关注。李鸿章自己承认，他与戈登的关系牵涉到双方不断的斗争，戈登方面是为了部队能够及时获得饷银，而他这方面则是为了逃避付款。白齐文，一位能干的军人，由于跟李鸿章发生同样因金钱而起的争执而投向了敌方。

在对几名叛乱首领有预谋的杀戮中，如同他悬赏缉捕白齐文（死活不论）一样，他显示了自己的战争观，他的观念并未因为他与英国军官交往而大大不同于东方的模式。他有着丰富的政治策略和远见，但他的军事战术与他著名的同僚张之洞[1]一样原始而粗浅，他的认识还停留于明朝的岁月：使用弓箭，大声叫喊恫吓敌人，戴上凶猛的面具。在他征战捻军的时候（1866—1867），命运再次帮了他。捻军已在 1865 年击败了僧格林沁，挫败了曾国藩在山西和湖北击溃他们的企图。实际上，他们是太平军的分支，在清廷恢复长江流域的秩序之后，他们分散开来，成为小股的游击部队。然而，就连对付这些游击部队时，李鸿章也总是避免直接的进攻战和对抗战，他的办法是把捻军包围在一个不利的地区，断绝他们的供给，"驱之入海"。此话通常意味着把捻军赶进相邻的几个省份，那些省份的当局便要为镇压捻军而负

---

[1]　此人郑重地劝说皇帝：击败日本的最佳办法是在他们登陆地点的沙子上挖掘壕沟和陷阱。

责，或者为此而付款（给李鸿章）。然而，李鸿章在公文中描述其发奋的征剿，敌军力量的强大，以及其财政上的需求，被中国学者看作同类的楷模，证明李鸿章适合于指挥军队。

在政治知识和普通常识的领域里，李鸿章遥遥领先于他的同时代人，他认识到在中国人的领导下，中国的军队绝无指望在反抗欧洲军队时保住阵地，而且他大胆地为其军校聘请外国教官，为其要塞、兵工厂和造船厂聘请外国专家，公然与保守观念对抗。的确，他作为海陆军事务管理者的主要优点就在于此：他认识到了一个关键的真理，而他的同僚们对此还是盲目的，他有勇气根据这种知识独力行动起来。他在 1870 年出任直隶总督并从曾国藩手中接管具有较高战斗力的汉人军队时，他很容易躺在镇压太平天国的功劳上睡大觉。但是，他与华尔、白齐文和戈登交往期间引进的欧洲兵法，以及他在南京建立兵工厂的过程中获得的经验，在他活跃的头脑里留下了强烈的印象。从此，他开始按照西方模式大力重组其总督标兵，并创建一支海军。他在向朝廷解释和辩解自己的政策时说，他雇用外国顾问和引进外国设备的目的，是为了使中国处于能够有效抵抗外国侵略的防御状态。日本能够做到，中国为什么做不到？他的目标是合法的，他的理由显然是合理的。但是经过了 25 年的努力之后，合法性与合理性都化为乌有了，因为他无法保护其海陆两军的管理免于官场腐败而导致的道德堕落。

我们在此无须重述李鸿章在 1870 年至 1894 年之间为重组和改革采取的各种措施。从所有外表来看，这些措施大为成功。在琅威理上校的管理下，北洋水师（2 艘铁甲舰、6 艘巡洋舰和一些辅助舰）已有了某种程度的效力，使之成为一支值得认真对待的军力。旅顺口、大连湾和威海卫海军港要塞的建立和装备，都是在冯·汉纳根先生（李鸿章可靠的德国军事顾问）指导下完成的，被当作固若金汤的防御工事，人们普遍认为其采用西洋方法训练的军队可以同任一列强的军队相媲美。事实上，中国龙号称是不可战胜的庞然大物。但是，那些有机会窥视其表面之下的人们都知道，徒有虚表的权宜之计和弄虚作假的巧妙伪装打造出了一个有力而坚固的外表，而其内部却是一无所有。像鹭宾·赫德爵士和德璀琳先生这样和蔼亲切而又满怀乐观的顾问，

北洋水师舰船。1875 年依洋务派《筹议海防折》，光绪特命北洋大臣李鸿章创设北洋水师。北洋水师于 1888 年 12 月 17 日于山东威海卫的刘公岛正式成立，中国政府每年拨出 400 万两白银给予海军建设。主要军舰大小共有 25 艘，辅助军舰 50 艘，运输船 30 艘，官兵 4000 余人。舰队实力曾是东亚第 1，世界第 9（当年《美国海军年鉴》排名）。在 1894—1895 年的中日甲午战争中全军覆没，它标志着洋务运动的破产。清政府也因此被迫签订了中日《马关条约》。

对军事一无所知，有可能会被这种熠熠闪光的虚假外表所蒙骗，但各类技术的专家，尤其是李总督麾下的专家们，都知道李鸿章的名誉和中国的安全系于一身的这个总体结构，已经烂到了心里。

　　首先来看海军。北洋水师的组建标志着 20 多年努力的结果，它在 1886 年达到了舰只数量的最高峰，在 1890 年则达成了最高的效率。1891 年，北洋水师在丁提督率领下访问日本，给日本人留下了极深的印象，致使日本海军迅速地增添了大量舰船。中国船员（大多数是山东人和浙江人）的干练和守纪，早已得到人们的好评。李鸿章对沿海海防每 3 年视察一次，其最后一次（1893 年）显然是一次胜利的巡视。那里有他毕生的事业，人人可见，人人赞羡：他的要塞和军校，铁路和码头，战船和枪炮，全都油光锃亮。枪炮鸣礼，龙旗飘舞，对他迎来送往，他的同僚和宾客奉天巡抚对此印象深刻。

"老佛爷"也是如此，她不久就赐予李鸿章三眼花翎，这是汉人官员所能得到的最高荣誉。海内外的媒体也是如此，因为李鸿章从未打算隐藏他的任何一处闪光点，而其"自己的记者"为数众多，在这种场合发出了充分的赞叹。这是李总督名声如日中天的时候，但阴云已在地平线上迅速聚拢，将要永久地遮断他前程上的阳光。想象一下，当一个人看见李鸿章在一片赞扬和感恩声中从其高度成功的手工艺展览会上归来时，他会不得不惊奇于这位老人自欺的程度究竟有多深，究竟在多大程度上认同他自己的这个虚幻的辉煌构造。他身边的人，有的站立于其战船的甲板之上，有的置身于其衙门的各个办公室内，他们都是他亲自任命的奸诈贪婪之徒，他们迫不及待地出卖国家的安全，把钱装进自己的钱包。

例如，在3名福建舰长旨在迫使琅威理上校及其下属的英国教官辞职并导致舰队迅速腐化的阴谋（1890年）中，李鸿章在多大程度上参与了这次行动？在多大的程度上他是因为其体力衰弱而默许了他们的阴谋？公允地考察事实，使我们得出以下结论：李鸿章本人在这次灾难性的事件中应负主要责任。李总督一般不愿意把真正的权力授予哪怕是最好的外国顾问，所以在修订协议时，他得知琅威理坚持要求得到与丁提督共同执掌舰队的权力，便采取了口是心非的做法。只有在丁提督临时缺席时，琅威理才会发现，他的中国官职（和戈登一样）只是一个空衔。刘总兵，3个阴谋活动者之一，其目的是把琅威理从其职位上拉下来，当时坚持要求接管整个舰队，李鸿章支持了他。如此摆脱了洋人之后，3位舰长（林泰曾、刘步蟾和方伯谦——都是福建人）开始把海军作为自己赢利的商业机构。结果是直接的、灾难性的。各个供给部门脱离了忠实的监管和纪律，迅速地腐化。为舰队做好战争准备被阴谋者摆在了最后一位，相反，他们依靠李鸿章的和解外交来维持和平，同时却从"虚构"的战斗力中分享利益。要完成分崩离析的过程，4年足够了，日本人完全明白了这一点。

广东人林文庆，改良派领袖康有为的朋友，在 1900 年所写的文章中 [1] 正确地指出，琅威理舰长辞职的原因，也能解释中国所采取的几乎所有新计划为什么会失败。他说，外国专家和本国无知上级军官之间的龃龉，学生和军官薪酬太低，裙带关系和错误的策略，都是中国致力于采用欧洲海陆军体制遭到惨败的原因。但毫无疑问，对国人护短使得林文庆没有把官员的不诚实开列在导致灾难的原因之中。

为朝鲜而发生的斗争引发的危机到来时，李鸿章大肆夸耀的海军对于作战几乎毫无作用，就像北京那些墙上画着枪炮的中世纪宝塔一样。李鸿章是否认识到了这种情况？我们再次被迫相信他意识到了，因为当朝廷和总理衙门敦促他派舰队为"高升"号的沉没而复仇时，他却尽可能地拖延时间，把舰队小心翼翼地藏在海湾港口之内。如果报道属实，正是在这个当口，他给慈禧呈递了一份密疏，暗示说，若非皇太后坚持把用于海军建设的资金挪用于重建和装修她的颐和园，那么海军的情况就不至于这么糟。可是总理衙门不听任何借口，御史们同声发出尖锐的嘲讽和谴责，李鸿章被迫派出他的舰队，让它们到黄海海战中去碰运气。

天津机器局的每一位欧洲人都很清楚，丁提督手下舰长们的怯懦和舰只的不足意味着灾难将临。那位勇敢却无能的司令官也明白这一点，在他的提议下，李鸿章匆忙地在中国政府的机关里用一批勇敢而忠诚的外国人充实他的人力。没有冯·汉纳根先生、泰勒上校、麦吉芬上校、麦克卢尔上校和其他欧洲人的领导和勇敢的以身作则，就不能对敌人形成有力的抵抗，而只有可耻的溃败。冯·汉纳根先生在"高升"号上死里逃生（7 月 25 日）之后，被任命为丁提督的参谋长和"顾问"。他 8 月份从威海卫向李总督汇报说，舰队事实上缺乏弹药，他建议李总督命令天津机器局全速运送充足的炮弹。但是炮弹并无现货，而斯图阿特先生和外国职员方面的活动都无法提供所需的数量。舰队在 9 月份前进时，平均每炮只有 14 颗炮弹，里面装填的是轻

---

[1]　《来自内部的中国危机》（*The Chinese Crisis from Within*），作者为文庆（Wen Qing），格兰特·理查兹出版公司（Grant Richards），伦敦，1901。

日军拍摄的甲午海战照片。1894 年 9 月 17 日，甲午海战爆发。号称亚洲第一，世界第九，清政府花费数百万两白银打造的北洋水师在与日本联合舰队的一系列激烈交战后，损失惨重，退守威海卫基地。

型的练习用炸药。臭名昭著的张佩纶，李鸿章的女婿，其衙门里的"捞钱"冠军，此时主管军械供应部。中国海军的战败部分是由于他的大量贪污，部分是由于那些纵容其贪污并分享其赃物的海上军官们背叛祖国的贪生怕死。

战争爆发两年前，李鸿章在冯·汉纳根先生的催促下，批准了向克虏伯公司购买大量重型炮弹的一份订单，以配备给"镇远"号和"定远"号两艘铁甲舰上的 10 英寸大炮。但是订单从未执行，因为张佩纶不同意在爆炸物上费钱，而他的朋友林泰曾、刘步蟾、方伯谦 3 位舰长赞成他的看法。（如果能搞清楚李鸿章对此"节约"究竟是否知情，以及他究竟在何种程度上予以赞同，将是非常有趣的事情。）于是中国的两艘铁甲舰于 9 月 17 日前去战斗，参加黄海海战，两艘舰一共才有 3 颗重型炮弹。这 3 颗炮弹中，1 颗由（克虏伯公司的）炮手教官赫克夏发射，击中并几乎摧毁了日军旗舰"松岛"号。如果能为这些重炮提供足够数量的弹药，那么黄海海战的结果或许会有利于

丁汝昌，（1836—1895），清朝晚期将领，
官至北洋海军提督。

中国，毕竟丁提督是一位斗士，他的大多数手下是坚强的。但是战舰的大炮毫无作用，因为张佩纶的节约思想迫使他们在战斗结束时在小炮上使用非爆炸性的钢弹。所以，精确地说，黄海海战失败的原因，是李鸿章女婿张佩纶的贪腐。由于张佩纶在李鸿章的衙门里任职，李鸿章本人咎无可辞。他不能假装不知道他的亲戚名声很坏，因为御史们愤怒的奏章经常将此事提请皇上注意，可是李鸿章一直护着他。4 个月之后，张佩纶被革职流放，因为被控与一名日本特务有腐败交易。

在为战舰重炮采购炮弹的订单发出之前，黄海海战又过去了 1 个月。炮弹抵达中国在威海卫交货的时间已经太晚，因为舰队已被封锁在此，正在做最后的抵抗。另外，在这个据说是难以攻克的要塞里，勇敢的丁汝昌提督发现防御的任务不可能完成，因为又一次，在这座号称无敌的堡垒中，勇敢的丁提督发现，由于总督署供给部门的无能和腐败，在海上和陆地都无法执行防御任务。麦克卢尔上将和泰勒上校麾下的几名忠实的欧洲人支持了他，但命运对他非常无情，从日军包围港口的那一天开始，灾难性的收尾是注定的结局。在这个要塞里，104发炮弹中只有4发装填了东西，而这4发中只有1发装了火药，其余3发装的是沙子。8英寸立体阿姆斯特朗炮的观测镜已被偷走，膛栓也出了毛病。整个军营乱成一团，山东巡抚急于把自己的过失推到别人身上，未与丁提督合作，而是跟他作对。这次围攻的一个特点是军营里出现了大批被日本人收买的叛徒。可能由于1个或多个叛徒的报告，北京有人控告丁提督，导致他于12月份奉命交出指挥权，进京接受处罚。这个命令后来通过李鸿章的影响和丁汝昌麾下所有外国军官的强烈抗议而取消了，这足以令这位勇敢的将领在应该尽可能得到帮助和鼓励的时候感到寒心。2月12日，当他弹药告罄时，他把炮台与港口交给了伊东上将，并在同一天遵照最经典的传统杀身成仁。与他一同赴死的还有刘公岛的指挥官张将军，他是李鸿章的一名亲戚。在停止抵抗的前一天，丁汝昌曾希望能从山东巡抚那里得到增援，但援兵未到。反之，李鸿章发来了命令，指示丁提督在必要时放弃要塞，但要把舰队开往另一港口。这个命令可能是由张佩纶或总督衙门里的另一个骗子起草的，这些好人被派出去战败、战死，就是为了填充他们的钱包。

李鸿章真心喜欢丁汝昌（一个和蔼忠诚的人），为他去世而悲伤。李鸿章钦佩这位杰出将领的作风，他离开了一个世界，在那个世界里，竞争的力量和属下的背叛击败了一切，唯独没有击败他坚定的心。伊东上将也以突显日本武士等级的勇气和良好感情高度赞扬这位不幸的对手，并让其尸体稳妥地运至烟台。伊东按照东方人的惯用方式，在要塞投降之前，不止一次地试图劝说丁汝昌放弃他自己明知毫无希望的事业，但所有这些提议都被礼貌地拒绝了。随着威海卫的陷落和丁提督的去世，战争实际上已经结束，因为李鸿章的陆军和海军已不复存在。朝廷着手处罚李鸿章的大批将领，这些人表现得完全庸懦无能，宫廷准备逃向西安府，以防取得胜利的日本人挺进北京。李鸿章在厄运降临时总是冷静果断，安排将他自己的可动资产从天津转移到安徽老家，并开始承担起新的职责，作为全权大使与和谈者前往日本。

这样，由于内部因腐败导致的混乱，这支曾经令李总督感到自豪并成为其名声主要来源的海军化为乌有，走向了耻辱的结局。他多年的心血在战争的第一波冲击下就崩塌了，它是一座建在沙子上面的大厦，没有以忠诚和爱国为目标的坚实基础。

中国陆军的溃败甚至更快更彻底，但其威望从未与海军比肩。的确，作为一支作战力量，它的无能，几乎是社会一直能够接受的事情，对李鸿章本人和中国政府来说，不会感到多么意外。李鸿章自己的外国军队供应充足，薪饷很高，但充其量只是皇家卫队，是供人参观的仪仗队，足够用于宫廷政变，或者刺激记者和外交官的想象力，以打造中国认真整备军武的印象，实际上却是一种异国风情的产物，造成了一种纯粹地方性的非典型的舞台效果。李鸿章和其他总督为重组军队所做的断断续续的努力，就像在穿破了的旧衣服上打补丁。宓吉先生曾有幸观察到李总督管理机构的内部运作，对事态做了精确的描述：

> 军事设施的古老状态一成未变。没有组编正规军，只是组建了一系列地方部队，缺乏凝聚力，也无中央控制，外国教官被严格限制在教学工作之内，隶属于他们所指导的人，没有任何权力。他们可以训练士兵，而大部分军官则不去参加阅兵场上单调乏味的训练。少数已经获得一些欧洲军事教育的军官，和外国教官一样无法说动他们完全无知的上司。因此，那些最荒诞可笑的陋习不是潜移默化，而是涌进了每座营房和每所学校，把科学的教学降解为空洞的滑稽剧。

至于陆军武器弹药的供应，也存在着官员无能和不忠的状况，和给海军带来灾难的情况一样。地方当局各打各的牌，直隶也是如此，旨在获得合同的回扣和盈利，而不在乎保证材料和设备的配套供给。既没有制度，也无中央的监管，其结果是地方当局甚至其下属官员们在购置任何武器弹药时都互相竞争。同样，各省兵工厂购置机械设备和材料，似乎成了主管官员的权力和盈利渠道，不用与其他兵工厂或北京沟通。其结果是买来了大量完全无用的弹药，给那些从来没有受过训练的人使用这些弹药带来了危险，因为当局从来没有真正指望这些人使用它们。在天津，如同在根据条约对外开放的主要港口一样，负责军事供给的官僚们眼睛只顾盯着从军火合同中获得大量回扣。到处都有德国、奥地利和日本的代理商，准备给他们提供过时的武器和填沙的炮弹，价格当然会令双方同样满意。这种状况在 1894 年其腐败暴露之后也未得到改变。相反，由于官僚们常规的财政来源因战争赔款而减少，他们的行为变得不计后果，我行我素，军火交易随着其需求和贪欲的增加而水涨船高。直隶和往常一样走在各省前面，以国家日益减少的信用为抵押，大量购置不同类型的各式大炮和步枪。于是仅仅在天津制造局的西局，联军于 1900 年发现并扣押了价值约 200 万两银子的未经使用的战争物资储备，这些东西采购进来，并非军队需要，而是因为官员们需要从这些交易中得到回扣和赃款。

与法国作战时，李鸿章扮演的角色更多的是政治家和外交家，而非军事家。在讨论其事件及结果时，他总体上让人们明白，法国的胜利主要是由于广西巡抚不懂战争艺术，以此暗示在他自己管制下的开明地区情况大不相同。毫无疑问，他在这个问题上的看法在某种程度上是认真的，但也部分受到他那精心策划的政策的启发，即如果不能拥有有效的防御体系，那就制造出强大的印象。1884 年 5 月，他在天津与《泰晤士报》记者讨论时局和他自己的计划时，曾反复表示，他希望欧洲不要受到中法战争的误导而认为中国不能成功地抵抗侵略。他含蓄地声称，他信任中国士兵的军事素养，他宣称，所需的一切是组织、操练和优秀的军官。所有中国弊政的主要原因是地方自治体系，由于这个体系，总督们甚至巡抚们都处于半独立状态，与此同时，就军事而言，他们极其无知。

李鸿章产生这些值得称道的想法是很自然的,他当时正处于事业的关键时刻,他要维持他对皇太后的影响,要靠极端保守派的朝臣们的荒谬愚蠢,以及他本人按西方路线进行军事改革的合理性。一个月之后,同一位记者(宓吉先生)宣称那场战争的结果已经澄清了局面,并使李鸿章与故意阻碍者形成了更加鲜明的对比,使"他的国人承认他是一个具有以和为贵的国民精神而又为外国思想所同化的中国人"。因此,从政治上说,东京战役的结果从李鸿章本人的角度来看不无令人满意之处。与此同时,就未来而言,他致力于尽量减少法国从中获得的优势。他向《泰晤士报》记者保证:尽管中国的行动软弱无力,但对他而言,似乎没有理由怀疑帝国能够创建一支组织严密、纪律严明、管理良好的军队,用来防御欧洲人尚存的野心,甚至挽回以前的损失。李鸿章的此番讲话,旨在给海外制造一个有潜力的印象,在国内则制造一种舆论:他本人就是那个能使潜力有效发挥的"强人"。

然而在中国,公众人物言行之间的差距非常之大,甚至超过了欧洲政党政治的欺骗。李鸿章把东京战役的失败归因于广西巡抚的愚蠢无知,也归因于中国政府用方术去塞圆洞的习惯。他谴责当时存在的管理体制已彻底腐败,在治疗能起作用之前,必须置换健康的新血液。于是李鸿章是自己打了自己的嘴巴,因为在 1894 年根据他的任命担任指挥官的将领们不仅不是新鲜血液,反而是以腐败无能著称的老式官僚,而文职管理中最重要的职位交给了张佩纶和盛宫保这样的人。

在此无须详述 1894 年陆战中令人痛心的经过。李鸿章麾下将领们的主要目的是为日军推进留下余地,同时又维持坚决抵抗的假象;天津的部队(从李鸿章家乡安徽省招募而来)更关心从朝鲜打劫来的赃物,而并不关心与敌人交战。他们的司令官是卫汝贵将军,他是李鸿章身边的红人之一,其无能和怯懦经常受到御史们的弹劾,他于 11 月份被处以斩首。叶将军以叛变和在平壤溃逃而著称,是李鸿章的另一名提拔对象和保护对象。唯一表现得比较英勇的部队是由山东回民左宝贵所领导的,他与其同僚的想法相反,在作战时身先士卒,战死疆场。在旅顺,防御任务交给了卫汝贵同样胆小无能的弟弟卫汝成。与他合作的是文官龚照瑷道台,当日本人开始包围要塞时,他逃到了烟台，但在山东巡抚逼迫下返回岗位。在这样一些领导者指挥下，无法指望中国军队进行防御。这个耗费巨资修建并被德国专家称为固若金汤的大要塞，几乎在第一波攻击中便陷落了。要塞驻军仍像往常一样掠夺码头金库与商店，以及平民的可动产，准备逃跑。指挥港口防御的军官在切断布雷区的金属线之后逃走了。大量的鱼雷或地雷没有引爆一颗。事实上，小松将军 10 月 24 日在金州登陆，或者他两周后夺得大连港时，都没有遇到抵抗。当日军进入旅顺港后，他们在那里发现了大量的煤炭和弹药，防御工事暴露在外，码头的机械设备也没有毁掉。

旅顺港是李鸿章最引人注目的成就，是他一直引以为自豪的地方。它短暂的生涯和不光彩的结局只是有助于强调李鸿章本人在 30 年前就有机会宣布的事实，那就是，没有能干和勇敢的领导者，中国的士兵就不会战斗，而官僚阶层无法产生这样的领导者。他在镇压太平天国的积极作战中已懂得这一点，但他的阶级偏见比他的信念更为强大，于是他未能按照这种认识去办事。

战败的羞辱和国人的愤慨，都没能促使李鸿章从事认真的军事改革。12月初，灰心丧气的中国政府向日本派遣早产的和平使节，并求助于欧洲列强，它仍然抱着一线希望，但愿突然出现一个奇迹般的策略，可以挽回局面。在这种希望驱使下，总理衙门招来冯·汉纳根先生，请他提供建议。他来到北京，与恭亲王和庆亲王进行协商，给他们进献了一份现成的方案，即迅速组织一支 10 万人的帝国（而不是地方）军队，由两千名外国军官指挥。德璀琳先生出使日本一无所获，当时刚从日本归来，出席了这次会议，给总理衙门那些胡须灰白的老权贵就财政和行政改革提了一些很好的忠告，他认为，这些改革必须马上着手，因为它们对任何合理的军事计划而言，都是取得长久成功的重要前提。衙门里的满族人大臣对这个忠告深以为然，打算批准冯·汉纳根先生的提议，但汉人大臣却异口同声地反对。咨询李鸿章时，他站在反对者一边。在他指引下，其忠实的仆人盛宫保呈递了另外一个"节省得多的"计划。由于有关各方都很明白的原因，他建议组建一支规模较小的军队（3万人），配备较多的枪炮。他的提议得到朝廷和大多数汉人高官的支持。这

甲午战后的旅顺港

一方面不会着手进行任何开支巨大的建军计划，尤其是在那些开支必须受到外国人严格监督而无利可图的情况下。他们真正期待并希望冯·汉纳根参与的事情，是这样一个魔术般的计划，常常由那些行骗的游侠骑士向李鸿章提出，它将以前所未有的计谋打败获胜的日本人，它是张之洞等人认真鼓吹（而无细节）的那种深置的陷阱。但是，他们想得到的最后一样东西，就是看到2000 名外国军官被授予权力，能够限制官僚们借以贪污、随意授职和以权谋私的由来已久的权力。

李鸿章，这个伟大的改革者，在这件事情上成了反动派的领头人。为什么？毫无疑问，部分是由于他本人的困窘而导致的懊恼，他一想到一名外国人[1]会被授予他自己作为中国的大人物都干砸了的任务，就会不高兴。但是，

---

[1]　冯·汉纳根在 1879 年通过中国驻柏林使团的聘用，作为副官为李鸿章服务。他曾在德军的炮兵和骑兵部队服役。他对李鸿章、对中国的忠实而杰出的服务，从来没有得到充分的承认。

这种局面的决定性因素，以及他强烈反对一个已经证明了其对中国、对李鸿章本人忠心耿耿的外国人提出的合理建议的根本原因，在于由外国人来重组军队，将意味着外国的控制，尤其是对军火购买的控制。换言之，尽管狄米特律斯处在危险之中，但比以弗所人的戴安娜更重要的是官僚们捞取"回扣"的世袭权力。李鸿章只是一个人，但在他背后却站着全中国的官僚群体，他们关心自己的阶级特权，远胜于关心帝国的名誉和安全。

当冯·汉纳根先生的建议最终被中国政府束之高阁的时候，李鸿章已被剥夺了所有的头衔和荣誉，仅仅保留了对属地的管辖权。他的老对手，湖南集团的首领刘坤一，已被任命为中国海陆军的最高统帅，凌驾于他之上。从所有表面现象来看，这位大人物走背道了，他的敌人找上门来公然嘲讽他。根据这些事实，宓吉先生为李鸿章辩解，反问道：李鸿章怎么能够制定并执行某种独立的反动军事政策，并通过盛宫保来阻止冯·汉纳根先生的建议被采纳？对于这个显然是非常合理的质疑，答案是：在李鸿章明显走背运的整个时期内，他在幕后继续享有慈禧的庇护，而他的事业伙伴大太监李连英，总是藏在皇帝身后的那个权势人物，也给了他同样强有力的保护。

如果俄国没有由于李鸿章的外交及其本身的利益而进行干涉，如果中国实际上已被其鄙视的"倭人"夺占了其大陆的要塞和领土，如果人们已经把这些国耻算在李鸿章头上，那么，满族人或许至少会致力于采取一些类似于冯·汉纳根先生建议过的严肃的军队改革计划，以阻止崩溃的局面。但是，一旦一条消息在海外被人们窃窃私语，并聪明地传播开来，说李鸿章成功地完成了"以夷制夷"的愉快任务，因而日本将被迫退出旅顺港及威海卫——换言之，战败的惩罚将被无限期地免除，那么就连满族人亲王们也会鼓起勇气，抛却懊悔。于是大家一致同意放弃提倡认真管理和自觉训练的大力改革的想法。显然，中国至少能够轻松地喘口气了，官僚们的太阳尚未落山，李鸿章仍然可以按照自己的想法把握时机。

因此，当李鸿章几个月后启程前往莫斯科和其他地方时，他走得风光，他肯定知道，在外国人指导和控制下改组军队的想法随着中国面临崩溃的直接危险而完蛋了。他能怀着平静的心情出发，他肯定，当他回来时，京津两地的局面仍会一如既往。那时候，他会开发出新的计划，安排新的合同，用新的板条和灰泥来修补其官场伪装中出现的漏洞；旧东西可以冠以新名字，新人物可以代言旧习俗。但不管发生什么事情，整个官僚群体，尤其是李鸿章的神圣权力，在以后的若干年里不会被破坏。于是，得过且过吧！在这里，我们看到了李鸿章犬儒态度的极致，对于无上权力的激情主宰着他。他对国家利益漠不关心，愿意放弃所有他已鼓吹多年的原则，他在 1894 年大失败之后的行为，表明他准备以帝国的未来为代价来换取可以让他重登权力宝座的计划。在这个和其他许多场合，他是慈禧太后忠实的追随者和模仿者。

从欧洲人的观点来看李鸿章生涯中的这一层面，外国人不可能不把中国屈辱的失败和中国人民因此而遭受的许多不幸主要归咎于李鸿章，直到今天仍是如此。不可否认的是，他不忠于自己宣称的信念，不忠于其优越智慧的认识，因为他在明知极不健全的基础上，去建设壮观而昂贵的海陆军装备体系。可以肯定，在这个过程中，他不仅受到个人动机的驱使，同时期望给海外造成有关中国军事力量的虚假印象，他还遵循本阶级的传统，让对国家的服务从属于个人目的。但是，从中国人的观点来看此事，他遭到的谴责并不是因为他的方法，而只是因为这些方法没有取得成功。就连这种程度的谴责，其大多数国人考虑到他在其他层面的公共服务中值得赞赏的忠诚与成就，也加以免除了。事实上，后世人正在给予李鸿章以其同时代人拒绝给予他的公正评价。中国人一般都不关心政治，他们把管理事务、战争与和平交给官僚阶级。舆论通常以封建传统为天平来评论国家的大人物，即便在失败的时候，也要看他们是否忠实于传统，如果他们谨遵古代的方法行事，就会得到古代习惯的认可。官僚阶层的贪污是既成传统中的主要组成部分，官场的文过饰非和夸饰摆谱也是如此。如此看来李鸿章总体而言是无罪的，因为每个中国臣民都心照不宣地接受了这个事实：全部行政艺术在于精心编造的欺骗，在于制造一个巨大的幻觉，还在于利益的分配。欧洲人在李鸿章身上看到了，或自以为看到了中国正常官僚的变异，认为他是能够带领中国人民走向繁荣的新摩西。中国人自己却把他看作造假艺术的超级高手和政治柔道的技巧大师——最重要的是，把他当作一位儒家学者和圣人训诫的忠实信徒。木枪，

　　1898年，建威号驱逐舰下水。同治五年（1866）马尾境内创办船政，
设厂造船，建威号是福州船政局所造第37艘舰船。福州船政局，又名福建
船政局、马尾船政局，清末由闽浙总督左宗棠创办于1866年，是中国近代
最重要的军舰生产基地，李鸿章赞其为"开山之祖"。后在继任船政大臣
沈葆桢的苦心经营下，成为当时远东最大的造船厂。

　　虎头盾，纸上谈兵——多个世纪以来，这些东西在中国舍不得花钱的尚武精
神中扮演着重要的角色。李鸿章不过是让"老习惯"适合于一种新安排的需
求，从而产生一些引人注目的新的舞台效果。如果说李鸿章在与日本人的战
争中采用的所有策略和计谋都被证明为无用，如果说他最终是九死一生才免
于因失败而遭受极刑，那么，他能够运用纯粹的个性力量（或运气）重返高
位，而且在离开舞台时能被帝国的女老板、外国人，甚至他的敌人承认为帝
国最伟大的人物，那么这仍然是他的长处。如此看来，他品质中的道德层面
无论如何都是主要的因素。

　　毫无疑问，在李鸿章的国人当中，时间老人的妙手已经抹去了对于他失

败的记忆，中国的现代观点（请记住，主要是官方产物）如今正在向他致敬。照官僚们看来，他的一生是一个几乎不断成功的典范，得之于严格的传统路线，只是一度有趣地转上了异国现代主义的岔道。在除中国以外的其他任何国度，李鸿章对海军的经营一直是一个伤心的话题，谨慎的政客们会避免提及。在今天的北京，李鸿章的朋友和追随者们并非如此。仅在一年前，海军部在一份报告中对总统袁世凯提出建议，要求在北京建立专祠，以纪念李鸿章、左宗棠和沈葆桢这些中国海军的创建者，以便海军官兵凭吊这些政治家之灵。这份报告依据惯例，记述了中国海军的成长过程，局外人会从中得出结论：中国海军的历程，至今为止都是一个持久和辉煌的成功。报告说，在前清最黑暗、最保守的时代，左宗棠预见了海防的必要性，他创建了福州船政局，推荐沈葆桢担任总经理。沈葆桢组建了一所船政学校，建造了 8 艘炮船，这就是中国海军的起步。后来，李鸿章创建了北洋和南洋水师。由于他不懈的努力，海军才能继续成长，等等。

　　进一步的研究表明，这份报告并不能很好地证明李鸿章作为海军建设者所具有的品德和才干，它只能证明，帝国统治下的官僚群体所具有的那些特征，其装模作样的无限能力，以及袁世凯喜欢坚持的"古代传统的不断延续"，在共和国时期得以延续下来。因为，相关部门在同意上述报告者的请求时，机敏地注意到，抑制海军军官的热情和爱国主义是不对的，刚好相反，鉴于国家处于危急关头，政府应尽一切力量鼓动海军官兵的尚武精神。于是用于纪念李鸿章的祠堂，实际上（或将要，如果建了的话）成了坚持官僚传统的辉煌纪念碑。李鸿章"游荡于黄泉"的魂魄得知在海军实际上已不复存在的时候，其经典的灵魂还在循着古代的路线一直前进，一定会兴高采烈。他一定还会像生前一样习惯性地露出和蔼的微笑，而他的微笑正是为了此事特有的结局：在表达敬意的友好外衣下，功利性的目的露出了马脚。

　　　　因此，该部（指海军部）提议为海军部官员建造俱乐部一所，
　　在俱乐部内应再建花园一座，其间杂以花草灌木，使之更为宜人。
　　公余之暇，海军官员得以聚会于此，娱乐交友。花园内建一祠堂，

以纪念李鸿章、左宗棠与沈葆桢，海军部应于春秋二季择日祭奠此
中国海军创建者之灵。

李鸿章本人也找不到更适合的地方来建自己的祠堂！

或许会有人说，这份报告并不一定代表当代中国有关李鸿章一生的普遍
观点，因为袁世凯总统作为李鸿章的追随者，必定要对这个名字表现应有的
尊敬，所以为这种祭奠行为安排了一个舞台。但情况并非如此，不是某个人，
而是官僚的传统，在此对其最著名、最成功的一分子表达敬意。如果我们不
能同情这一传统；如果我们无法欣赏东方的"文化"体制，在这种体制中，
文字早就不再与事实发生任何直接关系；如果我们谴责李鸿章，因为不管他
的话说得如何漂亮，他的工作却未能把与这种文化形式完全对立的体制注入
中国的军事管理。那么，让我们记住：我们是风水的产物，我们不可能在一
代人的短暂时间内改造一个民族甚至一个阶级的传统。最后，在谅解李鸿章
失败的时候，让我们记住：中国的行政体制，以及引领这种体制的阶级，从
儒家哲学中获得营养，比欧洲国家从基督教获取营养的时间长得多。中国的
体制建立于道德力量教义的基础上，因此宓吉先生说得很对："他们对属于
物质力量世界的一切事物的错误观念，不仅是可以解释的，而且是不可避免
的。因为两者之间没有共同的立场，连折中方案都不可能生效，其中一方必
定永久地误解另一方。"

第 7 章　经世家与政治家李鸿章

在考察李鸿章作为政治家的事业生涯时，我们的记述显然必定会与对其官员生涯和对其外交成就的记述发生某些交叉重叠。例如，李鸿章在 1898 年改革运动中的政策很大程度上是由他作为官员的地位所决定的。很明显，那种地位不同于他在国内政治领域最深的信念，其结果会损害他一贯享有的政治家的名声。然而，总的来说，必须注意，他在处理牵涉到维新派改革纲领即教育改革、摆脱古代传统的社会解放、君主立宪政府和宗教宽容这样的问题时，他表现出了对于哲学客观性和自由思想的非常显著的包容力，没有因为作为官员和外交官的迫切需要而产生偏见。他虚怀若谷，判断敏锐，使他在官僚同事中犹如鹤立鸡群。

必须记住，在中国，不能像在欧洲那样明确区分官员和政治家，因为直到最近为止，中国人理解的政治还是由大半官员所产生的士绅阶级享有的专利。甚至在今天，尽管所谓的共和派人士大吵大闹，尽管有了把满族人赶下帝位的起义，政治仍然很少或没有吸引人民大众的注意力，而只是吸引了以新闻界为主要代表的"知识分子"，以及奋力争夺官场肥差的政客们。在维新派登上舞台之前，中国确实存在某种类型的政治党派，但其存在和奋斗的目标总是源于地方派系争夺地盘和权力的争执，而非源于有关国家政策问题的明确的舆论分歧。李鸿章作为安徽人，生来就属于有权的党派，从 1860 年至 1890 年跟湖南派（以左、曾两家为首）争夺地盘。这些党派之间的长期斗争是经济之争而非政治之争。这些斗争是遵循官僚作风的彬彬有礼的规则进行的，但仍然颇为激烈，其手段有秘密的弹劾和御史的奏疏，有宫廷阴谋与权谋，也有系统性的贿赂和腐败。在欧洲列强及其贸易到来并在中央王国的事务中扮演重要角色之前，这些派系代表的是人，而不是观念。不管哪一边产生了一位大学者，或一位镇压叛乱的成功者，就会因此通过皇帝的诏旨而在财富与任职的比例上成为较强的一方。但是，当列强携带着其传教士和五花八门的问题，来对清政府的公务与财政施加越来越捣乱的影响，当"西学"开始在维新派的成长中产生不安定的结果，当一个政党在理想的基础上建立，安徽帮和湖南帮就分别代表着针对永远难以解决的行政改革问题的某种明确的国家政策路线。于是，在1870年以后，安徽帮追随其杰出的领袖李鸿章，开始代表稳健的进步思想，而湖南帮则代表了毫不妥协的保守主义。后来，随着睿智的本土媒体在持进步观点的人指导下得到成长，不但这些地方派系，而且整个官僚群体都粗略地分为进步党和保守党，而为了争夺地方和权力进行的斗争则在相应发生逐步的改变。最后，一个因素的出现干扰了两个派别，那就是海外广州人及其在华南和华中的追随者们的财富和分裂倾向。这些情况就提出了朝代的问题，在官僚群体中逐步形成了一条新的裂痕，划分为满族人统治的支持者和反对者。中日战争之后，近似于国民感情的东西塑造出来了，孙中山和其他广州人领导的革命活动得到了相当多官员的秘密支持。康有为能够接近光绪皇帝并在1898年的改革运动中得到他的支持，是因为中国最高级别的官员在这场战争灾难性后果的引导下，产生了预示着满族人独裁政权终结的看法。于是，在朝廷的正统支持者看来，改良与革命携手了，国内政治的整个进程复杂化了，因为许多业已被证明是进步派的人士为此被迫扮演反动派，以表示他们的忠诚。这种情况在李鸿章身上体现得很明显。

为了准确理解李鸿章在中国国内事务中所扮演的角色，尤其是为了理解他支持皇太后从事政变，并支持她在1898年9月残酷镇压维新运动所表现出来的明显的前后矛盾，我们必须对较近时期中国的政治演变做出初步的解释。尽管表面现象正好相反，但其政策的进程总体而言是遵循其宣称的那些信念，而那些信念又是其阶级偏见与文学贵族成见的必然结果。不言而喻，他在细节上会调节政策的方向，以顺应新的环境，但在基本原则的问题上（例如他对朝廷的儒家式忠诚）他不会首尾不一，对于他在海陆军重建方面的政策更是难以言尽。

不可否认的是，李鸿章坚守着某些不变的原则，它们在其多层面的人生中指导着他的行为。其一，不惜一切代价把维护法律与秩序摆在首位；其二，来源于第一个原则，即地方当局完全遵守与外国列强所签订的所有条约；其三，是他以同时代人榜样的力量来强调的原则，即为了成功地与外国人交往，必须先了解外国人，而要做到这一点，只能通过直接的个人交往。但是，他的所有原则都与他的两种观念密切相关，受其局限，其一是他绝对相信儒家哲学的道德优势胜过西方的物质文明；其二是他对这个国家的实际首脑皇太后的毫不动摇的忠诚。

如果承认这些原则的存在和力量，也承认李鸿章作为外交家和军事组织者的生平证明他具有实在的政治才能和一贯的主张，那么，与此同时我们就被迫承认，他作为国务家和政治家的毕生事业中，找不到任何明确定义的建设性政策的证据。根据宓吉先生的判断，他作为国务家的名声，在于他是一个个人，没有党派，站立于旧世界和新世界之间，毕生致力于在两者之间执行一个临时协议。但就连宓吉先生也不得不承认，他的方法整体而言是经验主义和机会主义的。如果说其外交政策的方向是如此，那么他在国内事务的处理上就朝这个方向走得更远了。他的机会主义，总是完全仿效皇太后，表明他能巧妙地把握那些能够进入宫廷并影响宫廷政治的舆论，而且他还拥有皇太后那样的精明才干，能够从反对力量造成的后果中保持有利的平衡。

李鸿章有可能成为一名值得钦佩的政党政治家。对他而言不幸的是，在他的时代绝不可能向群众的世俗智慧发出雄辩的号召（或者要求其摆脱政治上的无知）。尽管维新派坚称情况不是如此，但在封建的体制中并无构建政党机器的基础，不可能有投票箱，甚至不可能有那种让选民在两个同样不受欢迎的候选人中进行选择的民意象征。对于李鸿章这样注重实际的人而言，孙逸仙和康有为的梦想虽然很有意思，却是无利可图的：他们侈谈投票与选举、议院与民主政府之类的话题，除了得到造反（他不愿意造反）的罪名外，其余一无所得。他很清楚地预见到，为了确立一种乌有精神的字面意义而进

1880 年在天津成立的中国电报总局

行的成功尝试，其结局（在其去世 10 年后确实发生了）是把维新派的梦想沉降为受雇议员无耻地争夺公共管理肥差的可悲境况。但是，如果政党政府所需的工具存在于中国——也就是说，如果存在政治上半觉醒的选民，存在为其解疑释惑的材料，存在民主化所需的政党资金，那么，李鸿章有可能成为一位理想的政党领袖和首相。他或许没有建设性的政策（除了鱼肉之分配），但他肯定是"七弯八拐"游戏的高手。倘使没有一群贪婪的亲戚和地方亲信对公款的贪婪掠夺，倘使他能把政党政治的机构变成囊括了能说会道的律师和敏锐精明的金融家的训练有素的方阵，那么，他的天才就会有用武之地。李鸿章总是把等等看的耐心与过人的天赋结合起来，在关键性的危急时刻来决定政治之猫跳向哪个方向，他无限的勇气和力量源泉，只有在危险时刻才更加引人注目，他具有某种爽直的和蔼，具有对粗人和言细语的机敏能力，这就使他可以成为政党机器的理想操控者和事件发生后舆论的合适代表者。

　　然而，实际情况是，他在国内政治中的角色完全被其环境的局限性所确定了。由于以上解释的原因，他的角色分解为三个方面：第一是安徽帮针对湖南帮暗中钩心斗角的领头人；第二是温和地反对广州立宪改革派不切实际的思想，支持清王朝的特权；第三是全力反对义和团领袖们包括慈禧太后和满洲亲王的计划，其特点是对清王朝毫不动摇的忠诚。

　　他对义和团运动的态度是他终身所持观点的逻辑结果，这个观点影响了他所有对内对外的政治活动，即必须不惜一切代价避免与欧洲列强冲突，直到中国通过教育和国防准备，能够成功地抵抗攻击为止。他本人无疑和张之洞一样排外，因为他内心鄙视西方的物质文明。但在义和团事件的危机中，他是中国高官中唯一一个有勇气坚持自己的政治信念，敢于公开指责老佛爷愚蠢行为的人。如果中国强大到了足以把外国人赶进大海的程度，如同端亲王宣称要做的那样，那么，李鸿章很可能是第一批为此目的祈祷的人，但他知道那是一个愚蠢的梦。因此，他坚持了避免与欧洲人发生冲突的政策。

　　他对维新派的态度牵扯更多。从就职直隶总督起，其政策的一个显著特征就是在其所有部门鼓励"师夷"。的确，教育改革在他的国防整备计划里发挥了重要作用，其许多内容指向了经济战与工业战；他主张在公众服务领域雇用受过西方科学技术培训的人员，基于同样合理的考虑，他支持引进铁路和电报。他鼓励官员们迅速告别所有的官僚传统，其方法是把官职授给一些第一批在美国接受教育的广州青年（容闳的实验），其中有几个人不具备到当时为止对于中国官员而言是不可或缺的中国士子的资格。[1] 除了他那些在外国教官指导下的陆海军学校之外，他还在天津创办了一所医科学校，从观念和实践上证明他相信欧洲医学的优越性。事实上，他的政策否认了那个古老的信念，即一名学者只要能够随时引经据典并能写出翰林文章，就有资格在战场上指挥军队或掌管一省的财政。他本人的经历为这个古老传统提供

---

[1]　李鸿章后来的两个会讲英语的门生唐绍仪和梁敦彦，最后得到升迁，都在清王朝的政府中担任了较高的职位。在重建的共和体制下，唐绍仪成了国民党的重要成员。

　　容闳原名光照，族名达萌，号纯甫。1828 年 11 月 17 日生于广东省香山县南屏村（现广东省珠海市香洲区南屏镇）。容闳是中国现代化运动的先驱和开拓者，历经太平天国、洋务运动、戊戌维新和辛亥革命。他以教育救国、实业救国、政治救国为己任，站在时代的潮头，谋求中国社会的革新，与时俱进，奋斗不息。而开中国近代留学教育之先河，则是其最突出的贡献。

了佐证，而他在这件事情上所表现的没有偏见的进取精神，肯定要归因于他的政治才干。

由于十分之九的维新党都是"师夷"的产物，所以，改革者很自然都指望得到李鸿章的同情和支持。倘若他们的纲领绕过革命的政治，如果康有为野心勃勃的计划并非以推翻朝廷为目标，他们的期盼肯定能够实现。只要改革运动走一条宪政的温和路线，李鸿章的态度就总是同情他们。他最终否定了康有为及其合作者，是因为根据他的判断，这些人试图在学会走路之前就开跑。其思想与行为遵循的所有原则和慈禧一样，都建立在"中庸之道"的基础上。如果有确定的目标，他相信目标明确的改革，却不相信革命。因此，他在生命的晚期立于火红的广州革命派与坚决支持义和团的满族人之间，遭到双方大多数人的顾忌和怀疑。

按照广东作家林文庆的说法[1]，李鸿章在南方并非不受欢迎。林文庆说，李鸿章的确把难以管理的广东省治理得井井有条，因为人们很怕他。他年轻时凶神恶煞的形象仍然在乡村里传播，他夸耀说他的名字为百姓所敬畏。这是在李鸿章去世的几个月前写下的，当时 1898 年改革失败的痛苦已被义和团运动所吞没。在另一处，这个半美国化的广州人以康有为的追随者和满族人死敌的身份写作，表明了他对李鸿章的看法。他说，李鸿章虽有政治癖性，但他实际上是中国真正改革的伟大先驱。林文庆和其他许多人一样，把阶级利益误认为国家事业。他和广州人在那个时期对这位直隶总督表示的钦佩，主要是基于这样一个事实：是他为他们打开了防卫森严的士人门禁，邀请他们进入省府衙门的高层。在 1898 年 9 月那些阴森森的日子里，慈禧严禁了皇帝的蠢梦，将其幽禁，那时李鸿章的地位对他自己很不利，而改革派则令人失望，但是，对他知之甚深的人们从不怀疑他要采取的路线。跟张之洞和刘坤一（长江流域的两位总督）一样，他对康有为与梁启超在上海创办《时务报》时所写的政治经济论文很感兴趣；跟翁同龢（德高望重的帝师）一样，他曾钦佩这些才华横溢的学者用以阐明其新思想的洗练文风，他还曾协助将

---

[1]　《来自中国内部的危机》（*The Chinese Crisis from Within*）。

这些作品引入宫廷。这种态度与他在教育改革方面的整个政策完全一致。他支持这些自称为"通鉴编纂者"的人物，因为他们吻合了他吸收欧洲技术以最终使中国强大起来的想法。当他们要把国家引向顽固守旧的方向时，李鸿章在一旁观看，悲哀多于愤怒，任由事态按照"老佛爷的圣怒"所导致的激烈进程发展。林文庆说，李鸿章对改革派私下里表示同情，在公开场合则疏远他们。当然，李鸿章知道改革能救中国，但他自己的改革计划十分可悲地失败了，以至于他或许觉得自己刚刚经历过麻烦之后不应该马上就去捣烂头上的马蜂窝。他没有加紧迫害改革者的温和态度进一步证明了他的良知。当他奉命捣毁康有为的祖坟时，他没有执行拿到的谕旨；当改革者的亲属被他抓到时，他只是将之关押起来。但他不敢公开表露跟老朋友的关系，也不敢表露对他们的同情。

李鸿章喜欢把受过外国教育的人延揽到身边，安排在其总督衙门里干实活，他们当中有唐绍仪、伍廷芳和罗丰禄。他还聘请了许多欧美顾问与职员，这足以证明他的进步倾向。但是康有为的运动本质上是政治性的，如果说改革者一般都对李鸿章没有支持这个运动而感到失望，那么他们一定是不懂得区别对待他的事业和公众的评论。何况，林文庆说得很公允，李鸿章自己的地位此时颇为窘迫，他应该如履薄冰。他从海外归来后，作为总理衙门的一员，隶属于恭亲王和荣禄，失去了在天津任总督时的威望和权力。他的敌人众多而狡猾，在一些密疏中，他被指控为把帝国北方的独立卖给了俄国人。康有为及其朋党作为光绪皇帝的智囊团迅速上升，胆气益壮，从没打算妥协；那些拒绝完全接受其炽热改革理念的人被指斥为对抗皇帝的反动派，并被皇帝清除。于是康有为在朝廷中的最早支持者翁同龢也于6月15日被解除职务。一直作为约束力量的恭亲王也于两周前去世，而荣禄被调到天津任总督，让总理衙门处于庆亲王疲沓的领导之下。李鸿章的转折发生于9月7日，当时他被解除了官职。事实上，改革派并没打算把这位老练的老总督列入其同情者的名单。不过，正如林文庆和其他人所证实的那样，李鸿章对他们并无恶意，也没有为他们后来的失败和那位倒霉皇帝的落魄而感到高兴。

相反，他正统的儒学思想和对皇帝尊严所怀的深刻敬意使得他疏远了老

慈禧（1835年11月29日—1908年11月15日）即孝钦显皇后，叶赫那拉氏，咸丰帝的妃嫔，同治帝的生母。晚清重要政治人物，清朝晚期的实际统治者。

1852年入宫。1861年咸丰帝驾崩后，与孝贞显皇后两宫并尊，称圣母皇太后，上徽号慈禧；后联合慈安太后（即孝贞）、恭亲王奕䜣发动辛酉政变，诛顾命八大臣，夺取政权，形成"二宫垂帘，亲王议政"的格局。清政府暂时进入平静时期，史称同治中兴。1873年两宫太后卷帘归政。

1875年同治帝崩逝，择其侄子爱新觉罗·载湉继咸丰大统，年号光绪，两宫再度垂帘听政；1881年慈安太后去世，又因1884年慈禧发动"甲申易枢"罢免恭亲王，开始独掌大权；1889年归政于光绪，退隐颐和园；1898年，戊戌变法中帝党密谋围园杀后，慈禧发动戊戌政变，囚光绪帝，斩戊戌六君子，再度训政；1900年庚子国变后，实行清末新政，对兵商学官法进行改革。

1908年，光绪帝驾崩，慈禧选择三岁的溥仪做为新帝，即日尊为太皇太后，次日17点（未正三刻）在仪鸾殿去世，葬于菩陀峪定东陵。

佛爷的反动行为，最后还公开地表示反对，那时候，慈禧对改革运动鼓动者的复仇怒火，导致她打算把皇帝赶下宝座，羞辱他，整死他，激起满族人的反响，将之引向明确排汉的方向。作为国家的高官，只有李鸿章没有参加（作为大学士）1900 年 1 月 23 日的大觐见。这次觐见中，皇帝被迫签署了自己的退位诏书，并挑选了他的接班人。李鸿章匆忙地离开京城，去广州赴任总督的新职。他敏锐地预见到，满族人的愚勇会迅速驱使他们盲目地攻击妨碍他们做出激烈反应的所有人所有事，包括欧洲人。他与长江流域的总督们联手抵制预定的新皇登基，迫使太后重新考虑此事，拯救了光绪的性命。在国内政治的高层，李鸿章在勇气、坚定、临机应变等方面的荣誉，是当之无愧的。

　　逃离京城的老佛爷看到自己行事的错误之后，她在西安府发出的罪己诏中提到的有关教育改革和宪法程序的想法，无疑是从李鸿章那里得到的启示。[1]在这个方面，袁世凯是李鸿章忠实的追随者和仿效者，而张之洞和通常一样因个人安全的需要而发生了转变。李鸿章曾提醒慈禧：义和团政策是愚蠢的，他关心的不是清教徒似的道德层面，而只是认为这桩冒险会得不偿失。如今，置身于北京可恶的惨状之中，他刚毅地努力从慈禧财产的废墟里抢救一些东西，催促她披上懊悔的政治外衣，让商业化的欧洲人和感性的美国人继续怀抱"中国觉醒"的梦想。她听从了李鸿章的劝告，于是李鸿章在去世前至少满意地得知他的才智有可能被证明是正确的。

　　在立宪政府的层面，我们不可能说李鸿章有什么明确的想法，或者说他是否认真地研究过这个问题，但可以肯定的是，他在总督生涯的早期阶段便认识到，如果仅仅是因为君主专制不再能用武力维护其权威的话，那么对广州人和其他进步者的意见做出让步，以调整其专制统治，不失为满族人方面的一个良策。皇太后于 1901 年返京后又活了 7 年，如果李鸿章在这段时间内，尤其是在俄日战争之后，仍然活着做她的顾问，他可能会在维新派的生硬理论和满族人集团顽固的保守思想之间策划出某种权宜之计。李鸿章作为日本立宪政府演进的密切关注者，意识到了这样一种可能性，即在表面上创造一

---

[1] 参见《皇太后治下的中国》（*China under the Empress Dowager*）第 22 章。

个代议制政府，而实际上仍保留君主专制的关键实质和统治阶级的特权。但在 1898 年，朝廷仍未从教训中认识到改变的必然性和必要性，而维新派同样无法认识变化的过程必须是一个缓慢而需要耐心的成长过程。在这一时期，如同在 1860 年一样，李鸿章远远领先于其同时代人，但在 1896 年之后，他的声音如同荒野上的布道，其老成持重的意见致使他得不到双方的信任。

李鸿章对基督教的态度值得注意，因为在他事业的不同阶段，这种态度影响了其国内外政策的执行。和通常一样，凡事只要涉及他的私人关系，就有情感与理智的奇怪混合。他个人对宗教问题的看法一般而言是知识贵族阶层的观点，时而略感兴趣，时而气恼，通常嗤之以鼻，同时又能容忍，如同古典自由思想家之所为。随着年龄增长，他的容忍感染了玩世不恭的态度，并无恶意，这毫不令人奇怪，只要我们记住他的观点和经历。毫无疑问，他和其他中国官员一样，他为互相冲突的基督教传教团在中国的活动感到遗憾，并合理地将其视为对本国和平与尊严的威胁。他为那些无法收回的条约权利感到悲哀，这些条约权利使各式各样的人们传播各种教义，严重地干扰了行政事务，而他们本身依据那些条约凌驾于中国的司法管理之上，或置身于其外。那些以传教的名义完成的政治性工作（最著名的例子是俄国与法国的所作所为），以及对维新派的头脑、对既定当局十分危险的政治理念的灌输（主要由美国人当教员），令他感到痛心。但尽管如此，直到生命的终结，他仍然友善地对待他认识的某些传教士个体，并衷心地尊重他们自我牺牲的劳动。他那务实的天性使他重行不重言，重善行而不重讲道。因此他对医疗传教团的出色工作给予热烈的赞扬，为了证实他的诚意，他在天津建立了一所免费医院，由伦敦传教团的一名大夫主持。

根据科士达[1]为 1913 年版的"回忆录"所写的序言，"他（李鸿章。——译注）成人时，也和全国所有人一样对传教士及其工作无知而仇恨，把他们看作洋鬼子，轻蔑地看待他们的教义。但是逐渐地，他更多地掌握了有关其

---

[1]　科士达先生于 1892 年担任国务卿，然后应聘为中国驻华盛顿公使团的顾问。他于 1895 年以这一身份陪同李鸿章前往日本。

工作的信息，便修正了他的判断。"然而科士达先生不得不承认："他把其教义视为哲学与道德层面的，未能理解基督传道和使命的精神实质。"他还说："基督教国家间的不一致未能逃过他的注意。他提到它们如何内斗，彼此间如何怀有尖锐的仇恨。"这至少可以说是非常温和地表达了李鸿章的观点。

"回忆录"中凑巧有这么一段，标注的日期是1886年2月，充分代表了李鸿章通常讨论比较宗教问题和基督教伦理基础时所表达的精神（但语言相差很远）：

> 余详研细思西方宗教数年，全不觉其与本国之学术有何分歧，反以为儒学与耶稣教义同为高贵，思考并宣讲全人类之进步，"异教徒"及基督徒亦在其中。倘余投生（身）于英、法、美之一国，则将自称为基督徒无疑，因基督教为该数国之教；遵其教义安置生活者，可免烦恼，受人尊敬。其无念于儒学，因其本身或其教学并无所需。反之，在中国亦是如此：余于基督无所需求，惟（唯）追随本国圣贤而已。余本人无求于基督教，亦无须因此而反对之，余信中国或有千百万人获益于对耶稣之认识，尤于其无碍于自身追随儒道之时。
>
> 于是今日余当概述开明官绅之感想，余之所想，亦是广州至京城东部官绅之所想。洋人可憎，非因其宗教之故，乃因其另有可怕之处。其今年之可怕，全不在其代表耶稣基督或跟随此一伟人，而在于其可能与本国政治、工业之独立为敌。

有些读者熟悉李鸿章最能干的秘书罗丰禄（曾任中国驻伦敦公使）那种措辞直白的洗练文风，他们或许会发现，这段日记与他传达李总督旅欧期间感想的演讲内容和风格有奇妙的相似之处。

可以肯定，李鸿章最初对基督教及其阐释者的评价，在他与戈登将军接触的时期有了相当大的改变，我在前面的章节已经谈过这一点。通过与那位豪侠骑士的合作，李鸿章认识到了基督教道德诉求的普遍特性。不论是从哲学层面还是从道德层面来看，这有别于基督教教义的道德原理，主要作用于李鸿章的心智，就像他常说的那样，因为其精神在本质上是东方式的。事实上，这在道德力量的基础上证明了中国文明柱石的优越性。但是，没有什么能使他对基督教使团在中国制造的政治困境和危险视而不见。他在我已摘录过的 1867 年的那份著名奏疏中委婉地揭露了这些危险的性质。其中我们可以看到以下有关其政策的重要陈述：

> 传教蔓延一事，较其余各事更为棘手，尤因其非与外国政府有关之国事。现各省各府各县多建教堂，释其教义，传其信仰；庶民半为所惑，余者则与之同行坏事。请饬南北洋通商大臣、各省将军、督抚、海关道及各道道员，结交相关外国官员。若将有措施出台，则无妨直言相告，设若庶民行差，地方官定予裁决；若民人不愿皈依，则官员不得强令其违愿以行，免致事端，有伤两国和睦。修约临近，届时应就此事据理以争，万不可增添新款。

（李鸿章于同治六年十二月六日所上的奏疏，据沈云龙主编的《近代中国史料丛刊》所收宝鋆等人编辑的《筹办夷务始末》所载，并无这段文字，兹将其中有关外国传教的文字摘录如下——译者注）：

> 自天主教弛禁以来，各省多毁堂阻教之案，足见民心士气之尚可恃，而邪教不能以惑众也。最可虑者，教士专于引诱无赖穷民。贫者利其资，弱者利其势，犯法者利其逋逃，往往怂恿教主与地方官相抗。因习教而纵奸徒，固为地方之隐患；因传教而召党类，尤藏异日之祸根。惟（唯）法人以传教为业，久立专条，只有明为保护，密为防闲。督抚大吏慎选敕令，以教养为亟。实行保甲以别淑慝。崇礼明儒，以资劝化。多设善堂，以赒困乏。此治本之说也。坚守旧约章程，教士不得丝毫干预地方公事。教民与常人争讼，照例由地方官讯办。绅民欺凌习教人，地方官秉公从速办结。内地无

教堂旧基，不得擅自私买立堂。此治标之说也。天主教较释老尤卑陋，不能如僧道之安分。若另设官必系传教士为之。彼虽不尽法人，而皆冒充法国之人。是于地方官外又添一外国官。若如僧纲道纪，仍归地方官管辖，或尚可行。否则流弊甚大。该国如再有渎情，似约内所载及现行章程，已为周到。其有不遵，随时行文查办。地方官与传教皆须随民情而为之，即多立条款，亦是无益。

此后不久，李鸿章便有机会纠正自己有关外国政府并不关心传教士问题的看法。在他出任直隶总督一年后，我们发现他参与了起草中国人给法国政府的一则照会，此照会提出了一些合理的（但对法国政府而言是不可接受的）建议，旨在规范各省的传教工作，以防止国际产生麻烦。这些建议中，最重要的有：（1）规定内地传教士的法律地位，阻止"国中之国"的不良后果，这种后果起源于传教士将其自身和他们的本地皈依者置于地方当局的司法管理之外；（2）承认严格审查入教者品行和以前表现的必要性。

尽管许多未持偏见的观察家当即欣然接受了这些建议，但欧洲各国的外交部和媒体并未对之给予鼓励。[1] 阿礼国爵士（Sir Rutherford Alcock）曾严厉批评在 1858 年的《天津条约》中以武力强加给中国的"容忍条款"，他指责道："为了使这个国家转向基督教信仰，徒然地给一个商业条约附加改宗的作用。"他预见到这种做法一定会成为"不信任的原因和动乱的因素"，中国后来的历史可悲地执行了他的预言。基督教教会中的激进派确实应该对给不幸的中国人民造成的麻烦和苦难挑起责任的重担。宓吉先生公正地指出，在分析 1900 年义和团运动的起因时，中国政府在 1871 年所抱怨的灾祸"正在逐年增加，暴力和杀戮不间断地交替发生，外国传教士和中国人民之间的感情恶化正在加速发展。近年来对中国而言的政治后果所采取的非常具体的

---

[1] 参见宓吉先生的《传教士在中国》（*Missionaries in China*），这是对这一问题的整个历史的公正研究。

　　李鸿章与英国首相兼外交大臣索尔兹伯里（左）、英国外交副大臣乔治·寇松（右）。1900年春天，义和团运动在北方已成烽火燎原之势，众多外国传教士、商人惨遭杀害，"扶清灭洋"的口号，轰动一时。义和团之乱引发列强干涉，以保护使馆为名成立的八国联军攻陷了北京的门户大沽口炮台，三天后天津陷落，北京危在旦夕。利令智昏的慈禧随即做出了一个史无前例、愚不可及的决定：向西方11国宣战。得知消息后的李鸿章用手杖触地，气得老泪纵横。不久，清政府战败，无奈之下的李鸿章临危受命北上议和，受尽屈辱签下《辛丑条约》，最终留下绝笔，与世长辞。

形式是领土掠夺，[1] 而中国人对这种令国家强大、人民善良的宗教已经有了丰富的经验"。

李鸿章作为中国外交关系的指导者，持续关心着这个问题的政治层面。法国要求在中国成为基督教保护国（德国有不同意见）的历史太长太复杂，本书无法记述，这里只要指出它在中国纯粹国内事务的管理中导入了高度危险的新因素就足够了。传教活动可以被一个侵略性的列强用于其政治目的，最好的例子莫过于这样一种奇怪的情况，即反对教会政治的法国违背中国人的意愿，坚持要求在中国领土上行使保护基督教徒的权力。

1885 年东京战争结束时，李鸿章企图消除法国对中国境内的罗马天主教教会事务的政治干预，劝说教皇派遣一名大使到北京，并同意任命一位中国公使驻节于罗马教廷，以便和清政府面对面地把天主教的传教团安排得更加正规更为合理。为了达到这个目标，他派遣了一位信得过的代表秘密出使梵蒂冈，此人名叫约翰·乔治·邓恩（John George Dunn），一位英国天主教徒，是上海东部电报公司（Eastern Extension Telegraph Company）的代理人。邓恩先生还被授权提出北塘大教堂这个令人烦恼的问题，这个建筑物俯瞰着宫廷之地，因此大大冒犯了皇太后和朝廷。将其迁移至另一地点的提议早已进入议事日程。这个问题的解决最后令朝廷和拉扎里斯特传教团双方都很满意。但是法国政府与此事相关的任性态度，基础是法国以罗马天主教传教团的保护国自居，使中国人更急于把一名教廷大使安排到北京。有一段时间，李鸿章为了这一目的所进行的谈判（通过邓恩先生以电报进行）似乎将要取得成功，但是教皇最终被迫收回了他的批准。法国政府给他发了最后通牒，威胁要对法国的教会进行严厉的报复，他不得不做出让步。这件事最明显地表明，宗教皈依为了政治目的而贬值了，它也最能增强中国人对传教士活动所持的疑心。如果李鸿章在后来的岁月里公开地嘲讽欧洲列强对各自宗教宣传的关心，谁还会指责他呢？

德国政府为了明显是政治上的原因，在 1882 年不再允许法国对德国的

---

[1]　德国于 1897 年 11 月占领了胶州，其借口是两位传教士在山东被杀。

李鸿章访德

传教士行使宗教保护国的权力，它坚持要这些人通过德国公使团拿出他们的护照。这个问题在 1886 年安泽尔主教被任命到山东以后变得尖锐起来。梵蒂冈听从劝说，于 1890 年批准了这个新程序，不过由意大利政府提出的类似安排遭到了否决。这种以宗教名义发生的不合礼仪的纠纷，使不幸的清政府陷入相当尴尬的境地。德国驻北京公使冯·巴兰德先生在与安泽尔主教相处时直言不讳地说，对传教士的"保护"是政治资产，德国无意于将它交给任何其他列强。安泽尔主教是个老实人，把自己一分为二，分清了作为一名忠诚的德国人应尽的责任和作为一名牧师对教皇利奥八世应尽的责任，他坦率地表明自己宁愿接受法国的保护。在最后决定自己的行动方向之前，这位主教求教于教皇，李鸿章抓住机会给红衣主教兰波拉（Cardinal Rampolla）写信，提议做一些安排以规范基督徒在中国的地位。他仍然寄希望于看到一名教皇大使来京，后者能够不求助于战马、步兵和大炮来解决宗教问题。梵蒂冈与返回中国的安泽尔主教的态度，都倾向于鼓励这种希望。但李鸿章和教皇陛下都无法克服法国的坚决反对。1891 年 10 月，法国政府施加压力，奉劝梵蒂冈放弃派遣一名教廷大使携带信件和礼物去见中国皇帝的计划。罗马教会在中国的好斗分子于是仍然是非宗教性外交目标的辅助工具，李鸿章被迫承认其努力毫无希望。这是为一桩事业进行的没有结果的谈判，这一次所有正义都在中国一方，而所有不公都在另一方，这无疑大大影响了李鸿章后来对传教工作的态度。但值得称道的是，他并未将总体的怨恨发泄到某个特定的传教士身上。此外，尽管他无法从海外获得帮助，大大简化中国政府对内部事务的控制，但他在总督权限内，仍然毫不动摇地成功地维护了法律和秩序，并坚持了将与外国列强发生摩擦的所有事由彻底消除的国内政策。

后来，在甲午战争以及他被解除直隶总督之职以后，维新派躁动不安的精神，充满"师夷"的自豪，开始表明缺乏知识是多么危险的事情，那时康有为粗糙的理论威胁要以一场破坏迷信的暴动影响整个政府结构，大多数保守的士人在这些破坏性的影响中找到了传教士传播邪恶的新证据。康有为政治上黄金盛世的观念，肯定是受到其热情信念的启发，这个信念是卢梭、密尔和其他欧洲著作家所制定的行政原理，可以直接用于治愈中国政治的腐败。而有目共睹的是，许多教会学校通过世俗教育的种种办法，促进了维新观念的发育，他们的教育完全不适合学生在现存社会制度下作为有为的公民而发挥作用。李鸿章虽然充分了解这种新危险的原因和性质，但他仍在头脑中保留了足够的宽容，没有谴责基督教出于善意的热情在非宗教性教育中所犯的错误。他意识到，教会学校中如此制造出来的破坏性因素不如日本的纯世俗大学制造的精神产品那么自由不羁，那么具有革命性。在中国的教会学校里，学生们吸收有关民主制度和人权的原始观念；在日本的大学里，总体趋势是采用无政府主义性质的手段反抗既有的当局。李鸿章的睿智早就预见到了这一切，他意识到，中国政治经济的老瓶子里盛不了这种新酒，而新酒的引进又是无法阻挡的。他对改革者的态度是坚定的，但因同情和伤感而有所软化，就连他对坦言具有革命倾向的改革者的态度也是如此。1871 年，他提议为受过西学教育的人建立一个对外事务的研究机构，并开设文职官员的特殊考试，如果人们听从了他的忠告，那么对付维新派就容易多了。皇太后在 1898 年以严厉的措施暂时解决了这个问题，但是李鸿章的政治判断又一次得到了证实，在他去世 10 年后，在 1911 年的革命中。这是一次起义，由一群受过公共服务教育而又无望当官的反叛者举行。

从整体上来看，李鸿章作为国务家和国内政治家的记录，明显不同于他的那些最著名的同僚（如南京和武昌的两位总督），其特点在于他对以下事实有清醒的认识：改变是不可避免的，明智的选择是及时做好准备迎接改变的到来，可用于这种准备的工具很少而不大合用。他的同时代人通常既没有认识到改革封建行政体制的必要性，也没有面对任何紧急情况的心理准备。如果你愿意，你可以称之为盲人中的独眼龙，不过这条独眼龙拥有非凡的视野。

第8章　人物方程式

李鸿章与其同时代的任何人相比，无疑更有资格当选为19世纪的打造者，他甚至比掌握帝国命运的那个精明女人更有资格当选。慈禧虽有变化多端、才智无穷的统治手腕，但她就中国大众而言，她的影响随着她的去世和清朝的逝去而消失了。但是，李鸿章的著作与言论及其多层面事业的成败所发挥的善恶力量，如今在中国生活的许多潜流中都能感触得到。袁世凯，中国已故的不幸统治者，不论是出任驻朝鲜总办、直隶总督、掌权者还是准皇帝的时候，总是李鸿章经世之道的忠实体现者和传承者，不过他缺乏李鸿章的天赋，运气也差了一些。中国只有为数不多的官员和国际法学家在欧洲的有识之士看来具有明确的思想，他们当中可能无人未被李鸿章直接或间接地敲打和伤害。在今天自觉或不自觉地在国家的智力活动与管理活动中以最高表现而出名的那些人，不论是作为正统的保守派，还是作为穿长礼服的进步分子，其物质与道德的装备，都要归功于认识到了必须采取新措施去迎接西方冲击的那个头脑，以及敢于公布这一认识的勇气。伍廷芳，温和的机会主义者；唐绍仪，东西方优秀的结合物；梁敦彦，彬彬有礼的国务大臣和美食家；梁启超，外号"神笔"，爱国者和思想家。哦，还有那些藏身于日本的革命斗士，如已故的黄兴，他们的理想，或多或少都来源于李鸿章，他们为数不少的现实，也要归功于李鸿章。在华北和华中各省的所有衙门里，维新派和守旧派的官僚如今都感觉到了来自东边日益逼近的外来统治新压力的威胁，意识到了京城里既无经世之术，也无明智的忠告。人们谈起李鸿章，把他说成一座力量的宝塔。的确，照耀他诞生的那颗幸运星似乎一直陪伴他走上了黄泉之路，他在中国大众中享有的身后之名无疑已经大增，因为如今在其掌权的后继者当中缺乏强手和卓越的智慧。

李鸿章本人绝对相信自己的幸运之星。就像历史上其他许多伟人一样，他全凭能量和头脑，名声和权力达到了非凡的高度，直到生命的终结，都保持着天真的超然，保持着对自己一生成功的明显无穷的满足感，其中不无人们考察他这类超人时通常会有的那种迷信的惊叹。对于我们这些通过其创造的历史来研究其成功事业的人而言，运气的因素尽管在其事业起步时无疑是一个原因，但与其非同凡响的身心能量的动力相比，与其对痛苦的无限耐受力、其惊人的记忆力和对手头事件的专注力相比，它显然是无足轻重的。除此之外，他还拥有叫作个人魅力的神秘品质，即激发身边人共鸣的天赋，以及让其追随者保持忠诚、令敌人感到钦佩的才干。多少次（如上所述）欧洲外交官产生了对这个对手的个人尊敬，这在严重的危机中比他的雄辩和权宜之计对于他、对于中国更有价值。他那堂堂的相貌，他那天性的和蔼与平易近人，他那体现于"中庸"之道的豪爽的通情达理，全部结合为他的性格，如果不具有道德上的说服力，至少是非常有趣非常吸引人的。从某种意义上说，李鸿章生而伟大，因为在大多数儒家传统的代表者听不见维新人士从远方发出的细微声音时，他的头脑不仅能够把《春秋》经典倒背如流，还认识到学习西方世界机械与军事科学的必要性。他从来没有动摇过对儒家体系无懈可击的智慧所怀的信念。但是，他把典型官僚的傲慢与无知同精明的常识和宽广的视野结合起来，后者使他能够衡量各种力量，并确定相关的价值，估量其相对优势，这是他的国人无人能够办到的。他之所以生而伟大，在于他拥有远胜一般人的智力和勤奋；他之所以收获伟大，部分是因为他自己努力工作，部分是因为他成功地培育了强者的支持。最后，伴随着东方和西方第一次巨大冲撞，伟大降临到他的头上，他实际上成了不可缺少的人物。

科士达，李鸿章在《马关条约》谈判中的美国顾问，在 1913 年"经帝国政府同意"出版的那本"回忆录"的歌功颂德的前言中，表达了他对李总督的下列看法：

李鸿章不仅是现代中华民族所产生的最伟大的人物，而且从综合素质来看，也是 19 世纪全世界所有国家中最独特的人物。他是一位杰出的文人；作为军人，他在重要的战役中为祖国提供了有价值的服务；作为经世家，在地球上最古老、人口最多的这个国家里，他在 30 年中维持了对其国人的公认的优势；作为外交家，他的成就使他站在历史上国际外交家的前列。

同一份"回忆录"的天才编辑以非常独特的赞美风格总结了李总督的个性与工作，批评的口吻中带有强烈的"维新派"气味：

李鸿章因其财富、其军队及其外交技巧而强大。为了增加他的财富或影响，或者为了造福于中国，他愿意做一个两面派，甚至十面派。从基督教或儒学的道德标准来看，他都是不够格的，但他还是保留了某种隐藏的完整决心，这使他成为一位伟人，一个爱国者。他忠心地服务于他的国家和统治者，还有他自己；因为在他的官宦生涯中，他积累了大量的财富，并用它开办了大型的公共工业设施……

他是一个保守派，坚持古代的习俗与迷信；但他又是一个进步人士，引入了启蒙与改革。当他声言看到了吸食鸦片之祸的危害时，他却仍然是本国最大的罂粟种植者之一。他的品格中兼有友善的博爱与无情的残忍，兼有诚实与虚情。在中国人眼中，他既可爱又可恨，既可鄙又可怕，既堕落又高于任何中国人……他懂得如何将外国人用作他的仆从。

从这些评价里，不怀偏见的读者可以看出李鸿章具有高度复杂的性格。他像其他许多政治家一样，往往在不同时间和不同地点，表现出保守主义和自由主义，表现出诚实和虚伪。和大多数人一样，他有善恶二重人格。他的人物方程式中包含着满足不了的野心和贪婪这些因数，由其他因数如爱国和

李鸿章与美国前总统尤利西斯·辛普森·格兰特，1879 年于天津

忠心而得到了平衡，那些最熟悉他和最了解他的人，通常能够预测在紧急情况下他的善恶两面中的哪一面会占上风。然而，如果对他的人生做一个总体评判，必须记住，李氏方程式的因数在其人生的不同时期，其数值和结果会大不相同。这一点是遵循着普遍的法则，但是，就他而言，差别更加显著。因为，就如他那位自我任命的编辑露骨宣称的那样，这使他"既可爱又可恨，既可鄙又可怕，既堕落又高于其他中国人"。例如，1895 年给他带来耻辱并令他濒临死亡的事件，无疑增强了他对金钱的热爱，以及他对财富所具有的安抚作用的信任，于是在他生命中最后的几年里，贪财成了他内心占统治地位的激情。

在其天津衙门的繁忙熙攘之中，人们往往被外表看得见的活跃的现代主义迹象所环绕，忘记了李鸿章是一位翰林编修，是一位儒家学者，对他来说，文学的传统和圣人的教诲才是神圣不可侵犯的。但是，随着 1898 年改革危机的发生，他性格中的这个层面如同 50 年之前那样凸显出来。皇太后在 1900 年由于她自己的盲目愚蠢，眼看就要失去龙座，这时，尽管李鸿章在去广州时曾有人怀疑他的忠诚，但他不可动摇的忠诚压倒了其他所有的考虑，直到他成功地与列强达成协议，挽救了太后的尊严及其财产的劫后残余。总之，那些以最终决断的权威对他发号施令的声音，会在突如其来的危机中决定他的行为，它们是他的守护神和先祖神灵发出的，具有返祖的强大本能，通过许多世纪延续下来的家长制社会体制以及那种体制导致的激烈的生存斗争，遗传给每一个大汉的子孙。

许多欧洲人在思考中国人的和平主义哲学时，往往会忘记那种斗争的激烈性。然而，它在这个国家的历史和这个民族的灵魂中构成了主要的决定性的因素。[1] 这种斗争在士绅当中如同在千百万劳苦农民中一样激烈，它残酷的阴影蛰伏在道德公理和仁政学说的漂亮外表之下。李鸿章一直很清楚一个成功的官僚在仕途上必经的坎坷。他像一名赌徒，处变不惊，进行他的战斗，充分利用皇家恩宠提供的五花八门的机遇和机变，明知他那耐心的经世之才精心制定的计划在任何时刻都有可能被紫禁城内突起的妒忌或贪婪之风所刮倒。在他的官宦生涯中，他曾有三次被剥夺了所有的荣誉，并被解除了高层的职位。正是在身处逆境的那些日子里，他把沉着刚毅的精神发挥到了极致，而这种精神就是他令人钦佩的主要素质之一。

在性格上的许多层面，李鸿章明显相似于威严的统治者慈禧太后，这并不令人奇怪，因为这两人都是在同一种话语崇拜和正统的阶级语境的培育下成长起来的，都有天赋超常的体力和智力。这种条件自然在两人身上产生了一种相似性，那就是冒险的冲动与深植于内心的传统观念发生冲突。何况就李鸿章而言，他对老佛爷的敬佩与忠诚必然导致他在许多方面以她的行为为榜样。于是我们发现两人都有一些大气的特性，同样具有贵族的高傲，而又有平易近人、不拘小节的豪爽；同样喜欢大摆排场，而又斤斤计较；同样具

---

[1] 参见《中国时事和当今政策》（Recent Events and Present Policies in China），海因曼（Heinemann）公司出版，1913。

"东方俾斯麦"与西方俾斯麦在一起

有冷血的残忍，而又和善可亲；同样喜欢享受生活乐趣，而又信守坚忍克制之道；同样尊贵而又鲁莽；同样怀着对古风的深深敬意，具有多种才艺，而又十分迷信。最后，两人都有机敏的幽默感，具有睿智的常识，以及避免走极端的快乐天赋——两人都是中庸之道的坚定信徒。

李鸿章经常被人称为"东方的俾斯麦"，并且他喜欢这个称号。然而这种类比的贴切性并不十分明显，这两位经世家只有一个明显的共同点，那就是在其各自的国家里都掌握着皇座背后的大权。"铁血"二字从来不适合应用到李鸿章身上，"鲜血与银子"或许用得上。19 世纪 80 年代，在他的权力和名望达到巅峰时，给予他这个称号的人们，认为他貌似强大的军备所具有的战斗力，他举止粗豪、开怀大笑、外交灵活的表现，都与那位"铁血宰相"相似。实际上，李鸿章和俾斯麦很少有相似之处。在性情与策略方面，他本质上是个和解派。其外交是机巧型的，运用手腕和头脑，绝不是野蛮型的。鹭宾·赫德爵士在 1900 年很有见地地将其描述为"诡计多端的老绅士"，以这个措辞简洁地总结了李总督的国人对他的一般看法。他们有理由相信，他的备战活动，实际上是其精心策划经世之术"空城计"的一部分，对他自己和他那些腐败的随从们来说，这又是一个能够大捞一把的计划。你怎么也无法想象他那柔软的手指会握成坚硬的拳头。

李鸿章作为一个伟人的软肋，无疑就是迷恋金钱。范伦坦·吉尔乐爵士曾有极好的机会在当地研究李鸿章及其事业，他在 1896 年写道：

> 就连他的崇拜者也不否认，腐败以最大最无耻的规模在其朋友和亲戚中间繁盛开来，这些人是他的社会附庸和政治后援；很难相信他自己的双手是干净的，因为他以拥有巨大的财富而著称，许多人说他是全世界拥有财富最多的个人，而在中国则肯定是如此。

我们已经看到那种腐败如何影响他的军队管理，他的用人唯亲如何直接导致其海军在 1894—1895 年的失败，这是不争的事实。根据他的两位比较廉洁的同代人和职业评论家（总督张之洞和刘坤一）的看法，李鸿章与慈禧那个以贪婪而臭名昭著的大太监李连英之间的金钱关系，要为公然腐败的状况负责，这种状况自乾隆富可敌国的大学士和珅的时期以来是空前的。[1] 的确，维新派的报刊喜欢将李鸿章比之于和珅，也喜欢回顾一个事实：和珅的可悲结局是因为他的不义之财，以及在其他人心里唤起的贪婪。李鸿章财富的实际数量可能被夸大了，它肯定无法与我们洛克菲勒家族或罗斯柴尔德家族的财富相比，但在中国它就是巨大无比了。远东没有遗嘱认证，也没有遗嘱的公证，而另一方面，也没有收取所得税的欧洲所存在的规避性的财产匿名。这位中国富翁把大部分积蓄投资于各种各样的零售业（如钱庄和典当行，鸦片、食盐和粮食），资本在其中可以获得高额的利润；于是他的资产成为公共财产，他的富有名声随着操作的范围与贪婪的程度而增大。他把另一部

---

[1] 参见《北京宫廷年鉴与回忆录》（*Annals and Memoirs of the Court of Peking*），海涅曼（Heinemann）公司出版，1913。

印有李鸿章头像的纸币

分钱财投资于可携带之物（金条、珠宝、皮毛和翡翠），因为突发的暴动和
紧急的逃难，动乱与城市的陷落，这些景象总是存留于这个民族的记忆里，
并成为永久性的恐惧之源。于是，当李鸿章的幸运之星在 1894 年底沉落时，
社会上盛传他的可移动资产由其一个儿子负责，被秘密南运，送到了他的安
徽老家，整整一船的大箱子、板条箱、盒子和袋子，正如慈禧在 1901 年暂
住外地之后返回北京时带了整整一列火车值钱的东西。

　　随着财富的增加，李鸿章的贪婪肯定愈演愈烈。在他与"常胜军"联手
镇压太平军的时期，已经出现了许多贪婪的征兆，这种贪婪点燃了他强烈的
支配欲：他与戈登和常胜军其他指挥官的关系中最明显的特征，是他一直不
愿放手用于给该部支付薪饷的资金。他不隐瞒自己宁愿让官军靠抢掠无助的
平民为生，也不愿从自己的支票本上拨出定期的给养。前面有一章已经讨论
过其私人性质的金钱顾虑，这无疑影响了他的政策，在中日战争的起始就削
弱了他的决心，他顾忌自己在朝鲜的既得利益，担心战争的开销会严重削减
他的私财。这也是不争的事实，但是，在我们为此而对他进行评判和谴责之
前，我们应该记住，盗用公款在东方被视为官僚的权利，是既成的特权阶级
传统，中国的国民是非观把巨额的财富宽容地视为对于在公共服务领域取得

成功的报偿。百姓并非不尊重官员的廉洁，人们只是认为它是不正常的品质。他们的尊敬被温和的怀疑中和了，就像他们对张之洞这样廉洁的总督所具有的世俗的智慧所持的态度一样。对这位贫穷的学者，他们的尊敬里混杂着怜悯，此人的头脑无法向他们教授圣贤的智慧，即"富人之财是其城垒"，以及"礼物为人留下余地，引领他去到大人物身边"。李鸿章吸收了东方经典中蛇的智慧，从不放弃对它的应用。由这类智慧所标志的社会体制和政治体制的弊端，在他身上格外显眼，因为他在海内外声名卓著，也因为他明显打算接受其他的理念和方法，作为他与欧洲文明接触的结果。见证过李鸿章作为管理者和外交家取得胜利的欧洲人，希望他成为新制度的预言者，而这个新制度将会引导官僚走出贪腐的旷野。他们忘记了，每个伟人，不管多么出色，根本上仍然是其祖先和教育的产物，正如赫伯特·斯宾塞所说，他无法改造制造了他的这个社会。他们还忘记了下面的原理：

> 他只是一个世代中的沧海一粟，他和整个这一代人一起，和这一代人的组织、语言、知识、行为，以及其大量的艺术和工具一起，他也是巨大力量凝聚的产物，这些力量已经合作了许多世代……其所有由他直接推动的那些变化，主要原因在于他所由而来的上一代人。所有这些变化都在他这一代人中存在着重要的产生原因，而他正是这些变化直接作用的结果。[1]

人们无法指望官僚阶层有什么诚实的美德，因为那个阶层的理想和行为是产生他们的那种制度的结果。范伦坦·吉尔乐爵士（在写到李鸿章时）公允地评论道：

> 这种体制本身就是一个欺骗性的结构。一个中国人一旦踏上仕途，他就隶属于一个寡头政治集团，这个集团完全分离于国家的其

---

[1] 赫伯特·斯宾塞：《社会学研究》（*The Study of Sociology*）。

余人等，束缚于其世袭的骄傲，捆绑于其私利的死结。他可以努力
保持廉洁，但如果他试图妨碍别人，不幸就会降临他的头上。

　　李鸿章从未致力于实现那个可怜的希望。他和其皇家的女老板一样，小
心谨慎地遵循官场弄虚作假的惯例，书写富有激情的奏疏，有关如何从事诚
实的管理，有关任人唯亲的丑恶与大公无私的美好，以极佳的古典风格渲染
有关德行的陈词滥调。但是在打理李鸿章的总督事务之外为他照管财政的那
些人，区别于行政管理者，总的来说属于一种类型，很不适合干那种为公共
金库操心的职业。李鸿章的衙门容许"捞钱"的古老权利，并因此而得到公
众的承认，但在他担任总督的某个阶段，其衙门的声誉甚至对于其国人来说
也是臭不可闻。按照惯例，中国的舆论期望官员们走一条合适的中间路线，
介于捞钱和责任感之间。李鸿章女婿张佩纶不知羞耻的流氓行径，及其导致
的危险后果，已如上述。张佩纶虽是一个极端的例子，却是李鸿章手下那些
提着钱袋或坐在海关收款台旁边的官员们典型的嘴脸。这些人身上有其首脑
的所有缺点，却毫不具备其可敬的品质。
　　李鸿章的贪得无厌，如同其宫中的盟友大太监李连英，连小东西也不放
过。他有聚敛财富的卑污本能，与他在其他层面的宽和精神发生奇怪的矛盾。
例如，在 1900 年 9 月，当所有人，包括逃亡中的皇太后，都急切地盼望他
从上海北上，去承担在他为祖国提供的服务中或许是最重要的任务，他的行
期却神秘地耽搁了两天。人们谣传俄国人提出新建议，劝他乘坐俄国汽船北
上，因为比坐英国轮船安全；又说原因是窦纳乐爵士反对他的议和，以及其
他原因。他耽搁的真正原因是，他在设法从上海道台那里榨取他给圣彼得堡
发电报花掉的大约三千两银子，而那位道台不肯上当，两人心里都很清楚，
在当时的局势下，指望北京报销这笔钱的机会太小。李鸿章在自己家里的节
俭之道是尽人皆知的，他喜欢美食佳肴，却无法心情愉快地面对付款的痛苦。
　　李鸿章在其总督生涯中的不止一个时期，在御史们谴责之下，被迫公开
表明自己廉正，但当代舆论的裁决仍然未受影响。的确，他所积累的巨大财
富，以及他在重要岗位上任用的那些人的品行，使人们对他的贪贿没有怀疑

的余地。他的某些门徒在大规模捞钱时表现的厚颜无耻，常常导致严重的丑闻，朝廷为此不得不斥责他们的保护人。郑克同，因在巴黎未经授权而借款被革职；李凤苞，驻北京的外交官员和巡洋舰采购者，在海外遭到严厉批评；盛宫保和张佩纶，在中国成为人们的笑柄。与李鸿章本人的手法相比，他们的手段是粗笨的。但李鸿章坚决支持他们对抗所有的攻击，他的敌人将他与那些人的作为视为同一，很自然地认为他从那些人的赢利中分得了可观的份额。他自己在处理诸如黄河改造和运粮赈饥这类事务时，也因贪得无厌而玷污了名声，就如同他在江苏巡抚任上从事军事管理时所表现的一样。

李鸿章精神中迷信的层面，常常与其注重实际的常识形成强烈的对比，然而，和慈禧一样，他很少容许迷信妨碍他为了私人利益或公共政策而采取的行动。他一生中有充分的证据显示，他相信鬼神的影响，相信天地间存在的无形力量，就跟他老家那些最低微的劳力者一样，是儒家不可知论与具有返祖趋向的超自然信仰的奇怪混合物。只要涉及守护神和鬼魂，他总是准备好了给予有利的合理怀疑，只要他的腰包不会马上受到影响。外国观察家主要为他在天津衙门从事的进步活动所影响，往往容易得出这样的结论：他展示原始的迷信，只是他对公共感情加以巧妙安抚的一部分，是非真实的。但外国观察家在这个问题上弄错了。作为一位正统的儒家学者，李鸿章不会讨论不朽的神灵或魔界的势力，但他对于这些无形之物的态度从来是敬而慎之。于是在 1864 年，我们发现他庄重地上奏皇上，请求在常州一座寺庙里立一块皇家荣誉碑，以纪念这里的守护神灵，感谢他们协助击败了太平军。1877年，北方各省遇到特大干旱，他派人去请寒潭的神圣求雨碑，此后奏告皇帝：它对龙王爷的影响十分令人满意。1894 年，我们再一次发现，李大总督在一份长篇奏疏中庄重地奏报朝廷：天津附近大运河两岸河堤上有个毁灭性的大裂口，是一名凶恶的河神所为；这个神怪最终被安抚了，供奉给他的祭品花费颇大，而裂口也被填上。为了上述河神所做的好事，朝廷应李鸿章之请，赐予他荣誉和一座庙宇（政府开支）。但是，如果李鸿章那务实的敏锐眼光捕捉到了有利可图的机会，这种对古代的崇敬和对祖先的迷信，便退而居其次了。例如，在他的管理下，第一条电报线在天津和北京之间架设起来的时候，地方保守派破坏电线和电杆，以此表达不满，他得到下属报告：破坏是愤怒的风水神灵造成的。李鸿章断然拒绝承认风水跟此事有关，强令下属严惩破坏者。同样，当吉林的满洲将军裕禄极力阻止锦州—吉林铁路与新唐铁路在奉天连接时，提出的理由是：这条线路会打扰那座圣城龙的保护神休息，李鸿章写信表达自己的看法：铺设一条如此必需的铁路，只会改善奉天的风水。在这两个事例中，他都实现了自己的观点。最后，在 1900 年，当外国联军计划开始拆除天津老城的旧墙时，绅士与贫民请求李鸿章阻止这一工程，提出的理由是：城之无墙，如同女子无裙。李总督拒绝接受他们的请愿，回答说：这些旧墙事实上已失去了城防的作用，拆除之后，对公众有利。

通过对围墙之下和周边土地的拨款，大笔的钱财被土地投机商赚走，他们当中有许多外国人，还有李鸿章手下的几名官员，而成千上万不幸的居民变得无家可归了。李鸿章敢于如此背离"旧习俗"并干扰风水，一般总有财政方面的充分理由。

赫德在他有关义和团运动之后中国的局势与前景的那部著作 [1] 中，把那场排欧运动部分地归因于西方已经伤害了中国人民的精神，触犯了他们的天性。他提到了他们"天生的自豪，其宏阔堂皇的背景是自我陶醉的无知"——为民族自豪，为智慧自豪，为文明自豪，为优越自豪，但他们的自豪"受到了外国冲击的极大伤害，使得中国人性格中的其他优点昏厥了，无法做出反应"。这种民族自豪感，李鸿章肯定满怀于胸。他相信中国文化相对西方文化而言具有不可言喻的优越性，而他又有敏捷的思维能力，因此他通常能把他对实际问题的无知包裹在睿智的外表之下。但他的无知在很多方面仍然是"宏阔堂皇的"，就像他那位著名的同僚——武昌的总督张之洞。直到他于1895 年出使日本为止，他一直夸口说他从未踏上外国的土壤，除了几本英国教科书的译本以外，他对欧洲文学和科学一无所知。甚至在商贸和财政这些实务方面，他也经常误入歧途，自负地相信，经典知识所构成的装备，足以使他以平等的关系与外国的特权获得者和金融家论交，以至于不止一位和

---

[1]　《来自中国的人们》（*These from the Land of Sinim*），1901。

李鸿章与英国首相索尔兹伯里合影

那位波兰伯爵同类的冒险家会把他拿捏得很不舒服。但他的天生智慧通常会教他通过智力柔道的许多狡猾的权宜之计来掩盖知识的缺乏，于是他的对手反而显得像个傻瓜。跟外国人打交道时，他总是习惯于引导话题，谈他爱谈的事情，向敌营发起口水战，其手段是问一些不相干的问题，看似拙朴，却通常是经过考究的。他用这个简单的技巧，在世界上赢得了名声——举世无双的东方智慧的外交家。

但是，他在成为直隶统治者之前与戈登的合作使他认识到，无知对于一个总督而言虽然是可以原谅的，却是中国的弱点。中国应该学习外国人，掌握机械技术和设备。由于不熟悉欧洲文明的伦理和思想层面，他认为中国只能通过教科书掌握那些技巧和器械，以便以平等的关系与西方论交。他竭尽才智，似乎也未意识到国家的虚弱并不在于机械，而是在于道德；如果不对官僚集团反复灌输强烈的责任感和公益精神，任何军事改革和财政改革都无法有效进行。他认为只要用一知半解的西方科学就可以加强东方之龙的智慧，如此而已。当他鼓励把大量科学和历史方面的欧洲著作翻译成中文时，他主要的乐趣仍然在于撰写经典散文讴歌神农或女神元妃，并从孔孟著作中寻找所有智慧管理的源泉。现代主义的上层建筑，作为一种经世之术，他不辞劳苦地强加于封建体制之上，这种东西在他眼里虽然必不可少，却是邪恶的，是外来的、异国的产物。1877 年，他奉劝皇帝设置一所研究外国文学和科学的教育机构，当时他的目的并不是去干扰既存的为登仕途而设的经典教育，只是在官员之外培养一支队伍，去填充熟悉孟子著作的人无法发挥效力的岗位。在他自己的总督事务中，他常有理由因为不懂外国语尤其是英语而感到遗憾，因为这种无知使他不得不跟译员分享官方的最高机密；他也有理由懊悔，由于他让接受四书五经教育的人去办理铁路、电报或外交事务，铸成了浪费巨大的错误。因此，作为达到明确目标的手段，他主张"师夷"，于是到 1898 年为止，他一直被维新派视为进步党的领袖。他喜欢给科学入门读本的译丛写序，这些读本的出版是由赫德爵士发起的，提供给预备学校使用。他以最经典的风格，为他本人对其主题完全无知的著作撰写赞扬的序言。育树、化学、外科学或高等数学，全部得到了李总督的祝福。但是，他只要逮到了机会，在宣扬科学培训的好处时，总会巧妙地暗示：天下并无什么新东西，西方精妙的智慧是中国的天赋，早在黄帝的黄金时代，这些知识便以不同的名义和形态存在了。于是，在为一本由在华的传教士医生撰写的医学著作所撰的序言中，他称赞了外国方法在配药和处方上的科学精确性，但他借此机会提醒读者，1800 年以前由班固所记录的医学理论，现在读来仍然是有益于人类的知识。他劝告中国学生不要因为新观念显得奇怪而加以拒绝，应把这本书视为在价值上等同于葛洪或孙思邈的著作而加以接受，致力于在医疗技术上做到中西方法的结合。在谈到细节时，他强调中国之所以被视为所有知识的源头，是因为中国早在汉代对《周礼》的评注中就发现了东方解剖学的精髓。很难找到什么东西能够比这些说法更适合表达李鸿章的思维习惯。这种习惯使他煞费苦心地教诲为他服务的翻译官和发言人，他最能干的两位副官罗丰禄和伍廷芳，餐后演说的雄辩家，总是贴心地为他编造一些"光从东方来"的文章。的确，在李鸿章游历国外期间，罗丰禄有一个固定的习惯，便是在中国圣人的著述中寻找与欧洲科学知识相对应的部分，这种工作未免单调乏味：先知班固的灵魂注定要出现在每一篇讲话中，作为各种学问的权威，从政治、经济直到航空学。

为了使中国人获得西方的机械技术，李鸿章主张与外国人自由交往，而且身体力行，雇用了许多欧洲顾问和技术专家，这让他树敌很多。他这样做，大胆地冒犯了倨傲排外的国民传统。在实施这一明智的政策时，他在国人受过教育的阶层中既找不到同情也得不到支持，但他坚持到了最后一刻。借助于明智地雇用欧洲顾问，通过把年轻人派往海外最优秀的学校受教育，他知道日本人做了什么，正在做什么。他还认识到，中国对外国专家的需求更加紧迫，他做好了挑战保守势力的准备。鹭宾·赫德爵士与哈里戴·马格里爵士这类顾问给予中国的杰出服务对李鸿章不无效果，他坦诚地承认了这两位爵士在公共服务上无私的忠诚和廉正的价值。然而，李鸿章官僚的一面，使他绝不可能把充分的执行权赋予他最了解也最信任的外国人，尽管这样做能使他们为中国提供真正的服务，产生深远的价值。在对付对手和批评者时，他总的来说是心胸开阔、慷慨大方的，对自己的国人罕见地摆脱了东方阴险妒忌的弱点。但对在中国政府之下担任高层职务的外国人，他经常表现出主动攻击型的怀疑和嫉妒。在戈登的事例中，他很自然地毫不掩饰将那位勇敢军官的成就最小化的愿望，因为这关系到中国政府的脸面和他自己的功劳。另外，他跟白齐文打交道时的不幸经验，也很自然地使他害怕把任何外国人放在行使独立权力的位置上。但就鹭宾·赫德爵士而言，李鸿章对这个为中国做出了如此之多、如此之大贡献的人，没有理由采取不信任，甚至偶尔是敌对的态度。其稳健常识的甲胄中有一个弱点，就是拒绝充分信任和支持任何欧洲人，哪怕对方有了1/4个世纪值得信任的履历。这无疑部分是由于他一直不喜欢也不信任根据治外法权授给外国人的特权地位，因为在其个人及其可能产生的不满的背后有着公使团的影子。但这也是因为自尊，他厌恶那种政府应该对外国人委以独立权力和责任的想法，这样的想法正好打击了官

僚群体自尊的基础。因此，尽管他很清楚赫德完全适合于将海关的有效组织
扩展到其他公共服务部门，给中国带来很大的利益而非危险，但他总是反对
扩展这位总税务司的行动范围。当遇到麻烦的时候，他非常乐意让赫德冲在
外交战斗的最前线（如在签订《烟台条约》时或 1885 年与法国谈判时），
不止一次，这位直隶总督有很好的理由感谢这个在北京为他尽忠职守的足智
多谋的爱尔兰人。1885 年，鹭宾·赫德爵士被任命为英国驻华公使，正是
李鸿章坚决反对允许赫德指定其总税务司职位的继承人，并建议在这个职位
上任命一位值得尊敬但无能力的中国人，结果海关管理很快就变成了本国人
的吵闹。还有，当朝鲜财政的改革和中国在那个国家宗主国权力的确立势在
必行时，正是李鸿章反对把赫德的人和方法运用于朝鲜事务。他宁愿让隐士
王国在其随意任命的官员指导下毫无目标地漂移。他任命的人是学究气而不
讲求实际的穆麟德男爵。最后，在 1891 年，他或多或少直接参与了一个阴
谋，旨在解除鹭宾·赫德爵士的职务，任命一位中国高官出任总税务司。这
个活动是由李鸿章那几名受过外国教育的广州人副官谋划的，这些人既有智
慧又有学识，像唐绍仪和梁孟亭，他们嫉恨外国人所表现出来的优秀管理能
力，却忽视了一个重要的事实：这些外国人之所以能担任管理者，并不是因
为他们高超的智慧，而是因为他们的诚实。李鸿章肯定非常明白，用于海关
管理的那句口号——"中国人的中国"，将会迅速摧毁帝国唯一可靠的税收
资源。然而，他对赫德地位和权力的嫉妒，使他批准甚至唆使了这个危险的
阴谋，并致力于破坏这位总税务司的不止一位下属的忠诚。但是这种努力充
其量是半心半意的，而这些人卑污的企图过于明显，鹭宾·赫德爵士的能力
略胜这些阴谋者一筹。李鸿章迅速地撇清了自己，与这个注定要失败的计划
摆脱了关系，他与总税务司的关系表面上仍然友好而相互信任。但是，引起
这个阴谋的野心只是受到了阻滞，却未被消灭，1906 年 5 月再一次浮出水面。
当时唐绍仪身居外务部次长的高位，予以回击，想把鹭宾·赫德爵士与海关
管理处置于自己权力的控制之下，最终导致中国最有能力又最忠实的顾问离
去和辞职。鹭宾·赫德爵士从 1900 年至 1908 年在中国政府手中得到的忘恩
负义与无礼待遇，是他于中日战争前一年正值权力和名望处于巅峰时在李鸿

章总督衙门里播下的种子。

我说过，李鸿章对戈登的妒忌在某种程度上是自然的，可以通过他自己的地位来解释。然而，他所表露的方式暴露了一种狭隘猜疑的性情，这几乎是他与所有受雇在中国服务的欧洲人交往时所具有的特征。只要太平军尚未彻底落败，李鸿章就要依靠"常胜军"作为官军的脊梁，而一旦太平天国的消亡已经确定，他的主要目标便是尽量减少外国人应得的报酬和荣誉，以尽可能廉价的条件摆脱他们，只留下少数专家在马格里博士（后来的哈里戴爵士）手下任职于金陵机器局。戈登在记载中说，在他即将结束在李鸿章麾下的服务时，后者的态度是有意阻挠，令人不快。巴夏礼爵士记述了同样的印象，李鸿章给予谢拉德·阿思本上校的狡诈而无礼的待遇，没有减轻这种印象。这位说话直率的水手，为李鸿章对待戈登的行为感到愤慨，断然拒绝让他的舰队作为一支地方力量提供服务，并进一步宣称：任何有自尊心的英国军官都不可能再在李鸿章手下工作。30 年后，他的看法得到了皇家海军朗上校的支持。此人也是一位勇敢的军官，他对中国的忠心服务得到了傲慢无礼和不知感恩的回报，令他经历了痛苦与屈辱。很多次，在李鸿章与戈登出现激烈分歧期间，尤其是在屠杀太平军首领之后，赫德先生（后来的鹭宾爵士）以他机智的技巧让两人重归于好。李鸿章后来间接地让他取代李泰国先生出任海关总税务司，因为正是李鸿章明确拒绝接管李泰国—阿思本舰队而导致李泰国先生被取而代之。

只要与外国人有关，李鸿章往往易于忘记所接受的好处，但决不会忘记他给予的好处。因此，在后来的岁月里，当鹭宾·赫德爵士在国外的名声达到了偶尔遮盖他自己名声的程度时，当这位总税务司在政策问题上被迫与他出现分歧时，李鸿章往往强调古代的知恩图报，并抱怨这位爱尔兰人自作主张的独立。说句公道话，鹭宾·赫德爵士在受到 1900 年危机的震动之前，一直是一位好战士，他把自己在许多残酷的摔打中学到的好方法尽数传授给了李鸿章，但他将其半独立性的权力延伸到中国的各种国内外事务，足以引起李总督妒忌的恐惧。然而，不管什么时候，只要帝国遭受到严重的威胁（如同在中法战争、中日战争和义和团运动中一样），他们的分歧都不足以妨碍

李鸿章与爱德华·霍巴特·西摩尔（左三），1900 年

两人以亲密而友善的合作方式在一起工作。

除了对身居高位的外国人心存妒忌性的怀疑以外，李鸿章与那些一起共事或在其管辖之下为中国服务的外国人的关系，通常是令双方满意的。的确，他和慈禧一样拥有难以形容的个人魅力与恳切之情，以强劲的忠诚纽带把为他服务的人们和他捆绑在一起。他还具有对性格的敏锐判断力，他选人的标准首重人格，次重技术素质。他时常将方木插入圆孔，但结果往往证明他对于人性方程式适应性的官僚信仰是正确的，有几个例子表明，李总督与其外国雇员之间的关系接近于亲密的友谊，达到了由横亘于东西方之间的深不可测的鸿沟分隔开来的两种头脑所能达到的亲密程度。两名英国人、一名美国人和一名德国人由于受到了有好有坏的评价而得到了李鸿章的尊重和信任，作为回报，自愿为他提供服务，他们是欧文博士、亚历山大·宓吉先生、毕德格先生（其私人秘书）和天津海关总税务司古斯塔夫·德璀琳先生。除了依靠德璀琳通过鹭宾·赫德爵士和各国公使团获得有关北京人事的精确信息

以外，李鸿章还委托他进行许多微妙的谈判。欧文博士（尽管李氏家族强烈反对，仍然委任他为私人医生）与毕德格先生或许比其他欧洲人在他身上看到了更多的人性和较少的官性。他们的证言表明，李总督在私生活中是一位很可爱的人物，按照东方家长制的方式热爱家庭，慷慨而亲切。俄国外交采用了种种手段试图让人取代欧文博士，但他后来还是陪同李鸿章（以及他那口华丽的棺材）到欧洲四处游历。国务上的紧急事件和女眷们的大声抗议，都没能让李总督斩断他与这位爱尔兰人亲信的关系。在其他许多场合，当那些为中国服务的欧洲人成为外交牺牲品，或者被挑选为在京高级策略推广的替罪羊时，李鸿章对他们显示出同样诚挚的爱。主要是这种品格，使李总督在天津的外国住民中受到欢迎和尊敬。那个社区中热爱体育的成员为了两种在中国高官身上罕见的美德而钦佩他，即坚持己见的勇气和行动的果决。他们非常钦佩李鸿章在国家战败和个人身处危境的黑暗日子里在马关展现的坚韧刚毅，在他动身前往莫斯科的前夕，天津市政当局为他举办了盛大的宴会，那些欧洲人在宴会上表达了他们的看法。当时，宴会主持人祝贺年迈的总督"成功地度过了公众非难的风暴，有时这种风暴反而成就了政治家的最大荣誉"。天津人非常明白中国惨败的真正原因，以及李鸿章对海陆军管理的腐败所应付的个人责任，他们在表达这种想法时，自觉或不自觉地描述了他们对于李鸿章作为一名按照良知来办事的优秀运动员的欣赏。李鸿章为这种针对其个人品质的自发评判大感欣慰，因为此时他的管理才能已被放在天平上面衡量，发现有所不足。

这位年迈总督在逆境中表现出的坚韧不拔之中，在他表现得非常优雅的达观和从容不迫之中，无疑有些东西给人留下了深刻的印象。像义和团运动中所表明的那样，这种美德往往从儒家哲学的良种里生长出来，而无关于土壤的质量。就宫廷政治和政党政治而言，李鸿章知道，倘若没有皇太后的祖护，他的巨大财富不是防护，而是危险之源。他完全了解皇太后冲动与怀疑的突发情绪，他也知道，如果她听从了端亲王或其他政敌的忠告而与他为敌的话，他的命运和他的生活将陷入危险。然而，他尽管知道这一切，仍然稳步向前，不肯为民众的呼喊或私人的阴谋牺牲他那为数不多的固定原则。

这种有关勇气的道德品质更为引人注目，是因为在体力的勇敢方面，李鸿章总是因为不做无谓的冒险而见长。在其镇压太平天国以及后来镇压捻军的作战中，他往往不会在炮口下追求虚名，也不会亲自率部上战场。他坦言钦佩曾国藩、左宗棠与戈登表现出来的勇气，但可以肯定的是，在他心里他爱笔远胜于剑，他认为战场上的痛苦经历对一个上等人而言是不值得的。他意识到必须有人去面对这种痛苦，他也知道军事荣耀之路有可能是通往权力的最短捷径。但是，在他的整个军事生涯中，他最关心的是为了国家和他本人而保住性命，生命在他看来总是非常宝贵的。在政治和公共生活领域，个人危险的因素总是存在，他并未表现出与之妥协或逃避它们的倾向。他以沉着的勇气玩着经世治国的游戏，像好汉一样涉身冒险，哪怕这些危险包括引起老佛爷圣怒的可怕的可能性。

李鸿章在事业刚起步时做了一件事情，站在所有既得利益者和士人传统的对立面，引人注目地表现出其道德的勇气，那就是他于 1867 年呈递给朝廷讨论中国对外关系的那份著名奏疏（前面引用过）。[1] 另一件同样引人注目的事情，发生在他生命的最后一年，他在一份奏疏中公开谴责并警告皇太后，因为后者感染了义和团的疯狂。这篇奏疏的译文可见于《皇太后治下的中国》一书，但它值得在此重录，因为它有助于揭示李鸿章的性格，以及他在国家危急时刻表现出的高尚勇气。

> 自古制夷之法，莫如洞悉虏情，衡量彼己。自道光中叶以来，外患渐深，至于今日，危迫极其矣。咸丰十年，英法联军入都，毁圆明园。文宗出走，崩于热河。后世子孙，固当永记于心，不忘报复。凡我臣民，亦宜同怀敌忾者也。自此以后，法并安南，日攘朝鲜，属地渐失。各海口亦为列强所据，德占胶州，俄占旅顺、大连，英占威海、九龙，法占广湾，奇辱极耻，岂堪忍受？臣受朝廷厚恩，若能于垂暮之年，得睹我国战胜列强，一雪前耻，其为快乐，夫何

---

[1]　《来自中国的人们》（*These from the Land of Sinim*）第 84 页，1901。

待言？不幸旷观时势，唯见忧患之日深，积弱之军，实不堪战。若不量力而轻于一试，恐数千年文物之邦，从此已矣。以卵敌石，岂能幸免？即以近事言之，聚数万之兵，以攻天津租界，洋兵之为守者，不过二三千人。然十日以来，外兵伤亡者仅数百人，而我兵已死二万余人矣。又以京中之事言之，使馆非设防之地，公使非主兵之人，而董军围攻已及一月，死伤数千，曾不能克。

现八国联军，已将来华，携带大炮无算，不知中国何以御之。但有十万洋兵，即得京师易如反掌。皇太后皇上即欲避往热河，而今日尚无胜保之其人，足以阻洋兵之追袭者。若俟至彼时，乃欲议和，恐今日之势，且非甲午之比。盖其时日本之伊藤犹愿接待中国议和之使。若今日任用拳匪，围攻使馆，犯列强之众怒，朝廷将于王公大臣之中，简派何人以与列强开议耶？以宗庙社稷为孤注之一掷，臣思及此，深为寒心。若圣明在上，如拳匪之妖术早已剿灭无遗，岂任其猖獗为祸，一至于此？历览前史，汉之亡，非以张角黄巾乎？宋之削，非以信任妖敌，倚以御敌乎？

臣年已八十，死期将至，受四朝之厚恩，若知其危而不言，死后何以见列祖列宗于地下？故敢贡其戆直，请皇太后皇上立将妖人正法，罢黜信任邪匪之大臣，安送外国公使至联军大营。臣奉谕速即北上，虽病体支离，仍力疾冒暑颛（遄）行。但臣读寄谕，似皇太后皇上仍无诚心议和之意，朝政仍在跋扈奸臣之手，犹信拳匪为忠义之民，不胜忧虑。臣现无一兵一饷，若冒昧北上，唯死于乱兵妖民，而于国毫无所益。故仍驻上海，拟先筹一卫队，措足饷项，并探察列强情形，随机应付。一俟办有头绪，即当兼程北上。

李鸿章功成名就的秘诀就藏在这两份奏疏之中，其中一份说明他具有先见之明，另一份则说明他急公好义。除此以外，鹭宾·赫德爵士已经记录了他的看法：运气和环境在其一生中是和智力一样重要的因素，这种说法也许又对又错，笼统的分析往往就是如此。李鸿章取得成功的决定性环境因素，

李鸿章铜像。铜像由克虏伯驻华代表曼德尔
公司作为礼物在上海赠给了李鸿章后人。

在于他意识到了（尽管很模糊，却是真实的）其国人根本看不到的严峻事实。
别人的盲目可以视为他的运气，但他自己非凡的洞察力足以构成他成为伟人
的资格。李鸿章尽管有许多缺点，但在近 30 年中，他的影响被普遍认为是
一个最有希望的象征，预示着中国期待已久但仍未到来的觉醒。

　　在上海外国租界郊区的徐家汇，矗立着一尊李鸿章的铜像，是克虏伯公
司为纪念他而塑造的，表达对过去所获帮助的感激，以及对未来受益的希望。
这个具有条顿文化特色的异国情调的产品，恰当地表现了李鸿章复杂个性中
贪腐、冷漠与虚情假意的一面，这是贪婪的李鸿章，生活并行动在一种污秽

1896年3月,清廷命李鸿章为特使赴俄参加沙皇尼古拉二世的加冕典礼。李鸿章在离开上海赴俄前,和兄长李翰章话别,两兄弟家的男性拍下了这张合影。左坐者为李鸿章,右坐者为李翰章,站立者左起为李国燕、李经叙、李经迈、李经羲、李经方、李经畬、李经述、李国杰、李经澧。

的气氛里,其中充斥着让步、条约和榨取。但是,为了纪念他而在京城和其安徽老家建造的庄严肃穆的祠堂,同样恰当地表现了他性格中较为高贵的层面——坚定的爱国之心,勇气,以及富有远见的智慧。在这些祠堂里,在每年特定的日子里,他的子孙后代会向他鞠躬敬礼,威严的官员们则举行传统的祭奠。哪怕在共和主义如雨后春笋一般成长的喧闹的当今时代,儒学仍然强有力地制约着人们的灵魂,这位学者式的政治家已经获得身后的谥号"文忠",把那些头戴礼帽、身着长衫的官员心中所怀的敬意引向反面。他的纪念碑象征邪恶,他的祠堂象征美好,在这两种地方都有人根据各自的理解向他致敬。这些分裂的声誉,这些新旧中国的纪念碑,一个西指,一个东向,已被一些急躁的观察家视为游走于两者之间的犬儒派机会主义获胜的记录。然而事实上，它们恰好说明了李鸿章忠实地坚持中庸之道的儒家教义。若非克虏伯铜像不可避免地使欧洲人联想到官僚体制最坏的弊端，联想到贪财手痒与后门贿赂，联想到其失败与分裂的所有可悲的后果，那么，它或许会作为一个合适的纪念碑传于后世，它纪念的这个人，是宣称自己相信最终可以在东西方之间的鸿沟上架起一座桥梁的第一人。在本国人为他修建的祠堂里，他的贪得无厌都被赦免了，他的失败被原谅了，只有他的美德被人纪念。但是克虏伯铜像不会不让人想到阻碍李鸿章实施进步计划并给他晚年带来耻辱的那些致命弱点，哪怕是最具同情心、最能容忍别人过错的人，也会联想及此。

　　1901 年 11 月 7 日，李鸿章死于 78 岁高龄。和他活着时一样，他去世时还承受着祖国的苦难和错误的冲击，因此他既令人怜悯，但又极有尊严，勇敢地抢救出了慈禧的劫后余财，减轻了列强对中国的报复性索求。他的死如同他的生，处于战斗的最前哨，不屈不挠，身穿沉重的甲胄。皮埃尔·洛蒂在他去世前不久在金鱼巷他那肮脏的住处见过他。现在洛蒂作了一幅引人注目的图画，画中的李鸿章置身于义和团在北京留下的可憎的废墟之中。这幅画生动鲜明地强调了此人的英雄气概。由于皇太后没有听从他的劝告，他只能以坚忍不拔的精神，以寡敌众，极尽外交技巧之能事，在列强代表之间制造分歧，而大家都知道他已病入膏肓。即便在临终的卧榻上，他仍在战斗，抵制俄国提出的要他通过割让满洲诸省来偿还其"友谊"的要求。最后，他为皇太后创造了有面子的和平，为她铺平了返京之路，他便去世了，只恨不能活着再见老佛爷一面。帝国的女主人哀悼他的去世，命令她亲属中的亲王们代表皇帝为他的灵魂洒下告别的祭酒。她这样做是对的，因为不管李鸿章有怎样的缺点，他始终都是积极而不可动摇的忠诚的化身。

　　早在李鸿章应召掌舵之前，中国这艘大船已经渗水，罗盘摇晃不定，船员们失去了信心。不止一次，他单靠自己的领航技术，引导这艘大船穿越陌生水域的险滩与巨浪，驶入安全的停泊处；不止一次，他找到了人，找到了办法，去堵塞船木上的漏缝，修补毁坏的风帆。但在 19 世纪中叶吹击这艘大船的狂风已使之无法安全行驶，不适合行驶在变化多端的危险海域。或许运气最好的顶尖领航员能延缓这艘大船的解体，但绝不可能使之最终逆转：中国需要的是一位建造大师，这项任务是常人或超人力所不及的。李鸿章离开国家之船时，这艘船比他刚上船时在许多方面有所改善。若干年来，通过大肆使用油漆和彩旗，他赋予这艘船一种勇敢的外表，似乎可以远航，几乎所有船员获得的如何在未标明的海域上航行的知识，都是向他学到的。他不止一次因天气压力而被迫扔掉一些货物，其中既有领土又有主权，在这种场合，毫无疑问，他过分在意私人的货物与机会。但是，他毕竟是帝国最好、最勇敢的掌舵人，让这艘大船挂着龙旗航行了 30 年。随着他退出舞台，已无强劲的手来掌舵。今天，这艘古老的大船浸满了水，迷茫彷徨，处于国内冲突和外国侵略新危险的困境之中。而有许多船员，李鸿章提出明智建议的尤利西斯般的声音仍在他们耳边回荡，令他们缅怀他的智慧。

文献备忘录

　　有些读者也许希望就我们考察的那个时期中国历史的各种特质与局面得到较本书所载更多的信息，他们可以参阅以下简介中列出了书名的著作，从而找到所需的信息。

　　有关中国在第一次对英战争时的状况，可见于下列著作：

　　乔治·斯汤顿爵士（Sir George Staunton）：《驻北京的英国使节》（*The British Embassy to Peking*），两卷本，1797；

　　亨利·埃利斯（Henry Ellis）：《驻中国使节活动日志》（*Journal of the Proceedings of the Embassy to China*），1817；

　　郭施拉（The Rev.Charles Gutzlaff）：《开放的中国》（*China Opened*），两卷本（Smith，Elder&Co.，1838）；

　　荷尔司令（Commander Hall）：《复仇女神之航》（*Voyages of the Nemesis*，1840—1843）London，1845。

　　有关这些战争的结果和中国与外国列强外交与贸易关系的起始，可见于下列著作：

　　劳伦斯·奥利芬特（Laurence Oliphant）：《埃尔金伯爵出使中国与日本：1857—1859》（*The Earl of Elgin's Mission to China and Japan*，1857—

1859），两卷本（Blackwood），1859；

温格罗夫·库克（Wingrove Cooke）：《中国与下孟加拉》（*China and Lower Bengal*），1861；

波尔格（Boulger）：《中国史》（*History of China*），3 卷本，1881，很好地概括了中国的历史，与中国作者的记载无异。

密迪乐（T.T.Meadows）在《中国人及其反叛》（*The Chinese and their Rebellions*，Smith，Elder&Co，1856）中分析了中国动荡局面的长久性原因。本书作者的《中国的最近时势与当前政策》（*Resent Events and Present Policies in China*，Heinemann，1912）也考察了同一问题。密迪乐先生的著作考察了太平天国运动的起源与早期情形。

有关这场持久内战的主要事件的记载，可见于下列著作：

威尔逊（Wilson）：《戈登的作战与太平天国运动》（*Gordon's Campaigns and the Taiping Rebellion*），1868；

黑克（A·Egmont Hake）：《中国人戈登的故事》（*The Story of Chinese Gordon*），两卷本（Remington&Co，1884—1885）。

关于中国政府的结构，其行政方法以及其官僚组织，读者可以参考下列著作：

梅辉立（W.F.Mayers）：《中国政府》（*The Chinese Government*）第 3 版（Kelly&Walsh，Ltd.），上海，1897；

马士（H.B.Morse）：《中华帝国的贸易与管理》（*The Trade and Administration of the Chinese Empire*，Kelly&Walsh，Ltd.），上海，1908。

对于中国外交关系的非常完整的记述，实际上涵盖了李鸿章从事公共活动的整个时期，可见于高第（Cordier）的《中国关系史》（*Histoire des Relations de la Chine*）3 卷本（Felix Alcan，Paris，1902）。另有一本最重要的著作，从英国外交和商业的观点考察了同一主题，是亚历山大·宓吉（Alex. Michie）的《英国人在中国》（*The Englishman in China*），两卷本（Blackwood，1900）。方根拔（Johannes von Gumpach）的《在华外国商人的条约权利》（*Treaty Rights of the Foreign Merchant in China*，上海，1875）是一本奇书，具有相当的历史趣味。与中国和朝鲜签订的，或与中国和朝鲜有关的条约的最好的集子，是由柔克义（W.W.Rockhill）编辑的，由华盛顿的政府印刷局出版，两卷本（1904 与 1908）。

有关 1898 年改革运动和直接导致 1900 年义和团运动的那些事件的信息，可见于巴克斯与布兰德（Backhouse and Bland）的《皇太后治下的中国》（*China under the Empress Dowager*），Heinemann，1910。"文庆"（"Wen Ching"）的《来自中国内部的危机》（*The Chinese Crisis from Within*，Grant Richards，1901）饶有趣味地记述了一个欧化的广州人所理解的维新派的目的和方法。也可参见亚瑟·史密斯（Rev.Arthur Smith）的《动乱中的中国》（*China in Convulsion*，New York，1901）。鹭宾·赫德爵士（Sir Robert Hart）所写的《来自中国大地的人》（*These from the Land of Sinim*）的价值主要在于它揭示了其杰出作者的人格，他在中国遭受屈辱时祈求待之以仁。

道格思教授（Professor R.K.Douglas）的《李鸿章》（*Li Hung—chang*，1895）概要记述了李总督到中日战争为止的人生阶段。立德夫人（Mrs. Archibald Little）的同名作品包含许多有趣的细节，是由一个公正而又具有同情心的观察家搜集到的。

最后，下列著作具有隽永的意义与价值，都值得参阅：

范伦坦·吉尔乐爵士（Sir Valentine Chirol）：《远东问题》（*The Far*

Eastern Question）, Macmillan, 1896；

翟理思教授（Professor H.A.Giles）:《中国传记辞典》(*Chinese Biographical Dictionary*）, 1897, 以及《中国和中国人》(*China and the Chinese*）, 1902；

道格思教授（Professor Douglas）:《中国》(*China*）, 1899；

佩尔·理查德（Pere Richard）:《中华帝国的综合地理学》(*Comprehensive Geography of the Chinese Empire*）, 上海, 1908。

大事年表

1793 年

马嘎尔尼勋爵出使中国，请求乾隆皇帝促进和保护英国在华贸易。

1795 年

乾隆皇帝之子嘉庆继位。

1799 年

华南动乱和反叛的迹象不断增加。

1816 年

阿默斯特勋爵出使嘉庆的宫廷。

1821 年

道光继承嘉庆之位。

1821—1830 年

华南和华西反朝廷的起事蔓延。

1823 年

李鸿章出生。

1830 年

第一条铁路在英格兰诞生。

1834 年

东印度公司在华贸易的垄断被解除。

1835 年

律劳卑勋爵被派往广州任商务总监。

叶赫那拉氏（后来的慈禧皇太后）出生。

1837 年

维多利亚女王继位。

1838 年

第一条英国电报线完工。

1839 年

广州英商的鸦片被清政府收缴并焚毁。

1840—1842 年

英中之间的第一次战争。

1841 年

广州陷落。中国割让香港给英国。

1842 年

《南京条约》。上海与其他 4 个港口对外商开放。

1847 年

李鸿章顺利通过殿试。

1848 年

欧洲革命。

1850 年

道光帝由咸丰继位。

1851 年

太平天国运动有了明确的目标和军力。

1852 年

慈禧成为咸丰的妃子。

1853 年

太平天国领袖在南京称天王之号。

1854 年

美国的柏利司令官与日本签订第一个条约。

1854—1855 年

克里米亚战争。

1856 年

慈禧生子（后来的同治皇帝）。

1857 年

英中之间的第二次战争。

1858 年

额尔金勋爵签署《天津条约》。

1857—1858 年

印度兵变。

1859 年

中国政府修订条约并重新引发敌意。

1860 年

英法联军攻陷北京。朝廷逃到热河。《天津条约》获得批准。鸦片贸易合法化。卜鲁斯爵士出任第一位驻北京公使。

1860 年

俄国从中国割走黑龙江以北和乌苏里江与太平洋之间的大片领土。

1861 年

咸丰皇帝驾崩。慈禧成为太后并垂帘听政。

1861 年

俄国农奴解放。

1861—1865 年

美国内战。

1862 年

与太平军作战的李鸿章出任江苏巡抚。

1863 年（3 月）

"中国人"戈登继白齐文之后出任"常胜军"司令官。

1863 年（12 月）

戈登与李鸿章争吵，原因是后者背信弃义，杀害太平军将领。

1864 年（5月）

太平天国运动式微，"常胜军"被解散。

1864 年（6月）

官军攻占南京。太平天国运动结束。

1865 年

阿礼国爵士继卜鲁斯爵士之后出任英国驻北京公使。

巴夏礼爵士被委任为英国驻日本公使。

1870 年

天津教案。李鸿章出任直隶总督。

威妥玛先生继阿礼国爵士之后出任驻北京的英国公使。

1870—1871 年

法德战争。

1871 年

俄国侵占固尔扎（伊犁）。

1872 年

垂帘听政结束。同治帝成年亲政。

云南回民运动。阿古柏在喀什噶尔叛乱。

1875 年

同治帝驾崩。慈禧在李鸿章协助下使婴儿光绪非法继位。

马嘉理先生（英国领事馆官员）被杀于云南。

1876 年

李鸿章与威妥玛爵士谈判《烟台条约》。

中国与日本签订条约承认朝鲜独立。

1876—1877 年

第一条中国铁路（上海—吴淞）铺设；随后被清政府叫停。

1877 年

左宗棠镇压了回民运动，收复喀什噶尔。

1877—1878 年

山东和山西爆发大饥荒。

1879 年

崇厚签署（关于伊犁问题的）《里瓦几亚条约》。

1880 年

中俄纠纷。戈登重访华北。

1881 年

《里瓦几亚条约》经修订并获批准。

天津—山海关铁路开建（1894 年竣工）。

第一条中国电报线在北京和天津之间架设。

1882 年

中日就朝鲜发生纠纷。

巴夏礼爵士被任命为英国驻北京公使。

1883 年

中法就东京发生纠纷。

1884 年

中法战争。李鸿章谈判福禄诺协议。

1885 年

李鸿章与伊藤伯爵谈判条约，关于提供在朝鲜的临时解决方案。

海军衙门在北京建立。

1886 年

中国承认英国在缅甸的主权。

1889 年

光绪皇帝成年亲政。

1890 年

日本天皇颁布宪法。

1892 年

李鸿章夫人去世。

1894 年

对日战争。中国战败。李鸿章被解除直隶总督职务。

日本修约恢复司法自治。

1895 年（4 月）

李鸿章谈判《马关条约》。

1896 年

俄国获得经中国（西伯利亚）领土修筑铁路的权利。

李鸿章任沙皇加冕礼特使，访问欧洲各国都城及美国。

1897 年（11 月）

德国强占山东胶州湾。

1898 年（3 月）

中国将旅顺港和大连湾以及在满洲修筑铁路的权利"租借"给俄国。

威海卫被"租借"给英国。

"瓜分之战"与势力范围划分。

1898 年（9 月）

北京政变。慈禧镇压改革运动并恢复垂帘听政。

1899 年

美国政府提议列强坚持"门户开放"政策。

保守运动在中国采取排外运动的形式。

李鸿章被任命为广州总督。

1899—1902 年

南非战争。

1900 年

义和团运动。北京公使团遭围攻后又解围。朝廷逃往西安府。

李鸿章被任命为和平谈判特使。

1901 年

维多利亚女王去世。

1901 年（9 月）

和平协议在北京签署。

1901 年（ 10 月 ）

朝廷踏上返京旅程。

1901 年（ 11 月 ）

李鸿章去世。